에니어그램을 통한 자기발견과 공부법 혁명

걱정만 하는 부모
말하지 않는 아이

**에니어그램을 통한
자기발견과 공부법 혁명**

걱정만 하는 부모
말하지 않는 아이

초판 1쇄 발행 2016년 8월 25일
초판 2쇄 인쇄 2017년 8월 10일

지은이 | 김태흥, 박월서, 최순아
그린이 | 이다원
펴낸이 | 김태화
펴낸곳 | 파라북스
기획편집 | 전지영
디자인 | 김영민

등록번호 | 제313-2004-000003호 등록일자 | 2004년 1월 7일
주소 | 서울특별시 마포구 와우산로29가길 83 (서교동)
전화 | 02) 322-5353 팩스 | 070) 4103-5353

ISBN 978-89-93212-82-2 (13590)

Copyright © 2016 by 김태흥, 박월서, 최순아

*값은 표지 뒷면에 있습니다.

걱정만 하는 부모
말하지 않는 아이

에니어그램을 통한 자기발견과 공부법 혁명

김태홍, 박월서, 최순아 지음 | 이다원 그림

파라북스

머리말

부모들은 말한다.

"열 달 동안 배 아파서 내 속으로 나은 자식인데, 나와 달라도 너무 다르다."

"붕어빵처럼 닮았다고 좋아했는데, 겉이 닮았지 속이 닮은 건 아니다."

"왜 이렇게 속을 썩이는지 모르겠다. 말도 안 듣고 공부도 안 하고, 뭐하나 마음에 드는 구석이 없다. 사랑스럽고 귀하기만 한 내 자식인데……."

어느 부모에게나 자녀교육은 어려운 과제이다. 텔레비전이나 책에 등장하는 성공한 아이들의 부모 이야기는 부러움과 자책을 동시에 불러온다. 도대체 '무엇이 부족해서, 무엇을 못해주어서' 내 자녀는 저 아이들처럼 자라지 못하는지 자책하면서 속상해한다.

하지만 자녀는 이렇게 키워야 한다며 부모교육을 하는 사람들이나 사회 지도층의 사람들 또는 교육자들도 자녀교육이 어렵기는 마찬가지이다. 겉으로 보면 부러움을 사는 경우도 실상은 그렇지 않은 경우가 허다하다. 게다가 부러움을 살 만한 내용만 알려지기에 소문이 다인 것처럼 생각할 수는 없다. 단적인 예를 들어, 60만 명이 넘는 수능 응시자 가운데 부러움을 살 만한 유명 대학에 합격하는 학생 수는 1만 5,000명 정도

일 것이다. 대략 2~3%에 불과하다. 그런데도 우리 주변에는 유명 대학에 입학한 아이와 그 부모에 대한 이야기로 넘친다.

잘된 이야기에만 귀를 기울이고 그 결과에 주눅이 들 필요는 없다. 세상은 참 빠르게 돌아가고 우리는 그것을 따라잡기에 숨이 턱까지 차고 있다. 어느 것이 좋다고 눈길을 주고 고개를 내미는 순간 또 다른 것들이 그 자리를 차지하고 있다. 도대체 무엇을 어떻게 하라는 말인지 답답하기만 하다. 이럴 때일수록 내 자녀가 태어나면서부터 가지고 있는 잠재력과 가능성을 믿고 그것을 발굴해주고 지지해주는 것이야말로 왕도가 아닐까 싶다.

이 책은 부모가 자신이 가진 성격을 파악하는 데에서 출발하여, 자녀가 가진 성격의 아름다움을 발견하고 올바른 방향으로 유도하는 것에 목적이 있다. 오랜 세월을 함께하여 잘 안다고 생각했던 부부라도 세월이 가면서 새로운 모습을 발견하고 놀라는 경우가 많다. 이런 경우 우리는 쉽게 상대방이 변했다고 생각하지만, 실상은 대부분의 경우 변한 것이 아니라 우리가 보지 못한 부분이 있었던 것이다. 나의 관점에서만 생각하여 눈치 채지 못하고 오랜 세월을 살아온 것이다. 더욱이 자녀는 어린 데다가 잠재력이 더 깊이 숨어 있기 때문에 발견하기가 더욱 어려울 수밖에 없다. 가장 좋은 방법은 아이의 성격을 파악하고 성향에 맞추어 접근하는 것이다. 다행히 우리에게는 고대의 지혜인 에니어그램이라는 훌륭한 도구가 있다. 고대의 지혜가 현대의 심리학과 만나서 꽃을 피운, 검증이 끝난 이 시스템을 활용하면 큰 도움을 받을 수 있다.

부모의 성격 유형과 자녀의 성격 유형을 알아 그에 맞는 대응을 한다면, 누구라도 자녀교육에서 이루고자 하는 성과를 거둘 수 있다. 부모가 자신과 자녀의 성격 유형을 안다는 것은 갈등을 해소하는 방법을 아는 것과 같다. 대부분의 갈등은 성격의 차이를 모르거나 무시하는 데에서 비롯되기 때문이다.

이 책에는 부모가 스스로의 성격 유형을 진단하는 방법과, 각 유형별 장단점, 특징 등이 상세히 기술되어 있다. 또 자녀교육에서 각 유형별 빠지기 쉬운 함정과 극복 방법을 그림 예시와 함께 제시한다. 자녀 역시 유형별 접근이 필요한데, 특히 자녀의 공부법과 적성, 진로 등도 지도할 수 있도록 정리해두었다. 또 가정에서나 학교에서 부모와 교사들이 유의할 점 등도 적어놓았다.

부부 사이에 갈등이 생기는 요인은 많지만 자녀교육을 두고 벌어지는 갈등도 적지 않다. 부부가 유형의 다름을 이해하고 서로를 사랑하는 법을 배우는 것은 성공적인 자녀교육의 첫걸음이다. 부부가 서로 코칭하는 방법도 소개하고 있으니 활용하고 도움을 받을 수 있기를 바란다.

천편일률적인 방식의 교육이나, 아이와는 상관없이 부모나 교사의 성격에 따라서 본의 아니게 강요되는 교육은 부작용이 많다. 이 책에서 강조하는 '서로 다르다는 것'은 틀린 것이 아니라 다른 것뿐이니, 그 다름의 내용을 알고 활용하여 부모와 자녀 모두 행복하고 아름다운 모습을 회복하기를 바란다.

한국 에니어그램 협의회 **김태홍** 회장
박월서 부산 경남 지부장
최순아 경기 남부 지부장

차 례

머리말 ... 4

1장. 시작하며

부모와 자녀, 왜 이렇게 갈등이 많을까? ... 14
타고난 성격을 이해하는 에니어그램의 지혜 ... 23
에니어그램 9가지 유형의 간략한 소개 ... 29

2장. 부모의 유형

부모가 자신의 유형을 알아야 하는 이유 ... 38
부모용 진단지 • 당신의 에니어그램 유형은? ... 42
1번 유형 • 맞는 말만 하지만 따라 하기 힘든 부모 ... 49
2번 유형 • 좋으면서도 떨어져 있고 싶은 부모 ... 61
3번 유형 • 1등을 바라는 부담스러운 부모 ... 75
4번 유형 • 매력 있고 고상하지만 이해하기 어려운 부모 ... 90
5번 유형 • 간섭을 잘하지 않고 지켜보는 부모 ... 107
6번 유형 • 엄격하고 안 되는 것이 많은 부모 ... 123
7번 유형 • 활발하고 재미있지만 불규칙한 부모 ... 139
8번 유형 • 자신감이 넘치지만 무서운 부모 ... 155
9번 유형 • 너그럽고 온화하지만 통제가 없는 부모 ... 173

3장. 자녀의 유형

자녀용 진단지 • 당신 자녀의 에니어그램 유형은? ... 192
1번 유형 • 착하고 최선을 다하는 아이 ... 199
2번 유형 • 다정하고 친구를 잘 돕는 아이 ... 202
3번 유형 • 목표를 향해 매진하는 아이 ... 206
4번 유형 • 창의적이고 독특한 아이 ... 209
5번 유형 • 이성적이고 탐구적인 아이 ... 213
6번 유형 • 성실하고 신중한 아이 ... 217
7번 유형 • 다재다능하고 낙천적인 아이 ... 221
8번 유형 • 강하고 도전적인 아이 ... 225
9번 유형 • 온화하고 평화를 좋아하는 아이 ... 228

4장. 자녀 유형별 효과적인 공부법

아이의 성격에 맞는 공부법은 따로 있다 ... 234
1번 유형 • 규칙 공부법 ... 236
2번 유형 • 어울림 공부법 ... 240
3번 유형 • 목표지향 공부법 ... 244

4번 유형 • 이미지 공부법 ... 248

5번 유형 • 원리 공부법 ... 252

6번 유형 • 멘토 공부법 ... 256

7번 유형 • 계획 공부법 ... 260

8번 유형 • 파워 공부법 ... 264

9번 유형 • 눈덩이 공부법 ... 268

5장. 유형별 차이에서 오는 갈등 사례

갈등, 차이를 알아야 해결된다 ... 274

갈등 사례 1 • 완벽한 아버지와 즉흥적인 아들 ... 275

갈등 사례 2 • 성적이 오르지 않는 학생과 의아해하는 교사 ... 277

갈등 사례 3 • 겁없는 아들과 걱정을 놓지 못하는 어머니 ... 279

갈등 사례 4 • 자신감 넘치는 아버지와 조용하고 내성적인 아들 ... 281

갈등 사례 5 • 공평하려는 교사와 뭐든 잘하려는 학생 ... 283

갈등 사례 6 • 최선을 다하는 엄마와 감수성이 남다른 딸 ... 285

갈등 사례 7 • 효율적인 엄마와 느긋하기만 한 딸 ... 287

갈등 사례 8 • 맞벌이 부모와 친구에게만 신경 쓰는 아들 ... 290

갈등 사례 9 • 자유로운 아버지와 걱정 많은 아들 ... 292

6장. 스스로 해결책을 찾게 하는 코칭

코칭이란? ... 296
유형별 부모 코칭 • 코칭팁과 코칭질문 ... 300
유형별 자녀 코칭 • 코칭팁과 코칭질문 ... 318

1장

시작하며

- 부모와 자녀, 왜 이렇게 갈등이 많을까?
- 타고난 성격을 이해하는 에니어그램의 지혜
- 에니어그램 9가지 유형의 간략한 소개

부모와 자녀,
왜 이렇게 갈등이 많을까?

활달한 성격의 A 엄마는 자녀교육을 놓고 늘 갈팡질팡한다. 이렇게도 해보고 저렇게도 해보지만 별 효과가 없기 때문이다. 오히려 무엇인가를 해보려고 하다가 실패만을 거듭하는 자신이 한심하기조차 하다. 엄마는 에너지가 넘쳐 이것저것 해보도록 유도하지만, 아이는 달가워하지 않는다. 오히려 좀 가만히 있어 주었으면 좋겠다고 한다. 아쉬워하지도 급한 마음도 없이 그저 기다려 달라고만 한다. A 엄마는 충분히 기다리려고 참고 참았다가 한마디 하면 더 기다려 달라고 한다. 아무리 기다려도 행동은 나오지 않고 다그치면 부작용이 나고, 아까운 세월이 다 지나가는 것 같아 답답해 미칠 지경이다.

C군은 아버지와의 갈등이 점점 깊어가고 있다. 사소한 일까지 사사건건 참견이 심한 아버지의 방식을 따라가려니 숨이 막힐 지경이다. 조금

모르는 척해주면 좋으련만 아무리 사소한 일이라도 귀신같이 알아내고 따지는데, 지옥이 따로 없다. 얼마 전에는 참다못해서 대들었지만 아버지가 하도 노발대발해서 잘못한 것도 없이 잘못했다고 하고 말았다. 화를 내면서 따지기 시작하면 영 당해낼 재간이 없기 때문이다. 얼마나 철저히 따지는지 일일이 대답하다가는 옛날 일까지 다 나오기 때문에 그냥 포기하는 것이 더 낫다. 며칠 전에는 학원을 바꾸려다가 아버지가 반대해서 포기해야 했다. 예전에도 학원을 옮겨서 성적이 오르지 않은 적이 있었기 때문이다. 아버지는 "학원이 무슨 문제냐? 공부하는 학생의 마음가짐이 중요하다"며 반대했다. C군은 학원이 중요하다고 생각한다. 학원의 분위기나 가르치는 강사가 학생 본인과 맞아야 한다고 말했다. 하지만 아무 소용이 없었다. 이런 일이 벌어지면 언제나 아버지의 일방적인 승리로 끝난다. C군의 하소연은 과거 실패 사례와 아버지의 큰소리에 언제나 묻혀 버리고 만다.

A 엄마나 C군의 사례는 드물지 않은 경우이다. 오히려 많은 부모와 자녀 사이에서 흔히 일어나는 갈등이다. 문제는 무엇일까? 혹은 부모와 자녀 가운데 어느 쪽에 잘못이 있을까?

이런 경우 우리는 어느 한 쪽에 잘못이 있다고 생각하기 쉽다. 물론 문제가 있는 것은 분명하다. 게다가 자녀의 동기가 순수하고 나름대로는 열심히 부모의 기대에 부응하려 한다면, 문제는 심각하다. 실제로 대부분의 자녀는 순수하고 나름대로는 열심히 노력한다. 또 자녀가 잘되기를 원하는 것은 어느 부모나 마찬가지다. 자녀가 잘되는 일에 최선을 다하지 않는 부모는 상상하기 어렵다. 결국 부모와 자녀 모두 최선을 다하고 있다고 생각할 수 있다. 그렇다면 왜 이런 갈등이 생기는 것일까? 여기에 풀어야 할 숙제가 있다. 비단 부모와 자녀의 관계뿐만이 아니다. 부부 관계도 마찬가지다. 서로 사랑하면서 한평생을 살기로 굳게 약속한 부부 사이에 왜 갈등이 생기는 걸까?

개와 고양이, 소와 사자

 개와 고양이 사이는 어떨까? 우리는 개와 고양이가 서로 앙숙이라고 알고 있다. 행동으로 표현하는 의사에 차이가 있기 때문이다. 보통 개의 경우 기분이 좋을 때 꼬리를 들고 흔든다. 하지만 고양이는 이 행동을 공격으로 받아들인다. 개의 입장에서는 상당히 난감하다. 반가운 마음에 꼬리를 흔들었을 뿐인데, 고양이는 까칠하게 경계한다. 고양이 입장에서도 당황스러운 일이다. 아무 일도 없었는데 꼬리를 세우고 공격하려 드는 개가 황당하기만 하다.

 또 개는 집단생활을 하는 늑대의 후손이므로 서열관계에 익숙하여 주인에 대한 충성심이 강하다. 그래서 늘 긴장한 상태로 주인을 지킨다. 때문에 작은 자극에도 짖어대며 요란하게 반응한다. 반면 고양이는 홀로 생활하는 들고양이 후손이므로 집단생활에 익숙하지 않고 상대에게 별 관심이 없다. 주인이 위험에 처해도 대부분 그저 지켜보기만 한다. 개 입장에서는 고양이의 행동이 낯설고, 고양이 입장에서는 개가 낯설다.

 이 외에도 개와 고양이의 차이는 셀 수 없이 많다. 특별히 이 두 동물을 비교하는 이유는 둘 다 많은 사람들에게 반려의 대상이고, 이 두 동물

사이의 갈등이 우리에게 시사하는 바가 크기 때문이다.

이런 이야기도 있다. 소와 사자가 사랑에 빠졌다. 죽도록 사랑한 둘은 결혼을 하고 평생 서로에게 최선을 다하기로 약속했다. 소는 날마다 아침이슬이 맺혀 있는 신선한 풀로 아침식사를 준비했다. 사자는 싫었지만 참았다. 역겨운 냄새가 콧구멍을 자극했지만 사랑하는 소가 정성껏 마련해준 음식이니 군말 없이 먹었다. 저녁은 사자가 준비했다. 아침식사가 끝나면 사자는 서둘러 사냥을 나갔다. 그리고 하루 종일 노루 뒤를 밟아 사냥에 성공하면, 맛있는 노루 뒷다리를 소에게 대접했다. 소는 괴로웠지만 참았다. 도저히 먹을 수 없는 음식이었지만 사자의 수고를 생각하면 아무 말도 할 수 없었다.

하지만 이런 날들은 오래 가지 못했다. 평생 최선을 다하기로 약속했지만, 소의 최선은 사자에게 맞지 않았고 사자의 최선은 소에게 맞지 않았기 때문이다. 이 이야기 역시 우리에게 시사하는 바가 크다.

다르다와 틀리다

인간관계에서 우리는 개와 고양이처럼 생각하거나 소와 사자처럼 행동하는 일이 많다. 상대의 의도는 보지 못하고 내 기준으로 상대를 판단한다. 또 상대를 위해 최선을 다한다며 사자에게 풀을 대접하고 소에게 고기를 대접한다.

그런데 재미있는 사실은, 실제로 개와 고양이를 함께 키우면 서로 아옹다옹하기보다 형제처럼 잘 지내는 경우가 훨씬 많다는 것이다. 왜 그럴까? 이스라엘의 한 과학자가 개와 고양이가 이처럼 엇갈리는 행동 신호를 어떻게 극복하는지 연구했다. 그리고 놀랍게도 함께 사는 개와 고양이 대부분이 자기 종에게는 정반대의 의미가 있는 상대의 몸짓언어를 잘 이해하고 받아들인다는 사실을 알아냈다. 예를 들어, 고양이는 코를 맞대고 인사를 하는 습성이 있는데, 개는 서로 엉덩이 냄새를 맡기는 해도 코를 맞대는 일은 거의 없다. 하지만 고양이와 함께 사는 대부분의 개는 이런 인사법을 배운다.

　인간관계에서도 마찬가지다. 서로 다르다는 것만 인정해도 관계가 상당히 좋아진다. 하지만 우리는 개와 고양이만큼도 상대를 이해하지 못하는 경우가 많다. 심지어 나와 다른 상대의 생각과 행동에 대해 '틀렸다'고 생각하기도 한다. '나는 맞고 상대는 틀렸다'는 생각은 인간관계에서 가장 큰 걸림돌이 된다. 대부분의 갈등은 이렇게 시작된다.

　'틀린 것'이 아니라 '다른 것'임을 이해하고 받아들이면, 상황은 바뀐다. 상대의 생각과 행동을 이해하는 폭이 넓어지고, 상대의 입장에서 생각해보는 아량이 생긴다. 그리고 소통의 물꼬가 트인다. 부모와 자녀 관계에서도 마찬가지다. 내 아이가 혹은 내 부모가 틀린 것이 아니라, 나와 다르다는 것을 받아들여야 한다. 자신의 주관적인 생각을 밀어붙이기보다 서로 다른 점이 있다는 사실을 인정한다면, 그만큼 갈등은 줄고 소통은 늘어난다.

취존해주세요!

어느 날 필자의 아들이 말했다. "취존해주세요!" 처음 듣는 말이라 그게 무슨 뜻이냐고 물었다. 그랬더니 취존이란 '취향 존중'의 줄임말이라고 한다. 빙그레 웃음이 나오는 것을 참으며, "그래, 너의 어떤 취향을 존중해줄까?"라고 물었다. 그러자 아들이 대답한다. "다요. 뭐든 먼저 하지 마시고 제가 할 때까지 기다려주세요!" 당황스러운 대답이다. 그래서 따지듯 물었다. "내가 언제 너를 배려하지 않고 다 하더냐?" 그랬더니 더 당황스러운 대답이 돌아온다. "항상이에요." 보통 심각한 일이 아니었다. "그래, 앞으로는 네 취향을 먼저 생각하고 존중하도록 노력하마."

쑥스러운 대화는 이렇게 끝이 났지만, 여운은 길었다. 평소 상대방을 존중하고 배려하는 태도를 기본 중의 기본이라고 생각했지만, 다 큰 아들에게조차 기본을 다하지 못했다는 사실을 깨달았다. 하지만 생각해보면, 이것은 함께 사는 가족끼리 흔히 범하는 실수이기도 하다. 서로에게 익숙하기 때문에 서로 다르다는 것을 잊고 사는 경우가 많은 것이다.

가족은 많은 부분에서 비슷한 습관을 갖는다. 함께 생활하면서 같은 생활패턴을 공유하기 때문이다. 그래서 서로 다르다는 것을 잊고 살 때가 많고, 다른 것을 틀렸다고 생각하는 실수를 범하기 쉽다. 하지만 다른 것은 다른 것일 뿐이지 틀린 것이 아니다. 오히려 다른 것을 인정하지 않는 행동이야말로 틀린 것이다. 특히 자녀와의 관계에서 이런 실수를 자주 한다.

보통 부모는 아이가 나와 다르다는 생각을 하지 못한다. 처음에는 그저 보호받아야 할 존재로 여긴다. 시간이 지나면 여리디 여린 갓난아기가 자라는 모습을 놀라워하면서 지켜본다. 걸음마를 배우고 말을 배우는 모습이 신기하기만 하다. 하지만 신체적으로 자라는 모습은 반가운 마음으로 늘 지켜보면서도, 정신적으로나 심리적으로 자라는 것은 인지하지 못하고 지나치는 경우가 많다. 그리고 어느 순간 아이에게서 부모와는 다른 자아를 발견하고 당황하게 된다. 인지하면서 지켜본 일이 아니므로, 이것을 성장이라고 생각하지 않고 아이의 반응 혹은 반발이라고 생각하기 쉽다.

차이를 이해하고 받아들인다는 것은 사람관계에서는 언제나 중요하다. 하지만 그 어떤 관계보다 이것이 어려운 경우가 자녀와의 관계이다. 아이는 독립된 한 인격체가 되기 위해 끊임없이 성장하지만, 부모는 그 성장을 눈치 채지 못하고 여전히 어린 아기로 바라보기 때문이다.

이것은 자녀 입장에서도 어려운 문제이다. 어느 경우에는 아기 대하듯 하다가도 어느 때에는 도저히 따라가지 못할 요구를 하는 부모의 뜻에 따르기가 쉽지 않다. 부모 뜻에 따르지 못하는 것 때문에 죄책감마저 느껴진다. 그래서 부모의 기대에 부응하는 것이 항상 쉬운 일은 아니지만, 대체로 노력은 한다. 하지만 손이 닿을 만하면 부모의 기대는 저만큼 껑충 뛰어올라가 버린다.

이 책에서 다루려고 하는 자녀교육과 코칭은 바로 이 '다르다'는 것을 전제로 상대방을 이해하고 '취존'해야 한다는 것에서 출발한다. 그리고 에니어그램을 성격 이해의 도구로 사용해 서로 다른 부분에 대한 명확한 설명과 지혜로운 접근을 제시할 것이다.

에니어그램은 성격을 9가지 유형으로 풀어내는 성격 이해의 도구이다. 가장 단순하게 계산해도 나와 다른 유형이 8개나 있고 세분하면 더 많은 차이가 존재한다. 사랑하는 가족 사이라 해도 이런 차이는 존재하기 마련인데, 자신의 틀만을 고집하면 갈등에 직면할 수밖에 없다.

무지갯빛 소통과 행복을 향하여

인생은 길고 예술은 짧다고 했던가? 사랑은 짧고 갈등은 길다고 했던가? 남녀 관계를 보면 처음에는 열렬히 사랑했지만 시간이 흐름에 따라 서로 간에 틈이 생기고, 결국에는 서로 싫어하는 경우가 더러 있다. 부부 사이도 그렇고, 부모와 자녀의 관계라고 다르지 않다.

다름을 인정하는 것은 중요하다. 하지만 다르다는 것을 무턱대고 인정하고 받아들이는 것은 쉽지 않다. 인정해야 한다는 것을 알고 있다 해도, 부딪치는 일이 생길 때마다 원망이 생기고 비난을 하게 된다. 그래서 다름을 인정하는 것을 넘어 이해하는 것이 필요하다. 다름에 대한 이해는 서로에 대한 이해에서 출발한다. 상대를 아는 것도 중요하고 자신을 아는 것도 중요하다. 자녀와의 관계에서 내 아이가 어떤 자녀인지 아는 것만큼 내가 어떤 부모인지 아는 것도 중요하다.

이 책에서는 먼저 내가 어떤 부모인지, 내 아이가 어떤 자녀인지 이해하는 틀을 소개한다. 바로 에니어그램이다. '자기를 찾아서 떠나는 여행'이라는 부제를 가지고 있는 에니어그램은, 명확한 자기 이해와 인식에 매우 효과적이다. 뿐만 아니라 상대를 이해하는 데 단단한 기반을 제공한다.

에니어그램에서는 사람의 성격을 9가지 유형으로 나누고, 각 유형별 성격은 물론 심리와 행동을 구체적으로 설명한다. 이 유형을 이해하면, 자신이 어떤 유형의 사람인지 또 상대가 어떤 유형의 사람인지 알게 되고, 두 사람 관계에서 나타나는 갈등이 어디에서 어떻게 비롯되는지를 알게 된다. 또 서로 다른 성격을 이해하고 조화를 이루는 방법을 알게 된다.

9가지의 성격이 조화를 이루는 방법을 안다면 그것이 바로 무지갯빛 사랑의 결정체이다. 무지개가 아름다운 이유는 조화에 있다. 빨강 주황 노랑 초록 파랑 남색 보라 등 제각각 다른 색깔들이 만나 이룬 조화는 황홀한 전경을 만든다. 개성이 강한 색들이 이루는 조화이기에 더욱 신비롭다. 인간관계 역시 마찬가지다. 제각각 다를 뿐 아니라 개성 강한 유형의 사람들이 서로를 이해하고 조화를 이룬다면 무지갯빛과 같은 찬란한 영광을 보게 될 것이다. 이것이 틀림이 아닌 다름의 철학이요, 조화와 균형 그리고 소통이 가져다주는 신비로운 행복이다.

이제 새로운 인생을 시작해보자. 우선 자신이 어떤 성격의 사람인지 살펴보고 자녀는 어떤 성격의 소유자인지를 알아볼 것이다. 그리고 그것을 바탕으로 다름을 이해하고 갈등의 잡초를 거둘 것이다. 각각 다른 성향의 모습에서 부드러운 면과 거친 면을 동시에 찾아, 자녀와 어떻게 소통해야 하는지, 자녀를 어떻게 지도해야 하는지에 대한 창조적 아이디어를 알아볼 것이다. 또 자녀의 성격별 공부방법에 대해서 다룰 것이다. 나아가 자녀와의 관계는 물론 부부관계를 비롯한 모든 인간관계에 필요한 다양한 팁을 얻게 될 것이다.

에니어그램

타고난 성격을 이해하는
에니어그램의 지혜

에니어그램의 역사는 BC 2500년경으로 거슬러 올라간다. 초기 에니어그램은 중동의 신비주의 전통 종파인 수피즘^{Sufism} 수도자들에 의해 구전으로 비밀스럽게 전승되었다고 한다. 대상을 엄격하게 제한하여 구전했는데, 그 이유는 글로 쓰일 경우 그 지혜를 잃을 것이라고 믿었기 때문이다.

에니어그램이 서구 사회에 알려지기 시작한 것은 1960년대로, 미국의 스탠퍼드 대학교를 중심으로 연구되었다. 그리고 1970년대에 그 이론의 전체적인 모습이 복원되었다. 현재 에니어그램은 국내뿐만 아니라 미국과 유럽, 일본 등에서 활발히 연구가 진행되고 있으며, 새로운 성격유형 이론으로서 주목받고 있다.

에니어그램은 학문적인 측면만이 아니라 GE, AT&T, 모토로라, 제록스 등 대기업에서 인사관리와 조직운용의 원리로 이용하고 있다. 이렇듯 에니어그램이 전 세계적인 호응을 받고 있는 이유는 진정한 내면의 이해를 통하여 자신을 성장시키고 잠재력을 개발할 수 있기 때문이다. 자기의 적성을 파악하면 자기계발의 방향을 설정하고 공부의 성과를 높일 수 있게 되며, 인간관계의 갈등으로 인한 어려움도 해결할 수 있게 된다.

에니어그램의 사전적 의미는 원형 배경 위에 그려진 9개의 꼭짓점을 가지는 도형이다. 이 9개의 꼭짓점에 9가지의 성격 유형이 표시된다. 그리스어로 에네아^{Ennea}는 숫자 아홉을 뜻하고 그래마^{gramma}는 꼭짓점을 의미한다. 학문적 의미로서 에니어그램은 모든 사람의 성격은 9가지 유형 중 어느 것으로 나뉘어져 있다는 기본적 사고방식에 입각해서 각자의 감정이나 행동의 원천이 되는 본질을 찾아내는 인간학^{人間學}이다. 이 학문은 인간은 누구나 9가지 성격 중 어느 것에 속해 있으며, 남녀가 반씩 나

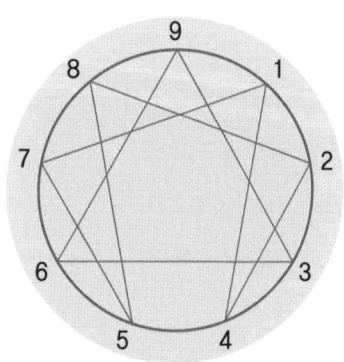

에니어그램

뉘어져 있는 것과 같이 이 세계 어디나 각 성격 유형을 가진 사람으로 9등분되어 있다는 전제를 바탕으로 한다. 에니어그램이 말하는 성격의 포괄적인 이해와 각각의 유형의 통합 및 분열의 방향을 깨닫게 되면, 현재의 자신을 이해하는 데 도움이 되고, 더 나아가 자신의 성격을 초월하여 스스로를 변화시킬 기회를 갖게 된다.

이 도식은 색깔을 나타내는 수레바퀴에 비교되기도 한다. 프리즘에 백색 빛을 투과하면, 원색의 스펙트럼으로 나타난다. 이러한 비유는 모든 사람이 그 스펙트럼의 모든 빛깔을 지니고 있다는 것에서 출발한다. 다만 그 중에서 하나의 빛깔이 특별히 강해서 각 개인의 특성을 나타내는 것이다. 이 비유를 신학적인 관점에서 보면, 개개인은 신성함을 지니고 있으며 이것이 9개의 인간적인 특징으로 나타나는 것이다. 철학적인 관점에서는 존재가 9가지의 본질적 특성으로 나타난다고 한다. 또한 심리학적인 관점으로는 인간의 본성이 9가지의 자연적이고 근본적인 유형으로 나타난다고 한다.

우리의 본질, 또는 각 유형의 심장부에는 우리가 생존하고 성공할 수 있게 해주는 특정한 강점이나 능력이 존재한다. 우리는 이러한 능력과 강점을 이상적이고 높은 가치로 평가하며, 그것이 드러나는 면모에 끌리게 된다. 중요한 점은 이 모든 가치가 멀리 있는 것이 아니라, 우리의 중심에 잠재적으로 내재하고 있으며, 우리 모두는 이러한 가치를 인식하고 실제화할 능력 역시 가지고 있다는 사실이다.

하지만 모든 것이 한꺼번에 드러나지는 않는다. 성격에 따라 우리 내면에는 이러한 가치들 사이의 서열이 존재하고, 우리는 그 중 일부만을 선호하고 표현하게 된다. 결국 한두 가지 정도의 성격이 다른 성격보다 더 강력하고 중심적이 되는 것이다. 이 선택된 성격들이 개개인의 인성에서 핵심이 되어 개인에게 동기를 부여하기도 하고 경향을 나타내기도 한다. 이 가치들이 바로 '핵심 가치 경향'이고, 우리의 에너지, 인지 능력, 감정적 반응, 행동을 조직하고 이끌게 된다. 그리고 우리가 누구인지, 우리가 어떤 사람이 되고 싶어 하는지의 근간이 된다.

세 가지 힘의 중심

  삶을 살아가는 데에 있어서 에너지를 얻는 원천을 '힘의 중심'이라고 한다. 에니어그램에서는 힘의 중심을 세 가지로 구분하고, 머리, 가슴, 장 등의 신체 기관과 연관 지어 설명한다. 즉, 중요한 문제를 해결하는 데에 있어서 사고에 의존하면 머리형, 감정에 의존하면 가슴형, 본능에 의지하면 장형으로 구분하여 설명하는 것이다.
  힘의 중심으로 구분된 유형은 다시 9가지 유형으로 세분되어, 에니어그램을 완성시킨다.

장형

  에니어그램 9가지 유형 가운데 8번과 9번 그리고 1번이 장형에 속한다. 이들은 장, 즉 배에서 나오는 에너지를 통해 세상을 보고 해석하는 사람들이다. 배는 본능과 관계가 있다. 그래서 이들은 논리적으로 생각하고 계획을 세우기보다는 먼저 몸으로 부딪치는 행동파들이다. 몸의 반응이나 본능적인 느낌에 따라 즉각적으로 행동하는 것이다. 세상을 대하는 이들의 방식은 사람들에게 대항하는 것이며, 이들은 다른 사람에게 힘을 행사할 수 있을 때 존중받는다고 느낀다. 사람들은 이들에게서 종종 압도당하는 느낌을 받는다. 의사결정을 할 때에도 사람 중심이라기보다 일 중심적이며, 주변 사람의 감정보다는 자신의 원칙에 따른다. 사람들과 대화를 할 때에도 공격적이거나 고압적인 말투로 기선을 제압한다.

가슴형

2번과 3번 그리고 4번 유형이 속하는 가슴 중심의 사람들은 심장의 에너지를 통해 사물을 받아들이고 인식한다. 이들은 사람들에게 따뜻한 인상을 주며 미소를 잘 짓는다. 자신의 이미지에 관심이 많아서 다른 사람에게 어떻게 받아들여질지에 신경을 쓰고 주변의 평가나 의견에 영향을 받는다. 또 사람들에게 가까이 다가가려 하며, 관계를 통해 자신의 존재를 확인하려 한다. 친밀감을 느낄 때 자신이 존중받는다고 느낀다. 결정을 내릴 때에도 인간관계를 중요하게 여긴다. 그래서 자신의 결정이 주변 사람들에게 어떠한 영향을 미칠지, 다른 사람들이 어떻게 생각할지를 많이 고려하는 편이다. 이들은 대화를 할 때에도 좋은 사람으로 보이기 위해 상냥하고 친절하게 말하는 경향이 있다.

머리형

5번과 6번 그리고 7번 유형이 속하는 머리형은 머리에서 힘이 나오는 사람들이다. 머리의 주된 기능은 사고이다. 머리 중심의 사람들은 비교하고 분석하는 사고의 기능을 사용해서 세상을 바라보고 해석한다. 이들은 정보를 수집하고 분류하고 계획을 세우는 것을 좋아한다. 생각할 시간과 공간이 필요하기 때문에 다른 사람들과 떨어져 있으려고 한다. 사람들이 자신의 공간을 허용하고 지나치게 가까이 다가오지 않을 때 존중받는다고 느낀다. 무엇이든 머리로 이해되어야 행동하기 때문에 의사결정을 할 때도 논리적인 근거를 바탕으로 한다. 그래서 결정의 근거가 될 수 있는 정보에 관심이 많다. 대화를 할 때에도 논리적인 근거나 자료를 인용하기를 좋아하고 객관적이고 냉정하게 말하는 편이다.

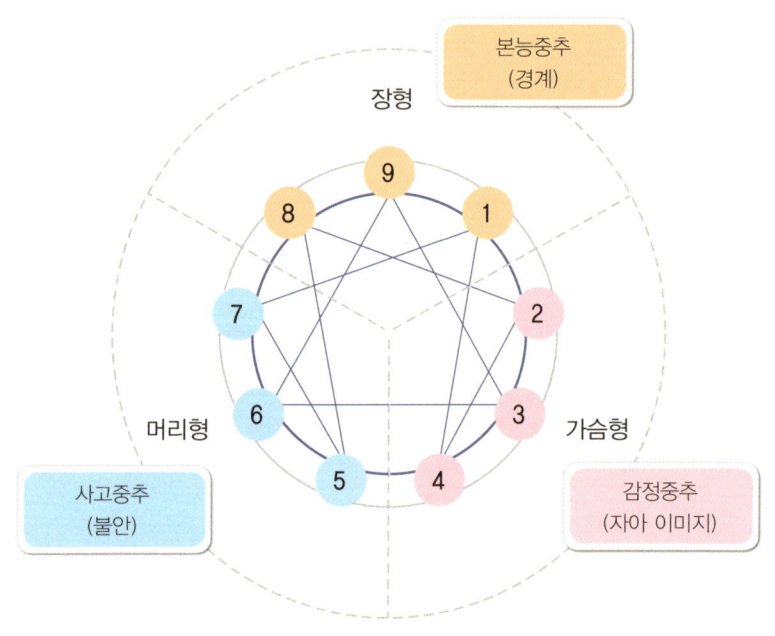

세 가지 힘의 중심

에니어그램 9가지 유형의 간략한 소개

1번 유형 – 올곧은 완벽주의자

올바름을 추구하는 1번 유형은 원칙적이고 도덕적이며 모든 일에 있어서 철저하다. 이들은 옳은 원칙이 오직 하나라고 여기며 그 원칙에 따라 모든 일을 공정하게 처리하려고 노력한다. 이들은 자신이나 타인, 주변 상황이 자신이 가진 올바름의 기준에 도달하지 못한다고 느낄 때 분노를 느끼고 그것을 바로잡고 싶어한다. 이들은 완벽하려고 늘 긴장하며 살고, 주변 사람들에게 끊임없이 설교와 가르침을 편다. 이들이 삶에서 중요하게 여기는 것은 스스로가 자신의 높은 이상에 맞는 올바른 사람이 되는 것이다.

2번 유형 - 자상한 사랑주의자

자상한 사랑주의자인 2번 유형의 사람들은 다른 사람에게 도움이 될 때 자신이 가치 있는 사람이 된다고 여긴다. 다른 사람들의 감정에 잘 공감하고 다른 사람들에게 무엇이 필요한지 금방 알아차리며 기꺼이 도우려 한다. 이들은 마음이 따뜻하고 정이 많으며 사람들과 교류하는 것을 좋아한다. 또한 사람들이 자신의 도움에 감사를 표현할 때 힘이 나는 것을 느끼며, 반대로 그렇지 않을 때에는 아주 서운해한다. 이들에게 삶에서 가장 중요한 것은 인간관계 속에서 사랑을 주고받는 것이다.

3번 유형 - 최선의 효율주의자

3번 유형에게 중요한 가치는 성공한 사람이 되어서 다른 사람들에게 인정받는 것이다. 이들은 성공을 위해 야망을 가지고 열정적으로 일하며 자신감과 추진력을 갖고 있다. 이들은 목표를 이루기 위해 다른 사람들을 어떻게 격려해야 할지도 잘 알고 있다. 이들은 말솜씨가 뛰어나고 상황에 맞게 자신을 연출하여 어떤 상황에서도 잘 적응한다. 효율성을 추구하는 이들은 비효율적이고 무능한 사람과 함께 일하는 것을 잘 견디지 못하며 자신의 실패를 인정하기 어려워한다. 이들에게 중요한 것은 외적인 성취를 이루는 것이다.

4번 유형 – 독창적인 예술가

이 유형의 사람들에게 중요한 가치는 다른 사람들과 다른, 특별한 사람이 되는 것이다. 이들은 섬세하고 감수성이 풍부하며 슬픔이나 기쁨, 고독의 감정을 남다른 깊이로 경험한다. 또한 상상력이 풍부해서 예술적인 재능을 가진 사람들이 많다. 이들은 진정으로 자신을 이해한다고 느끼는 사람들과는 깊이 교류하지만 그렇지 않은 사람들에게는 마음을 닫는다. 자신의 독특함을 무시하는 거친 사람들이나 일정한 틀이나 규율, 통제를 견디기 어려워한다. 진실을 추구하며 인생의 진정한 의미와 아름다움을 발견하기를 원한다.

5번 유형 – 현명한 관찰가

이 유형의 사람들은 삶에 대한 완전한 앎을 갖고자 하는 사람들이다. 이들은 관찰력과 이해력이 뛰어나며 문제의 핵심을 파악하는 능력이 있다. 또 자신의 관심사를 깊이 탐구하기를 좋아하는 이들은 다른 사람들이 예고 없이 자신의 공간에 들어올 때 거부감을 느낀다. 대개 말수가 적고 관심사에 대한 지적인 토론은 즐기지만 사적인 대화는 그리 흥미를 갖지 않는다. 이들은 다양한 분야에 지식과 정보를 수집하기를 원하며 '현명한 사람' 혹은 '지혜로운 사람'으로 평가받기를 원한다.

6번 유형 – 충직한 충성가

6번 유형의 사람들은 안전함과 확실함을 추구한다. 이들은 법과 규범을 중시하고 외부 권위를 잘 따르며 협동심이 강해서 조직 안에서 자신을 드러내지 않고 일하는 사람들이다. 근면하고 책임감이 강하고 가족과 동료, 조직에 충실하다. 또 한번 관계를 맺은 사람들과는 오랫동안 그 관계를 지속하는 경향이 있다. 항상 최악의 경우를 생각하고 확실하게 대비하려는 이들은 도전과 갑작스러운 변화를 잘 받아들이지 못한다. 이들에게는 삶을 안정되게 유지하는 것이 매우 중요하다.

7번 유형 – 밝은 낙천주의자

7번 유형의 사람들은 삶의 재미를 쫓아서 늘 바쁘게 사는 사람들이다. 이들은 무슨 일이든 쉽게 배우는 다재다능한 사람들이다. 그러나 쉽게 싫증을 내는 경향이 있다. 에너지가 넘치고 긍정적이며 상상력이 풍부하다. 반짝이는 아이디어를 가지고 있고 미래를 설계하는 것을 좋아한다. 이들은 풍부한 유머와 쾌활한 성격으로 주변 사람들을 즐겁게 한다. 단기적으로 집중할 수 있는 프로젝트 단위의 일을 선호하는 반면 평범하고 변화가 없는 일, 반복해야 하는 일은 어려워한다. 이들은 스릴과 모험이 가득한 신나는 삶을 살기를 원한다.

8번 유형- 강한 도전가

8번 유형의 사람들은 힘 있는 사람이 되고자 한다. 이들은 자기주장이 강하고 다른 사람들을 지배하려는 욕구가 강하다. 또 쉽게 분노를 폭발하고 직설적이며 단호하다. 자신감과 결단력이 있어서 강한 리더십을 발휘하는데, 어떠한 어려움도 이겨낼 수 있는 용기와 힘도 가지고 있다. 또한 본능적인 직관에 따라 결정을 내리는 경향이 있으며 위험을 감수하고 한계를 시험하기를 좋아한다. 이들은 자신이 다른 사람들에게 통제당하는 상황을 어려워한다. 강하고 존중받는 사람이 되기를 원한다.

9번 유형 - 평화로운 화합주의자

이 유형의 사람들에게 중요한 가치는 조화와 균형이다. 이들은 다른 사람들의 말을 잘 들어주고 이해심과 포용력이 있어서 사람들이 편안하게 여긴다. 이들은 모든 관점에서 긍정적인 면을 보기 때문에 사람들 사이에서 중재를 잘 하고 화합하도록 한다. 그러나 은근히 고집이 세기 때문에 동의하지 않을 때에는 드러내고 거절을 하지 않으면서도 결국은 자신이 원하는 대로 한다. 그러나 이러한 면 때문에 우유부단한 사람으로 비춰지기도 한다. 이들은 모든 사람과 갈등 없이 조화롭고 평화롭게 살기를 원한다.

에니어그램의 9가지 유형

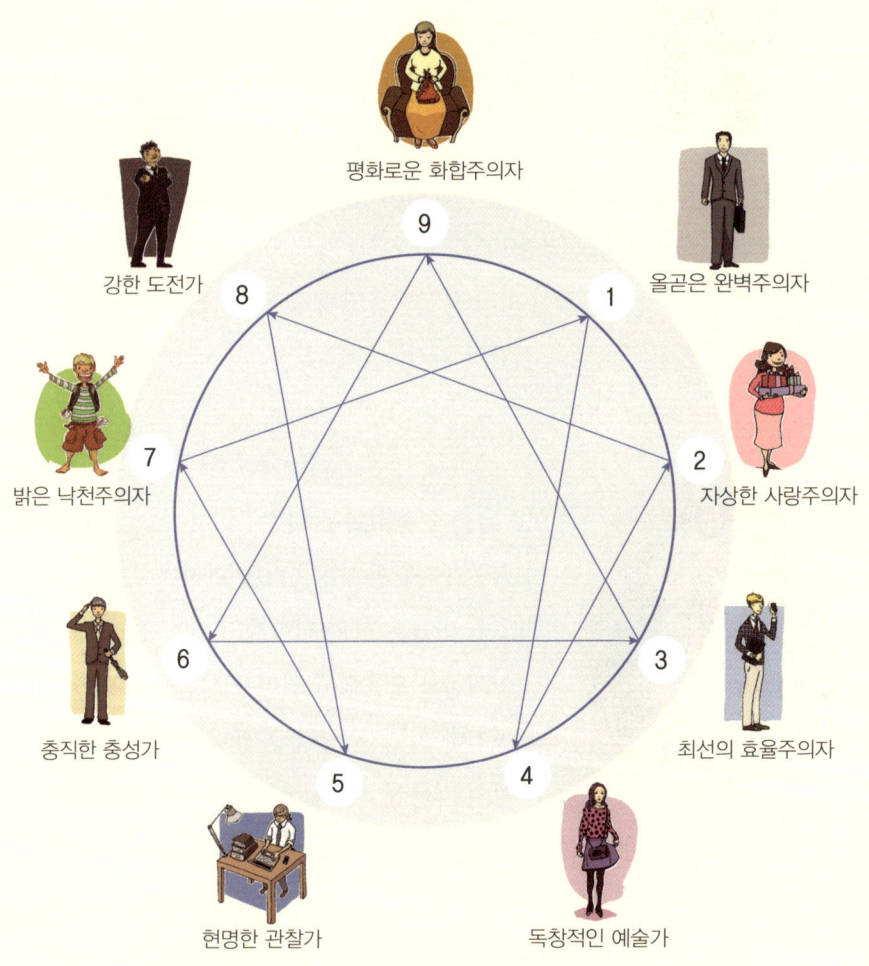

날개이론과 화살이론

날개이론

 개개인에게는 다양한 모습이 있다. 9가지 유형 가운데 하나의 모습만 있는 것은 아니다. 가장 두드러지는 모습을 기본유형이라고 하고, 이 기본유형 양 옆에서 보좌하는 두 유형을 '날개' 유형이라고 한다. 그렇다고 두 유형이 같은 비중인 것은 아니다. 둘 가운데 높은 점수를 나타내는 유형을 '우세한' 날개라고 부른다. 날개는 기본 유형이 균형 있게 발전하도록 돕는다. 인생의 전반기에 한쪽 날개가 우세하게 발달했다면, 후반기에는 다른 쪽 날개가 발달하는 경향이 있다.

화살이론

 에니어그램 도식에는 유형들이 화살표로 연결되어 있는데, 이는 개인의 발달 과정이나 상황에 따라 유형이 변화할 수 있음을 나타낸다. 하지만 그 변화가 화살표의 방향으로 가면 미성숙의 지점에 가 닿고, 반대 방향으로 가면 성숙 지점에 가 닿는다. 화살이론은 에니어그램을 통한 내적 성장의 길잡이 역할을 하고, 성장과 발전의 과정을 보이는 동시에 그 유형의 중심 문제를 치유하게 한다.

 1 → 7 → 5 → 8 → 2 → 4 → 1 / 9 → 3 → 6 → 9 방향은 성장과 발전의 과정이며 그 유형의 중심 문제를 치유하게 한다.

 1 → 4 → 2 → 8 → 5 → 7 → 1 / 9 → 6 → 3 → 9 방향은 스트레스가 증가하는 시기에 나타나고 이때에는 무의식적이고 충동적인 행동을 하게 된다.

2장
부모의 유형

- 부모가 자신의 유형을 알아야 하는 이유

부모용 진단지 • 당신의 에니어그램 유형은?

1번 유형 • 맞는 말만 하지만 따라 하기 힘든 부모

2번 유형 • 좋으면서도 떨어져 있고 싶은 부모

3번 유형 • 1등을 바라는 부담스러운 부모

4번 유형 • 매력 있고 고상하지만 이해하기 어려운 부모

5번 유형 • 간섭을 잘하지 않고 지켜보는 부모

6번 유형 • 엄격하고 안 되는 것이 많은 부모

7번 유형 • 활발하고 재미있지만 불규칙한 부모

8번 유형 • 자신감이 넘치지만 무서운 부모

9번 유형 • 너그럽고 온화하지만 통제가 없는 부모

부모 유형

부모가 자신의 유형을
알아야 하는 이유

    자녀를 키우는 모든 부모가 하소연하는 것이 있다. 바로 '내 마음대로 잘 안 된다'는 것이다. 그런데 생각해보면 내 맘대로 되지 않는 것이 당연하다. 부모와 자녀의 성격이 다르기 때문이다. 게다가 과거와 현재의 교육환경 차이와 경제적 사회적 차이 등의 세대 차이로 인한 이질적인 요소는 무수히 많다. 그럼에도 불구하고 자신이 낳았다는 이유 하나만으로 마음대로 자녀를 키울 수 있다고 생각했다면, 이는 잘못된 생각이다. 전제가 잘못되었기 때문에 그 다음은 말할 것도 없다. 대부분의 부모들은 이 사실을 잘 알고 있지만, 일상생활에서는 곧잘 잊는다. 아이가 내 자식이라는 생각이 마음속 깊이 자리 잡고 있기 때문이다.

    하지만 이런 차이를 극복할 수 있는 길이 없는 것은 아니다. 자신의 성격을 제대로 파악하고 자녀와의 차이를 알면 해답의 길은 멀지만은 않다. 여기에서 에니어그램의 9가지 성격유형론은 유용한 도구이다. 고대의 지혜와 현대의 심리학이 결합된 이 성격의 심리학은 적어도 나와 다른 성격이 8가지는 있다고 설명한다. 그리고 혈연관계라고 해도 자녀와 부모 역시 서로 다르기에 성격적 불편함이 도사리고 있음을 알게 한다. '눈에 넣어도 아프지 않은 자식'을 위해 온갖 고생과 헌신을 마다하지 않았는데도 자녀를 이해하기가 힘든 것은, 성격적 차이를 정확하게 이해하지 못했기 때문이다.

자녀에게 부모의 역할이란 어떤 것일까? 부모는 자녀에게 안전한 환경을 제공하여 보호하고 정서적으로 사랑을 주고받으며 교류한다. 그로 인해 자녀가 안심하고 성장할 수 있는 바탕이 제공되는 것은 물론이다. 그러나 부모의 양육태도는 경험을 바탕으로 형성되기 때문에 부모 개인의 성격이나 주관적인 경험에 의해 좌우되는 것이 사실이다. 아마도 자녀교육에 최선을 다하지 않는 부모는 없을 것이다. 그렇지만 결코 쉽지 않기에 배워야 할 수 있다.

남녀가 결혼하는 이유는 여러 가지가 있겠지만, 사실 따지자면 사랑한다는 단 하나의 이유 때문일 것이다. 결혼해서 같이 살면 모든 것이 달라지는데, 그 과정이나 결과로 어떤 것이 있는지 전혀 생각하지 않고 말이다. 결혼 전에 그 어떤 교육도 받지 않는다. 받는다고 해도 바쁜 결혼준비를 하면서 심각하게 생각하지도 않고 지나간다. 평생 함께 살아가야 한다는 것을 생각한다면 그렇게 쉽게 생각할 문제가 아니다. 그래서 결혼은 모를 때 해야 된다고 했는가? 하지만 더 심각한 것은 그 다음에 있다. 아무런 준비를 하지 않았음에도 자녀를 출산하고 부모가 된다.

자녀가 생기면 부부는 아이를 어떻게 양육해야 하는가에 대한 사전 지식 없이 아이를 맞이한다. 즉, 아빠와 엄마는 아이가 성장하면서 어떤 정서적 신체적인 변화는 겪는지, 또 아이가 성장하는 동안 겪는 변화에 어떻게 대처해야 하는지 등을 모른 채 그냥 부모라는 타이틀을 딴다. 이렇게 결혼과 출산이라는 과정을 거치면서 준비되지 않은 부모가 되어 버리고 만다. 체계적 교육 시스템이 거의 없다시피 한 우리나라의 현실을 생각하면 어쩔 수 없다고 자위하지만, 조금 알 만하다고 느낄 즈음이면 이미 할아버지 할머니가 되고 만다. 그러나 그때는 며느리와 사위의 주장을 이겨내기도 힘들다. 자신의 의견을 피력했다가는 시부모와 며느리, 처부모와 사위의 갈등으로 번질 수 있는 예민한 문제이기 때문이다.

이제 길을 찾아야 한다. 그동안 미루어 두었던 본질적인 문제를 꺼내어야 한다. 자녀에게 올바른 부모 역할을 하려면 자신의 정체부터 제대로 알아야 한다. 급한 성격에 다혈질의 부모인지, 다른 사람의 말은 잘 안 듣고 고집이 센 부모인지, 말이 없고 조용하면서 참견도 거의 하지 않고 방관하는 부모인지를 알아야 한다. 자신의 모습이 어떤지를 알아야 자녀에게 어떻게 할지를 찾을 수 있지 않겠는가?

이제 우리는 에니어그램에 따라 자신의 유형과 자녀의 유형이 어떻게 비슷하고 어떻게 다른지를 찾아볼 것이다. 에니어그램에는 '자기를 찾아 떠나는 여행'이라는 부제가 붙는다. 자신을 찾을 뿐만 아니라, 타인을 이해하고 서로의 차이를 알아 소통을 가능케 하는 훌륭한 도구가 될 것이다. 우선 다음에 소개되는 진단지를 통해, 자신이 어떤 유형인지 확인해보자. 자녀의 경우, 3장 '아이의 유형'에 수록된 어린이용 진단지를 활용하면 된다. 자녀가 어릴 경우 부모가 책의 내용을 숙지하고 경향을 파악해보는 것도 좋은 방법이다.

부모는 자녀를 잘 안다고 착각할 개연성이 매우 크다. 하지만 늘 등잔 밑이 어두운 법이다. 자녀는 부모를, 부모는 자녀를 가장 잘 몰라볼 수도 있다는 아이러니를 생각하라. 지나치게 사랑해서 객관성을 잃는 경우는 허다하다. 부모를 상담하다 보면 '내 자식이 이 세상에서 가장 착하다'고 믿는 부모들이 많다. 그렇지만 실제로는 말썽을 피우고 못된 짓만 골라가면서 하는 자녀도 더러 있다. 다른 사람들은 다 아는데 부모만 모르는 경우도 있다. 때문에 환경적 관찰도 중요하다.

무엇보다 성격적으로 어떤 특징이 있는지, 장점과 단점은 무엇인지, 자녀들의 신체변화와 지적능력 그리고 사춘기라는 격동 시기에 어떻게 지도해야 좋을지, 공부는 어떤 방법이 좋을지, 효과적인 코칭은 어떻게 해야 하는지 등을 이해해야 한다.

당신의 에니어그램 유형은?

이 테스트는 심리 상태를 진단하거나 개인의 능력을 평가하는 심리검사가 아니다. 자신의 에니어그램 성격 유형을 스스로 파악하는 데 도움을 주기 위한 질문들로 구성된 설문지이다. 그럼에도 진단지라고 하는 것은, 이 질문들이 성격을 보다 객관적으로 파악하게 하여 스스로 성격을 진단하게 만들기 때문이다.

성격 유형에는 좋고 나쁨이 없다. 의식적으로 판단하여 정답을 찾겠다는 마음은 버리고, 편안한 마음으로 답해보자. 다음의 질문에 당신이 습관처럼 편안하고 자연스럽게 자주 선택하는 경향을 체크하면 된다.

방법은 간단하다. 다음의 각 문항에 표현된 말들이 자신에 대해 얼마나 잘 표현하고 있는지를 1~5의 수로 표현하면 된다. 즉, 강한 긍정에는 5, 약한 긍정에는 4, 중립에는 3, 약한 부정에는 2, 강한 부정에는 1을 적는 것이다.

부모용 진단지

정말 그렇다	그런 편이다	그저 그렇다	그렇지 않다	전혀 아니다
5	4	3	2	1

1. 나는 어떤 일에서든 빈틈이 있는 것을 쉽게 발견한다. ( )
2. 나는 일을 할 때 혼자 하는 것보다 여럿이 같이하는 것을 좋아한다. ( )
3. 나는 나 자신의 발전과 성공을 위해 많은 시간을 할애한다. ( )
4. 나는 많은 사람들 가운데 한 사람이 아니라 유일하게 독특한 사람이다. ( )
5. 나는 어떤 일을 하든 생각을 많이 하고 집중하고 몰입한다. ( )
6. 나는 돌다리도 두드려보고 건너는 안전 지향적인 사람이다. ( )
7. 나는 즐겁고 재미있는 인생을 살고 싶다. ( )
8. 나는 리더이고 싶고, 실제로 어디에 가든 리더일 때가 많다. ( )
9. 나는 나 자신에 대해 '이만하면 됐다'고 생각하며 만족한다. ( )
10. 나는 내가 맡은 일을 다 완수하기 전에는 다른 일을 하기 힘이 든다. ( )
11. 나는 남을 도와 줄 때 더욱 활기차다. ( )
12. 나는 성공하기 위해서는 희생을 감수해야 한다고 생각한다. ( )
13. 나는 다른 사람이 별로 하지 않는 고상한 일이나 취미를 좋아한다. ( )
14. 나는 다른 사람들과 어울리는 것보다 혼자 조용히 있는 것을 좋아한다. ( )
15. 나는 일처리 속도가 빠르지 않기 때문에 남들이 답답해하는 것 같다. ( )
16. 나는 새로운 일을 시작하는 것이 두렵지 않고 재미있다. ( )

17. 나는 강한 인생을 살고 싶고, 그럴 만한 자신감도 충분히 있다. ( )
18. 나는 원만하고 어떤 일에서든 타협을 잘하고 양보할 때도 많다 ( )
19. 나는 성실하고 많이 참는 편이다. ( )
20. 나는 남을 칭찬하거나 격려하는 일에 능숙하다. ( )
21. 나는 목표를 정해놓고 살아가며, 내 목표의 끝은 성공이다. ( )
22. 나는 예술가적인 기질이 다분하여 평범한 것이 싫다. ( )
23. 나는 느낌이나 감정보다 이성적인 사고의 힘을 믿는다. ( )
24. 나는 지나치게 심사숙고하여 일처리가 늦은 편이다. ( )
25. 나는 딱딱하고 고정된 일보다 변화 있고 활력 있는 일이 좋다. ( )
26. 나는 남에게 강한 영향력이 있는 사람이다. ( )
27. 나는 부정적인 말을 싫어하며, 남이 나에게 부정적인 말을 하는 것도 싫다. 그러나 그것을 밖으로 드러내지는 않는다. ( )
28. 나는 원칙에 어긋나는 일은 하지 않으려고 한다. ( )
29. 나는 내 주장을 내세우기보다 다른 사람의 의견에 더 잘 공감한다. ( )
30. 나는 인간관계를 중시하지만, 성공에 방해가 된다면 정리해야 한다고 생각한다. ( )
31. 나는 매우 민감하며 분위기에 약하다. ( )
32. 나는 정보라든가 시간, 돈 등을 아끼는 편이다. ( )
33. 나는 어떤 조직에서든 잘 견디는 편이다. ( )
34. 나는 어린이처럼 명랑하고 즐겁고 재미있다. ( )
35. 나는 매사에 주도적이고, 공격적이며 돌파력이 있다. ( )
36. 나는 평화롭게 살고 싶고, 주변 사람들과 조화롭게 지내고 싶다. ( )
37. 나는 남의 말이 옳으면 수긍하지만, 옳지 않으면 받아들일 수 없다. ( )

38. 나는 남이 나를 찾고 간절히 필요로 할 때 존재감을 느낀다. (   )

39. 나는 결코 실패하지 않을 것이며, 성공을 위해 효율적인 방법을 찾는다. (   )

40. 나는 감정 기복이 심한 편이다. (   )

41. 나는 문제가 생기면 주변에 알리기보다는 혼자 생각하고 해결하는 편이다. (   )

42. 나는 어떤 일을 할 때 종종 의심이 생기며 그것 때문에 고민에 빠진다. (   )

43. 나는 계획 세우기를 좋아하고, 미래에 대한 열정이 많다. (   )

44. 나는 남을 설득하여 내 편으로 만들 자신이 있다. (   )

45. 나는 편안하게 그냥 있을 때가 가장 좋다. (   )

46. 나는 일을 시작하면 원리원칙대로 끝내야 한다. (   )

47. 나는 타인과의 친밀함을 유지하기 위해 나 자신을 희생할 때가 있다. (   )

48. 나는 빠른 시간 안에 목표한 것을 이룰 자신이 있다. (   )

49. 나는 다소 비현실적인 꿈을 가지고 있고, 그것을 실현시키고 싶다. (   )

50. 나는 모든 상황을 다 판단하고 난 후에 행동하는 것이 좋다고 생각한다. (   )

51. 나는 최악의 상황을 예측하고 그것에 대비해야 마음이 편하다. (   )

52. 나는 한 가지 일보다 여러 일을 동시에 진행할 때 더 큰 활력이 생긴다. (   )

53. 나는 내가 필요하다고 생각하면 싸우는 상황이 되어도 두렵지 않다. (   )

54. 나는 하는 일을 바꾸는 것이 쉽지 않다. 웬만하면 하던 일을 그냥 하기를 원한다. (   )

55. 나는 화를 내지 않으려고 노력하지만 '욱' 하는 일이 많다. (   )

56. 나는 남이 내가 한 행동에 대해 고마워하지 않으면 깊이 절망한다. (   )

57. 나는 내가 이룬 결과물이 연봉이나 지위 등으로 나타나길 원한다. (   )

58. 나는 남들이 인생의 진정한 의미나 가치를 잘 모르고 살아가는 것 같다고 느낀다. (   )

59. 나는 내 안에 생겨나는 감정을 표현하기가 어렵다. ( )

60. 나는 나를 정말로 믿어주고 내가 진실로 믿을 수 있는 사람을 만나면 그를 위해 기꺼이 목숨도 바칠 수 있다. ( )

61. 나는 슬럼프에서 쉽게 빠져나오며, 슬럼프에 빠진 사람을 도와 빠져 나오게 해준다. ( )

62. 나는 단순하고 우직해서 쉽게 타협하지 않는다. ( )

63. 나는 남들과 싸우는 일은 가능한 한 만들고 싶지 않기 때문에 그들이 하자는 대로 하는 편이다. ( )

64. 나는 어떤 일을 할 때 사소한 것이 어긋나도 신경이 많이 쓰인다. ( )

65. 나는 나를 위해서보다 남을 위해 더 많은 시간을 쓴다. ( )

66. 나는 비교능력이 뛰어나며 성공하는 편에 설 수 있다. ( )

67. 나는 내 자신이 연극 무대의 주인공이라고 생각하고 살 때가 많다. ( )

68. 나는 모르는 사람들과 어울리는 것이 쉽지 않으며, 그 자리를 모면하고 싶어한다. ( )

69. 나는 나를 설득하거나 이용하려는 사람을 즉각 알아낼 수 있다. ( )

70. 나는 재치와 유머가 삶을 살아가는 데 있어 중요한 요소라고 믿으며, 그렇게 살아간다. ( )

71. 나는 남들이 나를 조롱하거나 비난하면 쉽게 자극을 받아 흥분하며, 그들을 가만두지 않는다. ( )

72. 나는 어떤 경쟁이든 피하고 싶고, 그냥 시간이 흐르면 해결되도록 내 버려둔다. ( )

73. 나는 작은 것에 연연해하다가 큰 것을 보지 못하는 실수도 한다. ( )

74. 나는 다른 사람들에게 꼭 필요한 사람인지에 대해 신경을 많이 쓴다. ( )

75. 나는 일을 능률적으로 하는 것을 좋아하며, 빠른 속도로 완수할 수 있다. ( )

76. 나는 아무리 좋아도 평범하고 남들과 똑같은 것에는 가치를 두지 않는다. ( )

77. 나는 차분하고 조용히 있을 때가 가장 활력이 넘친다. ( )
78. 나는 한결같은 생활태도를 갖는 사람에게 마음이 끌린다. ( )
79. 나는 의무감 때문에 억지로 하는 일에는 성과를 올리기 어렵다. ( )
80. 나는 감각적으로 위기를 느끼며, 위기를 극복하는 최선의 방법은 공격이라고 믿는다. ( )
81. 나는 사람들이 왜 그렇게 아등바등하며 사는지 안쓰럽게 느껴진다. ( )

진단결과 확인

* 아래에 제시된 번호의 합을 각각 구해, 합이 가장 높은 것이 자신의 성격 유형이다.

1, 10, 19, 28, 37, 46, 55, 64, 73번의 합	( )	1 유형
2, 11, 20, 29, 38, 47, 56, 65, 74번의 합	( )	2 유형
3, 12, 21, 30, 39, 48, 57, 66, 75번의 합	( )	3 유형
4, 13, 22, 31, 40, 49, 58, 67, 76번의 합	( )	4 유형
5, 14, 23, 32, 41, 50, 59, 68, 77번의 합	( )	5 유형
6, 15, 24, 33, 42, 51, 60, 69, 78번의 합	( )	6 유형
7, 16, 25, 34, 43, 52, 61, 70, 79번의 합	( )	7 유형
8, 17, 26, 35, 44, 53, 62, 71, 80번의 합	( )	8 유형
9, 18, 27, 36, 45, 54, 63, 72, 81번의 합	( )	9 유형

부모의 유형

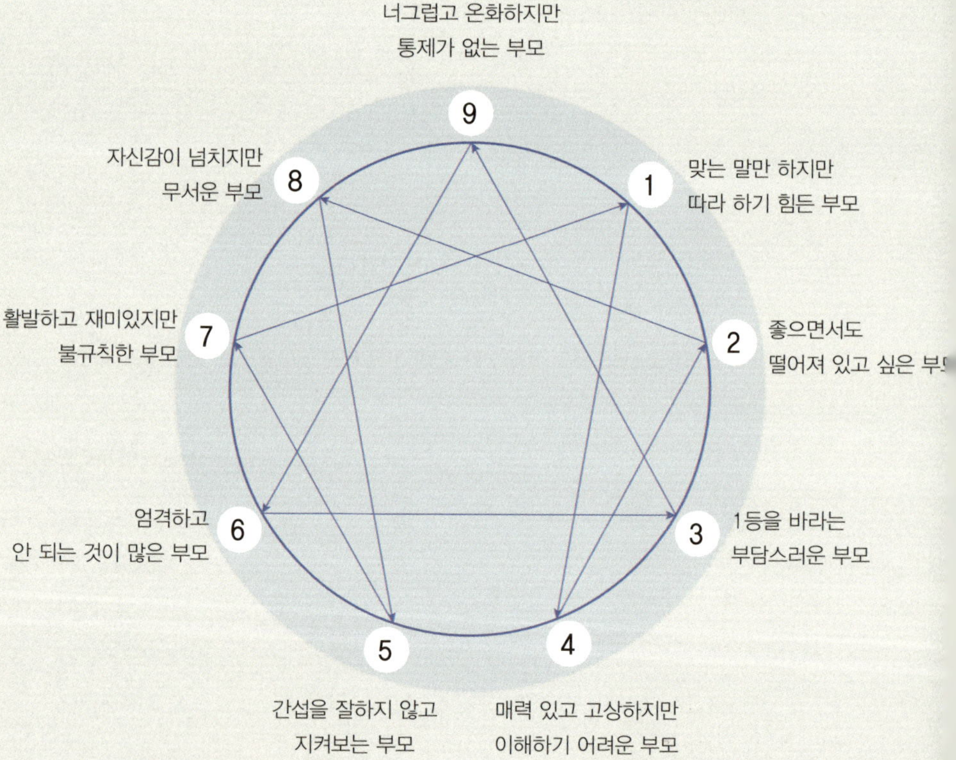

너그럽고 온화하지만
통제가 없는 부모
9
자신감이 넘치지만
무서운 부모
8
1
맞는 말만 하지만
따라 하기 힘든 부모
활발하고 재미있지만
불규칙한 부모
7
2
좋으면서도
떨어져 있고 싶은 부모
엄격하고
안 되는 것이 많은 부모
6
3
1등을 바라는
부담스러운 부모
5
4
간섭을 잘하지 않고
지켜보는 부모
매력 있고 고상하지만
이해하기 어려운 부모

• 건강한 방향: 1 → 7 → 5 → 8 → 2 → 4 → 1 / 9 → 3 → 6 → 9

• 부족한 방향: 1 → 4 → 2 → 8 → 5 → 7 → 1 / 9 → 6 → 3 → 9

1번 유형

맞는 말만 하지만 따라 하기 힘든 부모

유형 해석

① 성실 근면하며 책임감이 강하다. 교육적인 면에서는 언제나 원칙을 강조하고 실천하려고 애쓴다. 내면에는 늘 긴장감이 있으며 틀리면 안 된다는 걱정이 있다. 자녀에게 책임과 올바름을 강조하는 과정에서 감정을 다치게 할 수 있음을 주의해야 한다.

② 자녀에게 세심하게 배려하며 최선을 다하여 헌신한다. 자신의 감정을 쉽게 드러내지는 않으나 앞뒤 계산을 다하여 미리 준비하고 빠짐없이 실천한다. 이 과정에서 자녀는 억압받는다는 느낌을 가질 수 있다. 때론 속도를 줄이고 천천히 갈 필요가 있다.

③ 자녀들에게 어떤 일을 하든 항상 진지하라고 요구한다. 장난삼아 대충, 대강 하는 것은 참아내기가 쉽지 않다. 자녀들은 아직 완성되지 않

앉으며 계속 자라는 세대임을 기억하라. 참을성 있게 지켜보는 것이 도움이 된다.

④ 원칙은 하나이고 다른 것은 없다고 믿는다. 단 하나의 원칙을 강조하는 이런 태도는 그렇지 않은 것을 비판하는 것으로 이어진다. 꼭 정답이 하나가 아닐 수도 있음을 기억하라. 유연성을 기르고 부모가 원하는 정답이 아닌 자녀가 스스로 자신의 정답을 찾는 것을 격려하라.

⑤ 진지한 이들 부모들은 웃음을 잃어버리고 지나치게 신중해질 때가 많다. 틀림없는 신용을 중요시하기 때문에 생기는 현상이다. 인생의 즐거움과 행복함을 느끼면 모두에게 큰 도움이 된다.

긍정적인 특징의 단어	부정적인 특징의 단어
진지하다. 책임감 있다. 헌신적이다. 양심적이다. 목표가 높다. 정확하다. 시간을 잘 지킨다. 정직하다. 근면하다. 도덕적이다. 뛰어나기 위해 힘쓴다. 믿을 수 있다. 꼼꼼하다. 공정하다. 끈기 있다. 모든 잠재성을 계발한다. 윤리적이다. 명석함을 추구한다. 열정적이다.	지나치게 비판적이다. 요구가 많다. 화를 자주 낸다. 완고하다. 날카롭다. 집착한다. 조급하다. 남을 휘두르려 한다. 지나치게 노력한다. 기대치가 높다. 비현실적이다. 집요하다. 빈틈이 없다. 간섭한다. 엄격하다. 설교적이다. '해야 하는' 일이 많다. 지나치게 심각하다.

그림 사례 ❶ : 등교시간은 칼같이

1번 유형의 완벽주의 부모는 모든 것이 틀림없고 완벽해야 한다는 집착을 가지고 있다. 특히 약속시간은 반드시 지켜야 한다. 이들에게는 등교하는 시간은 정해져 있고 그 시간을 지키지 못하는 것은 '틀린 일'이다. 자신만이 아니라, 자녀와 주변 모든 사람들에게 은근히 완벽하기를 기대하고 강조한다. 자녀는 부모의 이런 강조를 압박으로 느낀다. 여러 변수를 고려하지 않고 자신의 시간을 무조건 엄격하게 통제한다고 느끼기 때문이다.

이 유형의 사람들에게는 시간뿐만 아니라 주변이 어지럽게 흐트러져 있는 것도 고민거리이다. '이것은 이래야 하고, 저것은 저렇게 처리해야 하며, 사람은 이렇게 살아가야 한다' 등의 방법론적인 것이 명확하고 꼭 해야 하는 것으로 여긴다. 스스로의 원칙이 생겨서 그 길로 가는 것이 정답이라고 생각하면서 자녀들에게도 그런 원칙을 갖기를 바라고 주장하고 가르친다.

그림 ❶은 등교시간에 맞추어 집에서 나서는 아이를 보면서 안심하는 부모의 모습이다. 평소에 등교시간을 지키지 못할까 봐 걱정하는 마음이 녹아 있다. 자녀의 인사를 받으면서도 눈은 시계에 가 있고, 집안은 깔끔하게 정리되어 있다. 이런 완벽에 대한 태도 때문에, 맞는 말만 하지만 자녀 입장에서 부모의 말대로 따르기에는 힘이 든다. 하지만 틀린 것을 말하는 것이 아니고 자녀가 잘되라고 하는 소리라는 당위성까지 더해져서 부모는 더욱 자녀들을 압박한다. 부모 역시 뜻대로 되지 않아 상당한 스트레스를 받는다. 스트레스를 많이 받을 때는 방법을 바꿀 것을

1번 유형 - 그림 ❶

심각하게 고려하지만 쉽지는 않다. 개근상을 받는 것도 중요하지만 무조건 개근상을 받아야 한다는 압박에서 벗어나는 것이 먼저가 아닐까?

그림 사례 ❷: 먼저 하고 나중에 즐기자

 1번 유형 부모의 일처리 패턴은 '먼저 하고 나중에 즐기자'는 말로 표현할 수 있다. 자녀 교육에 있어서도 마찬가지다. 숙제를 먼저 하고 노는 것은 나중이라는 식이다. 중요한 것을 먼저 하고 그 외의 것은 나중에 하는 것은 시간관리에서 중요한 원칙이다. 하지만 자녀교육이 시간관리의 원칙만으로 되는 것은 아니다. 자녀가 중구난방으로 공부하거나 생활하는 것은 이 유형의 부모에게 보통 큰 스트레스가 아니다. 이 때문에 안정감을 잃거나 생활의 질이 형편없이 떨어지기도 한다.

그림 ❷에서 자녀는 하교 후 집에 와서 컴퓨터 게임을 즐기고 있다. 책가방은 방바닥에 아무렇게나 던져져 있고 내용물까지 다 나와 있다. 아이는 숙제도 안 하고 엄마가 들어오는 것도 모른 채 정신없이 게임에만 열중하고 있다. 이럴 때 1번 부모는 엄청난 스트레스를 받는다. 다른 것은 제쳐두고서라도 정리정돈과 숙제부터 했으면 좋겠다고 생각한다. 교

1번 유형 - 그림 ❷

육적인 면에서 필요하고 중요한 것들이 많지만 1번 부모들의 생각에는 모두 다음의 일이다.

   자녀교육이라는 멀고 먼 여행을 떠났다는 사실을 인식히고, 스트레스를 부르는 눈앞의 것에 연연해하지 말고 멀리 바라보는 느긋한 마음부터 회복하는 것이 필요하다. 충분한 시간적 여유를 가지고 기다리는 마음은 감정을 즉각적으로 표출하기보다 서서히 다스리는 여유를 갖게 한다. 결국 자녀에게 상처를 입히지도 않고 부모 스스로의 마음도 다치지도 않으면서 문제를 해결하는 것이 최선이다. 분노를 다스리면서 자녀가 성장하기를 기다려야 한다. 이것이야말로 1번 유형의 부모들이 가야 할 자녀교육의 참된 길이다.

그림 사례 ❸ : 도대체 뭐하는 사람이야?

   1번 부모가 추구하는 철두철미함은 완벽에 대한 집착에서 비롯된다. 이들은 내 자녀는 이래야 하고 내 배우자는 이래야 한다는 원칙을 가지고 있다. 그 기준에 어긋나면 매우 불편해진다. 이런 원칙은 배우자든 자녀이든 조직이든 가리지 않고, 모든 인간 관계에서 장애 요인으로 등장하기 쉽다. 상하 위계가 분명한 조직이라도 불만이 없는 것은 아니다. 겉으로는 괜찮겠지만 속으로도 문제가 없는 것은 아니다. 불만이 쌓이면 드러나는 것은 시간문제이다.

   그림 ❸에는 외출을 했다가 집으로 돌아온 모습이 그려져 있다. 아이는 엎드려서 그림을 그리고 있는데 도구들이 여기저기 흩어져 있다. 남

1번 유형 – 그림 ❸

편은 그런 아이는 아랑곳하지 않고, 소파에 누워 간식을 먹으면서 텔레비전만 보고 있다. 1번 유형의 부모에게 이런 상황은 참기 힘들다. 그림 속에서는 한숨을 내쉬며 남편을 원망하고 있다. 1번 유형의 사람들은 이런 상황에서 스트레스를 받고, 부정적인 언급을 함으로써 상대와 긴장관계를 만든다. 꼭 모든 것이 준비가 잘된 상태를 꿈꾸지만, 그것이 이루어지기는 어렵다.

집착을 떨치고, 그림 그리는 자녀를 신기해하면서 무엇을 그리는지 알아보고 격려와 칭찬을 해준다면 어떨까? 행복한 가정의 단란한 모습을 만들 수 있을 것이다.

그림 사례 ❹ : 높은 기대수준

　1번 유형의 부모는 이상적인 기대를 가지고 산다. 자녀 역시 자신이 꿈꾸는 완벽한 모습으로 자라주기를 원한다. 한 마디로 기대수준이 높은 것이다. 자녀 입장에서는 아무리 노력해도 부모의 기대를 충족시키기 어렵다. 때론 절망감마저 느낀다. 하지만 부모는 조금 더 노력하지 않는 자녀에게 더 성실하게 노력할 것을 요구한다. 안타깝게 여기는 마음으로 호소하기도 한다. 이럴 때 비교대상이 동원되기도 한다. 객관적으로 따져 못날 것이 없는 자녀가 원하는 만큼 도달하지 못했을 때, 부모는

1번 유형 - 그림 ❹

더욱 가혹해질 수 있다.

그림 ❹에서는 부모가 자녀에게 부족한 부분을 보고 있다. 물론 비교 대상은 같은 또래의 아이다. 무엇을 따져보아도 모자랄 수 없는 아이인데 부족한 부분이 보일 경우, 부모는 그것 때문에 마음이 아프면서도 '욱'하는 분노가 올라온다. 최선을 다하는 것처럼 보이다가도 자녀가 기대치에 못 미친다고 판단될 경우 얼굴이 어두워진다.

하지만 부모의 판단이 다 옳은 것은 아니다. 아직은 드러나지 않았지만, 잠재된 가능성은 얼마든지 있을 수 있다. 그리고 채워져 있는 부분은 보이지 않고 부족한 부분만 도드라져 보이는 것은 완벽에 대한 부모의 집착 때문이다. 따라서 부족한 부분을 보고 탄식하지 말고 채워진 부분을 찾는 노력을 해야 한다. 그리고 그 부분에 집중해 아이를 인정해준다면 어떨까? 보다 더 좋은 관계를 만들어나갈 수 있을 것이다.

그림 사례 ❺ : 원칙이 허물어지면

1번 유형의 부모들은 스트레스 상황이 깊어지면 스스로 지키던 완벽이라는 감옥에서 지쳐 쓰러지게 된다. 자신이 그동안 지켜온 책임에서 해방되기를 바라는데, 이렇게 되면 4번 유형의 부정적인 모습(91쪽 '부정적인 특징의 단어' 참조)이 노출된다. 지금까지 지켜온 원칙을 스스로 허물어버리는 것이다. 자녀들에게 가르쳤던 것들과는 다른 모습을 보이고, 더 이상 일관성의 끈을 이어가지 못한다. 특히 자녀에게 감정을 전달하는 것이 어려워진다. 이렇게 해야 더 나아지고 행복해질 수 있다는 전달을 하지 못하고, 외딴 골방으로 들어가서 주변을 방치하기도 한다. 아무도 자신을 이해해주지 않는다고 느끼면서 위축되고 우울해진다.

그림 ❺는 스트레스가 누적된 1번 유형의 부모가 소파에 누워서 평소에 하던 일을 포기하고 체념에 빠진 모습을 그리고 있다. 자녀들은 주변을 어지럽히고 놀고 있으며, 남편의 말에도 대꾸를 하지 않는다. 평소에 남편과 자녀들을 챙기면서 부지런하던 모습과는 전혀 딴판이다. 열심히 살아왔다고 인정받는 것도 아니고 그렇지 않은 사람들이 오히려 더 행복하게 살고 있다고 느끼게 된다. 열심히 노력한 것에 대한 보상은커녕 아무도 알아주지 않는다고 생각하니 허무하고 우울해진다. 이때 모든 것

1번 유형 - 그림 ❺

을 포기하고 싶은 유혹에 빠지게 된다.

먼저 자신이 매우 큰 스트레스의 소용돌이에 갇혀 있다는 자각이 필요하다. 스스로 깨어나야 한다. 자신만의 원칙이 무너질 때는 상담자의 도움을 받거나 휴식이 필요하다. 자녀들에게 부모로서 최소한의 역할을 하면서 정리를 해보는 것이 중요하다.

그림 사례 ❻: 활발하고 재미있는 7번 유형으로

1번 유형의 부모들이 건강해지면, 집착에서 벗어나 주변을 챙기지 않으면서도 영향을 받지 않고 독립적이 된다. 활발하고 재미있는 7번 유형의 건강한 모습이 되어 인생의 즐겁고 긍정적인 면들을 받아들이게 되는 것이다. 현실을 있는 그대로 받아들이고 그 영향을 받지 않게 된다. 자녀 역시 있는 그대로의 모습을 받아들일 수 있는 내면의 공간이 넓어진다. 완벽에 대한 집착으로부터도 자유로움을 느끼게 된다. 부모 혼자만의 원칙에서 벗어나 자녀들의 왕성한 호기심이라는 관점을 받아들이게 된다. 이런 상황이 되면 일말의 불안감이 엄습할 수도 있다. 자신이 지켜온 것들을 내려놓으면서 발생하는 부정적인 두려움과 싸우게 된다. 하지만 이것이 스스로 집착해온 완벽으로 되돌아가려는 목소리임을 깨달으면, 기쁨, 즐거움, 행복 같은 가치와 연결하는 것이 힘들지 않게 된다. 자녀와의 관계에서도 허용이 늘고, 갈등에서 오는 분노의 감정과도 분리가 된다.

그림 ❻은 학교에서 하는 예술제에서 자녀가 주인공으로 분장하여 공

1번 유형 – 그림 ❻

연을 하는 장면이다. 자녀는 슈퍼맨이 되었고 마음껏 상상의 나래를 펼치면서 흥미진진하게 역할을 하고 있다. 우주의 중심이 되어 지구를 구하는 용사가 되어 있다. 이 장면을 바라보는 부모는 그 자체로 무척 행복하다. 더 나아가 자녀가 맡은 역할처럼 자유롭고 행복한 인생을 살아가기를 바라고 있다. 조용하고 책임감이 강하고 무엇이든 성실하게 살아가는 것이 제일이라고 생각한다. 하지만 실제로는 답답하고 우울한 적이 적지 않았기에, 자유롭고 자기가 하고 싶은 일을 방해받지 않고 살아가는 것도 중요한 일임을 깨닫는다. 자녀는 부모의 부속물이 아니기에, 자녀의 취향을 존중하고 자율성을 보다 더 허용하는 것이 필요하다.

2번 유형

좋으면서도
떨어져 있고 싶은 부모

유형해석

① 아이들을 좋아하고 부모 역할을 즐기는 부모이다. 자녀의 관심을 북돋워준다. 자녀에게 관심이 많고 무엇을 도와주어야 하는지를 잘 파악한다. 아이 스스로 잘할 수 있도록 지켜보는 것이 직접 도와주는 것보다 훨씬 효과적이다.

② 밝고 따뜻하고 다정하다. 아이의 친구에게도 다정하며 친절하다. 또한 주변 모든 사람들과 명랑하게 지내기를 기대한다. 하지만 모든 사람들이 다 우호적인 것만은 아니다. 적절하게 정도를 설정하고 대하는 것이 효과적이다.

③ 아이를 바라보는 시선이 애잔하다. 지구 끝까지 따라가서 무엇이든 부모가 할 수 있는 것은 다 해주려는 마음이 참 많다. 100점짜리 엄

마가 되고 싶다. 아이가 부족한 것은 내가 도와주지 않아서 그렇다는 내면의 소리가 들린다. 하지만 때로는 100점보다 90점이 더 좋을 수도 있다. 스스로는 부족한 부모라고 느껴도 자녀에게는 100점짜리 부모이다.

④ 아이가 잘못이나 실수를 하면 부모가 오히려 자녀에게 미안해한다. 자녀의 잘못이 자신의 잘못으로 느껴지기 때문이다. 하지만 그것은 자기 집착일 뿐이다. 이 집착을 내려놓을 때 오히려 부모와 자녀가 모두 건강할 수 있음을 믿으라.

⑤ 아이를 칭찬하고 격려하면서 정서적 교류가 이루어지기를 바란다. 하지만 많은 사랑의 감정을 전달했음에도 아무런 반응이 없으면 기운이 빠지고 실망하게 된다. 아이의 입장에서는 부모의 쏟아지는 감정의 홍수가 부담이 될 수 있음을 기억하자.

긍정적인 특징의 단어	부정적인 특징의 단어
도와준다. 이타적이다. 베푼다. 신경을 쓴다. 갈채를 보낸다. 보살핀다. 사랑한다. 상냥하다. 동정심이 있다. 지지한다. 흔쾌히 받아들인다. 희생한다. 타인 중심적이다. 인정이 많다. 경청한다. 칭찬한다. 대접한다. 관계 중심적이다. 지원한다.	침해한다. 방해한다. 소유하고 싶어한다. 조종한다. 요구한다. 불평한다. 죄책감을 유발한다. 대면하지 않는다. 받기를 거부한다. 과보호한다. 괴롭힌다. 남의 기준에 따른다. 숨 막히게 한다. 어린아이 취급을 한다. 도움받을 가치가 없다. 질투한다. 지나치게 상냥하다.

그림 사례 ❶ : 보살핌과 자율성의 보장

2번 유형의 부모는 따뜻하고 사랑이 많다. 그렇지만 이런 성격의 이면에는 집착이 도사리고 있다. 사랑과 미움은 반대말이 아닌 것처럼 집착과 사랑도 종이 한 장 차이다. 2번 유형 부모는 '도와주는 것'에 집착한다. 그런데 부모로서 당연하고 고마워야 할 도움도 정도가 심해지면 부모 자신도 자녀도 힘들어진다.

아이는 부모의 보살핌을 받으며 자라난다. 하지만 점점 성장하면서 스스로의 독립성을 키워 나가야 한다. 이 과정에서 부모의 역할은 보살핌과 자율성 보장이라는 두 가지 과제에 직면한다. 이 긴장관계를 풀지 못하면 2번 유형의 부모는 집착의 늪에 빠지게 된다. 가장 큰 문제는 자녀가 스스로 할 일을 하지 못하고 자유와 책임을 분간하지 못하는, 균형을 잃은 아이가 될 수 있다는 것이다.

그림 ❶은 아이의 등교시간 풍경을 그린 것이다. 부모는 빠진 것이 없는지 확인하면서 아이의 가방을 대신 싸고 있다. 반면 자녀는 아직 옷도 갈아입지 않고 양말도 신지 않은 상태에서 만화책만 보고 있다. 시간 맞춰 학교에 갈 수나 있을지 걱정되는 모습이지만, 두 사람의 분위기로 보아 어제 오늘 일이 아닌 것 같다. 이렇게 성장한다면 자녀의 미래는 '마마보이'나 '슈퍼 공주'가 될 가능성이 높다. 내 아이에게는 어떤 것을 주어도 아깝지 않다. 그렇지만 그렇게 귀중한 아이이기 때문에 필요할 때 필요한 만큼만 주어야 한다.

장기적으로 보면 부모 자신에게도 힘든 일이다. 2번 유형의 부모들이 도움을 주고 베푸는 성향이 강하다고는 하지만, 반응이 없으면 상당히

2번 유형 – 그림 ❶

힘들어한다. 이렇게 세세하게 챙겨주었음에도 불구하고 그 사랑을 인정받지 못했을 때 심한 스트레스에 시달리게 되는 것이다. 먼저 자신의 모습을 살피고, 아이와 주변 사람들을 돌볼 때 자신도 함께 잘 돌보는 지혜가 필요하다.

그림 사례 ❷ : 사랑받고 싶은 욕구

2번 유형의 부모들은 타인에 대한 관심과 배려가 많고 도와주는 것을 좋아한다. 하지만 이것은 사랑받고 싶은 욕구의 표현이기도 하고, 감정적인 수치심을 당하지 않기 위해 먼저 베풀고 사랑을 주는 심리의 발로 이기도 하다. 이들에게 도움과 베풂을 통한 사랑의 교류는 무엇보다 우선시되고 중요한 요소라 할 수 있다. 문제는 정도에 있다. 집착이 심해지면 자신의 필요를 잃어버리고 상대방에게 집착하고 매어달리는 형국이된다. 사랑과 도와주는 배려를 빼면 인생은 가치가 없다고 느낀다. 자녀에게도 마찬가지이다.

그림 ❷는 자녀의 학교를 방문해 학교생활을 관찰하는 모습이다. 다른 아이들은 여럿이 함께 어울려 재미있게 놀고 있다. 하지만 자신의 자녀는 혼자 책상에 앉아 골똘하게 생각에 잠겨 있다. 부모는 아이가 친구들

2번 유형 – 그림 ❷

과 어울리고 함께 있는 것을 선호한다. 혼자 떨어져 있다는 것이 마음에 걸린다. 혹시 사랑받지 못하는 것은 아닐까 염려가 몰려든다. 사랑받지 못한다는 느낌을 받으면 힘들어지고 스트레스가 몰려오게 된다.

모든 사람과 사랑의 관계를 맺는다면 얼마나 행복할까? 하지만 그런 일은 일어나지 않는다. 자신의 역할에 따라서 필요한 만큼 조절하면서 균형감 있게 사는 것이 중요하다. 무엇보다 중요한 사실은, 사랑받는 관계를 위해 꼭 무엇을 주어야 하는 것은 아니라는 것이다.

자녀교육에 있어서도 마찬가지다. 스스로 부여한 역할에 집착하면 본연의 부모 역할을 잃어버릴 수 있다. 부모는 부모로 존재함으로써 자녀를 올바른 길로 인도할 수 있다. 아이가 공부를 잘해서 사랑하는 것이 아니라 그냥 당연히 사랑하는 것처럼, 부모도 자녀에게 많은 것을 줌으로써 부모가 되는 것이 아니다. 스스로 아름다운 모습으로 존재하는 것 자체도 자녀에 대한 사랑이 된다.

그림 사례 ③ : 감정의 폭발과 훈육

모든 부모들과 마찬가지로 2번 유형의 부모들 역시 자녀를 대할 때 무조건 사랑만 베푸는 것은 아니다. 부모도 신이 아니라 사람이다. 더욱이 이 유형의 부모들은 감성이 풍부하기 때문에, 순간적인 감정의 홍수 상태에 이르면 폭발하기도 한다. 꼭 특별한 이유가 있어서가 아니라, 아이가 말을 듣지 않거나 부탁을 거절당했을 때 화를 내게 된다. 일반적으로 이럴 경우에는 자녀가 부모의 눈치를 보게 마련이다. 어떻게 하면 부모의 마음을 풀어줄 수 있을지 고민하며 눈치를 살핀다. 그러나 2번 유형의 부모는 오히려 그 반대의 경우가 될 때가 있다. 야단을 맞고 풀이 죽어 있는 자녀를 보면 측은한 생각이 든다. 한 걸음 더 나아가 아이의 마음을 어떻게 풀어줄지를 고민한다. 금방 화를 내었다가 금방 풀어주는 것이 습관으로 고착화되면, 자녀에게 교육효과는 거의 없게 된다.

그림 ❸은 이런 2번 유형 부모의 성향을 표현하고 있다. 아이를 혼내고 나서 풀이 죽어 있는 아이를 바라보는 부모의 표정이 애잔하다. 조금 전까지만 해도 친구들과 어울리지 못하는 아이에게 화가 나 있었고 손가락질까지 하면서 혼을 냈지만, 의기소침해진 아이의 모습을 보니 금

2번 유형 – 그림 ❸

2장. 부모의 유형

방 자책감이 몰려온다. 너무 과하게 야단친 것은 아닌지 걱정된다. 얼굴도 많이 상기되어 있다. 마주잡은 두 손에서는 어쩔 줄 몰라 하는 마음이 엿보인다. 혹시라도 아이가 상처를 받았으면 어떻게 하나를 염려하고 있다. 그리고 여린 마음에 상처를 준 자신을 자책하며 마음을 풀어주려는 궁리를 한다.

이런 상황이 반복되었다면 자녀들은 이미 눈치를 채고 있을 것이다. 부모가 먼저 화를 풀어주고 먼저 찾아와줄 것이기 때문에 잘못을 빌거나 반성을 할 필요가 없다고 믿게 된다. 자녀를 훈육할 때는 심사숙고하고 일단 벌을 내렸으면 충분히 반성하도록 지도하는 것이 중요하다. 귀한 자녀이기에 사랑의 감정만으로는 안 되고 사실과 객관성을 가지고 올바른 길을 가도록 해야 한다. 이것이 도움에 대한 집착에서 깨어나는 길이다.

그림 사례 ❹ : 넘치면 부족함과 다를 바 없다

어린 시절 부모로부터 적절한 사랑을 받지 못하고 성장하는 것은 상처가 될 수 있다. 인간은 사회적 동물이기에 사람들과의 관계에서 행복을 추구한다. 부모와의 관계는 태어나서 처음 경험하는 관계라는 점에서 또 보살핌이 절대적으로 필요한 시기라는 점에서 미치는 영향이 클 수밖에 없다. 이런 점들을 생각할 때 2번 유형의 부모 밑에서 성장한 자녀는 큰 혜택을 받는다고 해도 과언이 아닐 것이다. 그러나 모든 것은 과유불급過猶不及이다. 필요 이상으로 너무 많은 사랑을 받은 것도 결핍에 못지 않은 부작용이 따를 수 있다. 2번 유형의 부모가 가진 집착은 사랑을 쏟아붓는 것이다. 그러나 신이 아니기에 한계를 드러내게 마련이다. 사랑을 쏟아붓고 그 대가가 뒤따르지 않으면 크게 실망한다. 부모의 실망을 눈치 챈 자녀는 기대에 부응하기 위해서 위장된 행동을 하기도 한다. 싫은데도 거절하지 못하고 받게 되는 것이다. 이런 상황이 반복되면 어떤 일이 벌어질까?

그림 ❹는 2번 유형의 부모와 자녀 사이에서 흔히 일어나는 상황을 보여준다. 감정을 다스리지 못하고 화를 낸 다음 시간이 지나 화가 가라앉으면, 부모는 자녀를 사랑했기 때문에 그럴 수밖에 없었다고 스스로를

2번 유형 – 그림 ❹

위로한다. 그러면서 아이가 상처받지 않기를 바란다. 하지만 아이는 혼란스럽다. 감정 상태에 따라 부모의 반응이 너무 다르기 때문이다. 고무줄처럼 왔다갔다 하는 기준도 문제이다. 똑같은 문제를 두고 어떤 때는 그냥 넘기고 어떤 때는 야단을 치는 것 때문에 아이는 매우 혼란스럽다. 게다가 이렇게 사랑해주는 부모의 기대를 저버리는 것이 아이의 입장에서는 매우 어렵다. 이런 상황이 반복되면 아이는 싫어도 부모의 요구를 들어주며 평화가 이루어지기를 바라게 된다.

"부모님이 모든 것을 다 해주었기 때문에 나는 아무것도 할 수 없었어요!" "내가 무엇인가를 하려고 해도 그냥 두지 않았어요!" "부모님을 실망시켜 드릴 수는 없었어요." 2번 유형의 부모에게서 자란 아이들이 훗날 이런 고백을 하는 경우가 많다. 사랑은 일방적인 흐름이 아니다. 서로가 존중하고 이해하면서 아름답게 조화를 이루어야 한다. 마음이 요동치는 것은 진실이 아니고 집착일 수 있음을 기억하라. 하나를 줄 때 생각하고, 둘을 줄 때 기다리고, 셋을 줄 때는 심사숙고해야 한다.

그림 사례 ⑤ : 개입은 줄이고 기대수준은 낮추고

아낌없이 주는 나무인 2번 유형의 부모가 힘에 겨워 지치면, 자신감 넘치지만 무서운 8번 유형의 단점을 드러내게 된다. 평소에는 따뜻하고 이타적이고 친절하지만 스트레스를 경험하면서 강압적이고 무뚝뚝한 모습을 보이게 되는 것이다. 자신도 모르는 내면 저 아래에 있는 거칠고 투박한 모습을 드러낸다. 이때는 그동안 자신이 베풀어온 모든 희생과 헌신이 얼마나 컸는지를 생각한다. 그리고 자신의 희생과 헌신에 대한 보상을 요구하게 된다. 2번 부모들은 자신의 노력에 대한 대가가 없어지기를 원치 않는다. 어떤 형식이든지 자녀가 보답해오기를 기다린다. 스트레스 상황이 되면 자신과 자녀의 생존에 대한 염려와 불안이 엄습해 온다. 그 때문에 더 많은 간섭을 하고 더 깊이 개입하게 된다. 이런 모습 때문에 아이에게는 좋고 따뜻한 부모이지만 때때로 떨어져 있고 싶은 존재가 된다.

그림 ❺는 스트레스 상황에 노출된 부모의 모습을 보여주고 있다. 단단히 화가 나서 무서운 얼굴로 아이를 질책하고 있다. 평소와는 너무 다

2번 유형 – 그림 ❺

른 부모의 행동에 아이는 당황하고 있다. 장황하게 설명하고 변명을 하지만 화난 부모는 이미 자비를 잃어버렸다. 자신이 좋아하는 가수의 브로마이드를 막 찢으려 하고 있다. 부모가 화난 이유는 성적 때문이다. 자녀의 책상 위에는 신통치 않은 점수를 받은 시험지가 보인다. 부모는 이번 시험이 중요하다고 누누이 말하고 아낌없이 지원하였지만, 아이는 노력하지 않은 것으로 보인 것이다. 자녀의 행복을 위해 공부할 환경을 만들어주고 왕처럼 필요한 것을 다 해주었지만 기대에 못 미치는 결과 앞에 부모는 큰 충격을 받았다. 아이의 입장에서는 브로마이드를 걸어놓은 것이 어제 오늘의 일이 아닌데 지금 와서 화를 내는 것이 이해가 안 된다. 게다가 자신이 가수를 좋아하는 것과 성적이 무슨 상관이란 말인가? 당연히 억울하다.

2번 유형의 부모는 자신이 할 일과 자녀가 할 일을 구별하는 것이 필요하다. 스프링을 눌렀다가 풀어놓으면 튀어 나가는 강도는 더욱 강해진다. 부모의 마음이 급격하게 흔들리는 모습은 교육적인 면에서도 바람직하지 않다. 그러므로 개입하는 양을 줄이고 기대수준도 적절하게 조절하는 것이 필요하다.

그림 사례 ❻ : 자신에게 공감하라

2번 유형의 부모들이 성숙하고 긍정적이 되면 감성적이면서도 매력적인 4번 유형의 아름다운 장점을 활용하게 된다. 도움을 주고 베푸느라고 자신의 감정을 억누르던 2번 유형의 부모가 자신에게 어떤 것이 필요한지 자각하게 된다. 보통 이 유형의 부모들은 감성의 흐름이 풍성하다. 때문에 다른 사람의 감성에 공감하는 능력이 뛰어나다. 2번 유형의 부모가 건강해지면, 평소 다른 사람에게 집중되어 있는 공감의 힘이 자신에게로 향한다. 그러면 자기 내면의 상태를 알고 객관적으로 대처하게 된다. 자녀가 부모의 기대에 어긋나서 화가 날 때에도 내면을 성찰하고, 화를 폭발하기보다 다른 사람을 위로해주는 것처럼 자신을 위로하는 것이다. 2번 유형의 부모에게 가장 필요한 것이 바로 이것이다. 자녀가 자신의 기대를 충족시켜주지 못해 화가 난다면, 일단 심호흡을 하라. 그리고 나타난 현상만 보지 말고 자신을 되돌아보라. 내가 자녀에게 기대한 것이 무엇인가? 이것이 정말 화를 낼 만한 것인가? 평소에 너무 많이 개입한 것은 아닌가? 얻은 것과 잃은 것은 무엇인가?

그림 ❻은 다시 학교에서 자녀를 관찰하고 있는 2번 유형 부모의 모습이다. 자녀는 홀로 노래를 부르고 있다. 다른 친구들은 운동을 하기 위해서 트랙에 선을 긋고 팀을 짜서 작전을 의논하거나, 선생님의 이야기를 경청하고 있다. 자녀는 그 어디에도 속하지 않고 혼자 자신의 일에 빠져 노래만 부르고 있다. 이런 동떨어진 활동을 하고 있지만, 부모는 걱정을 하지 않는다. 함께 어울려 따뜻한 관계를 만들어가기를 희망했던 부모였다. 그렇지만 이젠 혼자라도 잘 지낼 수 있고 무엇이든 스스로의 힘으로 해나가는 아이가 자랑스럽기조차 하다. 얼굴에는 따뜻한 미소와 안도하는 표정이 엿보인다.

건강하고 성숙한 2번 유형의 부모는 자녀의 고유한 모습을 사랑하게 된다. 다른 사람을 향해 있던 많은 에너지가 자신을 향해 빛을 비추기 시작한다. 좋으면서도 떨어져 있고 싶은 부모에서, 좋으니까 항상 함께 있

2번 유형 - 그림 ❻

고 싶은 부모로 다가서라. 자녀의 독립성을 훼손시키지 않는 범위에서 사랑을 주라. 무조건적인 도움과 베풂을 멈추고 자녀 스스로 살아갈 수 있도록 시간을 주어라.

> **3번 유형**

1등을 바라는 부담스러운 부모

유형 해석

① 아주 적극적이고 활발하며 에너지가 넘치고 추진력이 강하다. 자녀에게도 같은 에너지와 추진력을 기대하며, 실력 있는 엘리트로 키우고 싶어 한다. 하지만 자녀의 개성과 현실을 잘 파악하고 존중하는 것이 먼저임을 기억하자.

② 목표 지향적이고 계획성이 뛰어나다. 자녀가 세운 목표에 도달할 수 있도록 독려하고 자극을 준다. 그래야 엘리트가 될 수 있다고 믿는다. 아울러 평범한 재능도 살펴보고 부모가 세운 목표가 아닌 자녀 스스로 목표를 세우도록 돌보는 것을 잊지 말자.

③ 효율성을 추구한다. 계획을 세웠으면 가능한 빠른 시간 안에 그 목표를 이루는 방법을 잘 알고 있다. 그 방법을 가르쳐주었으니 이제는 자

녀가 스스로 하도록 한다. 자녀를 다그치기보다 적절한 동기를 불러일으켜야 한다.

④ 열정적으로 일하는 부모는 늘 시간이 부족하다. 특히 프로젝트를 끝내는 시기나 일을 마감할 시간이 되면 아이를 돌보는 시간을 낼 수 없어 방치하기도 한다. 사회적 성공과 함께 자녀교육의 적절한 시간분배가 절실히 필요하다.

⑤ 다른 사람에게 어떻게 보이는지에 관심이 많다. 별 볼 일 없는 사람으로 보이는 것은 참을 수 없다. 성공한 사람으로 보이기 위해 아이에게 위장한다는 느낌을 줄 수 있다. 진정성이 자녀에게 느껴지도록 마음을 열고 정직한 자세를 유지해야 한다.

긍정적인 특징의 단어	부정적인 특징의 단어
효율적이다. 성공적이다. 일을 완수한다. 동기 부여자로 열정적이다. 실용적이다. 현실적이다. 목표 지향적이다. 원기왕성하다. 관리자로 인기 있다. 활동적이다. 활력 있다. 다양한 면이 있다. 유능하다. 자신 있다. 마케팅 담당자로 근면하다. 팀 조직자로 경쟁적이다.	기계적이다. 앞서 나간다. 계산적이다. 성급하다. 편의주의적이다. 일 중독자로 카멜레온 같다. 교활하다. 평판을 중시한다. 이미지에 치중한다. 뽐낸다. 체면치레와 재력을 과시한다. 성공 지향적이다. 약삭 빠르다. 정치적이다. 거짓말을 한다. 지나치게 성과 중심적이다. 역할을 연기한다. 감정을 무시한다.

그림 사례 ❶ : 겉으로 드러나는 모습

　3번 유형의 부모들은 성공해야 한다는 집착을 가지고 살아간다. 그것은 자녀교육에서도 나타난다. 이들에게 아이의 성공이란 모든 분야에서 뛰어난 성적을 올리는 것, 1등이 목표이다. 그것을 위해 모든 것이 계획되고 삶의 에너지가 집중되어야 한다. 이때 이들이 가진 동기부여 능력이 빛을 발한다. 뚜렷한 목표만큼 명확한 동기부여가 어디에 있겠는가? 하지만 따져보면 그것은 자신과 아이를 위한 것이라기보다는 성공을 하기 위한 수단에 불과하다. 성공이 단순한 목표가 아니라 목적이 되는 것이다. 성공에 대한 집착은 다른 사람에게 보이는 이미지를 중요하게 여기게 만든다. 눈에 보이는 결과가 자신의 가치라고 생각하기 때문에 주어지는 결과인 성공에 집착하는 것이다.

　성공에 집착하고 다른 사람들에게 보이는 이미지를 중요하게 여기는 동안 자신의 본모습은 미궁 속에 빠지고 만다. 하지만 가족에게까지 잘 포장된 모습만 보이며 살 수는 없다. 아이도 마찬가지다. 한집에서 살면서 모든 것을 공유하기 때문에 평소 본인도 인식하지 못하는 모습을 보이게 된다. 겉으로 나타나는 결과가 다는 아니다. 자녀와 진실된 가치를 공유하고, 오로지 성공만을 향한 집착에서 벗어나 인생의 다양한 관점들을 나누면 어떨까?

　그림 ❶은 화려한 의상을 입고 자녀의 선생님을 만나고 있는 3번 부모의 모습이다. 세련된 액세서리들로 치장을 하고 머리는 의상과 매치를 이루어 사람들의 눈길을 끈다. 탁자 위에는 고급 핸드백이 놓여 있다. 좀처럼 수수한 복장을 하지 않는다. 한눈에 쏙 들어오게 이미지를 잘 가

3번 유형 - 그림 ❶

꾼다. 다른 사람에게 성공한 사람이라는 인상을 심어주고 싶어하는 심리적 표현이다.

  자녀는 담임교사의 말대로 학교생활을 잘하고 있다. 아이에 대한 교사의 칭찬에 부모는 무척 기분이 좋다. 부모는 별로 한 일이 없다고 한다. 있어도 없다고 하는 것이 겸양의 모습이기는 하다. 하지만 이런 교사의 칭찬 뒤에는 부모의 열성적인 뒷받침이 있었다. 다른 부모들은 그렇게 말하는 3번 유형의 부모를 바라보면서 마땅치 않은 표정을 하고 있다. 다소 무리가 있더라도 성공만 한다면 저 정도의 수군거림은 참고 넘길 수 있다고 생각한다. 하지만 무엇이든 지나치면 독이 된다. 겉으로 드러나는 모습보다 내면의 모습에 더욱 신경을 쓰고, 지금 당장보다는 멀리 보는 자녀교육의 지혜가 필요하지 않을까?

그림 사례 ❷ : 경쟁과 성공에 대한 집착

겉으로 드러나는 이미지를 중요하게 생각하다 보면, 허영과 자기 기만에 빠지기 쉽다. 겉모습을 자신의 본모습이라고 생각한다. 그래서 좋은 결과를 얻는다는 보장이 있다면, 또는 사람들에게 좋은 이미지를 줄 수만 있다면 최선을 다해 성공시켜야 한다고 믿는다. 이 과정에서 일시적인 거짓말이나 허영을 부리고 기만하는 일은 나중에 성공하고 나면 아무 문제가 되지 않는다고 믿는다. 이것이 성공이라는 집착에 얽매인 3번 유형의 사람들이 보이는 부정적인 모습이다. 이렇게 성취한 성공이라면 오히려 인생을 나락으로 떨어뜨릴 수 있다.

자녀교육에 있어서도 마찬가지이다. 부모는 자녀를 자신과 동일시하려는 경향이 있다. 자녀의 성공이 자신의 성공이라고 굳게 믿게 되는 것이다. 이런 믿음은 당연히 갈등을 불러온다.

3번 유형의 부모는 내면의 목소리에 귀를 기울이고 그 소리에 따라 정직하고 진실된 길을 쫓아가야 한다. 부모 스스로가 워낙 효율적이고 목표 지향적이기 때문에, 직접 개입하는 교육보다 스스로 목표성취를 하는 모습을 진솔하게 보여주는 것이 중요하다. 이것만으로도 자녀들의 훌륭한 모델이 될 수 있다.

그림 ❷에는 학교 운동회에서 달리기 시합을 하고 있는 자녀를 보는

3번 유형 – 그림 ❷

부모의 모습이 담겨 있다. 자녀는 헐떡이면서 최선을 다해서 뛰는 것 같지만 이미 2명의 친구가 앞서 있다. 안타까운 마음으로 가슴을 졸이고 있는 3유형의 부모는 탄식을 쏟아낸다. 왜 저렇게밖에 못 하느냐는 말에는 부모로서 모든 것을 다 해주었는데 1등을 하지 못하니 속상하다는 뜻이 담겨 있다. 또 달리기에서 조금 뒤진 것뿐인데 삶 자체가 뒤쳐진다고 표현한다. 게다가 이 문제를 해결하기 위해 달리기 레슨을 시키겠다는 마음을 갖는다. 정말로 레슨을 시킬지는 모르겠지만 강렬한 마음이 드는 것은 어쩔 수 없나 보다. 이런 부모의 태도를 아이가 안다면 아이의 마음은 어떨까? 아마도 부담감 때문에 스트레스에 억눌릴 것이다.

3번 유형 부모에게는 경쟁에서 밀려나는 것이 스트레스이다. 밀려나는 순간 실패자가 되고 실패자가 되면 인생은 끝이라고 믿는다. 과연 그럴까? 그것은 성공에 대한 집착이 만들어낸 과다한 망상에 지나지 않는다. 1등이 아니더라도 불안해할 필요가 없다. 앞서 있는 두 친구들을 칭찬해주면서도 자신이 1등이 되는 길은 얼마든지 있다는 너그러운 마음을 갖는 것은 어떨까?

그림 사례 ③ : 두 마리의 토끼

3번 유형의 부모는 일에 대한 욕심이 많고 승진에 대한 관심도 많다. 어떤 일이든 최고로 잘하고 싶다는 욕구 또한 강하다. 웬만한 방해는 흔들림없이 견뎌내고 성취를 이룬다. 하지만 자녀교육은 다른 일과 다르다. 뜻대로 되지도 않을 뿐더러, 그렇게 된다고 하더라도 자신이 직접 하는 것이 아니기에 결과를 예측할 수 없다. 일과 자녀교육 모두 성공하고 싶지만, 여건이 늘 따라주는 것도 아니다. 이것 역시 견디기 힘든 스트레스 요인이다. 늘 일에 대해 생각하고 자녀교육에 열심인데, 그것을 모두 해결할 시간과 여건이 충분하지 않다면 급격한 스트레스가 오는 것은 당연한 일이다.

결과 지향적인 3번 유형의 사람들은 과제와 일을 열심히 수행한다. 너무 열심히 해서 일을 짊어지고 사는 사람처럼 보인다. 언제나 휴식이 필요하다. 일에도 열중하고 자녀에게도 많은 에너지를 쏟다 보니, 정신적으로나 체력적으로나 피곤하다. 때때로 뒤를 돌아보면서 무엇 때문에 이렇게 바쁘고 스트레스를 받는지 반문해보고, 최종 결과가 부모와 자녀의 행복과 어떤 관계가 있는지를 성찰해보는 것이 필요하다.

그림 ❸은 처리해야 할 일을 가득 안고 있는 부모가 자녀에게 시간을 내어야 하는 상황에서 도움을 줄 사람을 찾고 있는 모습이다. 자신이 직접 해야 하지만 일도 중요하다. 어쩔 수 없어 부모님께 도움을 요청하지만 부모님께서도 도와주실 형편이 되지 못한다. 여기저기에 전화를 걸어서 해결을 시도해보지만 도와줄 사람을 구하지 못했다. 일과 자녀교육 사이의 갈등은 모든 부모에게 힘든 과제이다. 그 중에서도 3번 유형의 부모가 체감하는 스트레스 강도는 누구보다 강하다. 평소 두 마리의

3번 유형 - 그림 ❸

토끼를 잡는 명수로 살아왔기에, 이 문제를 해결하지 못하면 스트레스가 배가되는 것이다. 이젠 어떻게 해야 하나? 둘 중의 하나는 내려놓고 더 중요한 일에 집중하면 된다. 자녀 일이 급하고 중요한 문제라면 일을 내려놓고, 자녀 문제가 오늘 꼭 해결하지 않아도 되는 것이라면 일을 계속하면서 자녀 스스로 해결할 기회를 주는 것이다. 더 중요한 것과 덜 중요한 것의 우선 순위를 정하는 것이 중요하다. 충분히 심사숙고하여 부모가 할 일과 자녀가 할 일을 고려하여 우선순위를 결정하면 그 스트레스의 강도는 많이 줄어들 것이다.

그림 사게 ④ : 진정한 성공

일에 대한 열정이 매우 높은 3번 유형의 부모들은 조직에서도 성취도가 높고, 팀이나 부서 차원의 경쟁에서도 승부욕이 강하다. 어떤 때는 배우자끼리 또는 가족 간에 경쟁하기도 한다. 이런 경쟁심에 노출되면 지독한 일중독자가 되어, 자녀와의 소통을 일단 뒤로 미루고 일을 최우선으로 여기게 된다.

자녀를 키우거나 돌봐주는 사람이 따로 있을 때는 이런 경향이 증폭된다. 도와주는 사람에게 자녀교육을 미루고 자신은 일에 빠져서 지내는 것이다. 일단 일에 집중하고 자녀에게는 나중에 보상하면 된다고 생각한다. 일단 일에 집중하고 경쟁을 시작하면 무서운 속도로 집중하기 때문에 다른 것은 보이지 않게 된다. 어린 아이를 키우는 3번 유형 부모들은 이런 경우를 매우 조심해야 한다.

그림 ❹는 일에 열중하던 부모가 퇴근 후에도 일거리를 집으로 가져온 경우를 보여준다. 내일 중요한 발표를 해야 하는 부모는 늦은 시간 집에 와서 아이와 눈도 맞추지 않은 채 업무를 보려고 한다. 하루 종일 부모를 기다리면서 지낸 아이는 부모에게 매달리면서 함께 시간을 보내고 싶어 한다. 하지만 부모는 지금 그럴 틈도 여유도 없다. 오직 내일 있을 발표를 성공적으로 해내기 위해 작업을 해야 한다는 생각뿐이다. 옷도 갈아입지 않고 가방도 아무렇게나 던져놓고 일에 매달린다.

어린 자녀의 경우 부모의 출근에서 1차적인 심리적 타격을 받는다. 그런데 퇴근 후 돌아온 부모에게 다정한 관심을 받지 못하면 2차적인 심

3번 유형 - 그림 ❹

리적 타격을 받는 것이다. 그림 ❹는 바로 그런 상황을 보여주고 있다. 자녀가 받은 타격은 다양한 모습으로 나타날 수 있다. 퇴근 후에는 자녀를 다정하게 안아주고 눈을 맞추고 행복한 시간을 보낼 필요가 있다. 함께 보내는 시간이 짧더라도 아이의 정서적 욕구를 채워주는 것이 중요하다. 오로지 아이에게만 집중하는 시간을 보낸 다음, 일을 한다면 아이도 받아들이기 쉽다.

그림과 같은 상황은 다양한 형태로 끊임없이 3번 유형 부모에게 나타난다. 이런 위험을 잘 극복하기 위해서는 균형감각을 잃지 않도록 끊임없이 노력해야 한다. 어쩔 수 없다고 자녀교육을 포기할 수는 없는 일이다. 일을 열심히 하면서도 주변을 잘 살피고, 일을 덜어내고 아이들을 배려하는 것이 진정한 성공으로 가는 길이라는 것을 기억하라.

그림 사례 ❺ : 무기력과 무관심

성공에 대한 집착을 적절하게 조절하지 못하면, 3번 유형의 부모들은 9번 유형의 단점을 노출시키게 된다. 9번 유형은 너그럽고 온화하지만 통제가 없는 부모이다. 3번 유형의 부모들은 집중을 잘하고 성공해야 한다는 뚜렷한 목표를 가지고 있다. 하지만 스트레스 상태에 빠지면 이런 열망이 사라지고 하던 일을 다 놓고 멈추거나 오히려 후퇴하게 된다. 자녀교육에서도 3번 부모들은 열성적이다. 때로는 하기 싫은 일도 척척 해낸다. 하지만 잠깐 동안은 할 수 있지만 오래 지속할 수는 없다. 그렇게 스트레스가 쌓이면 모든 것을 놓아버리고 자녀를 방치하게 되는 것이다. 이럴 때에는 처음으로 돌아가 다시 시작하는 것도 좋은 방법이다. 자녀와 충분히 대화하고 주변의 경험 많은 분들의 말을 경청하는 것도 권할 만하다.

그림 ❺는 스트레스에 노출된 3번 유형 부모의 모습을 보여준다. 아이는 평소처럼 부모의 도움을 요청하고 있다. 간혹 부모에게 반항하거나 내버려달라고 한 적은 있지만, 그렇다고 모든 것을 포기하기를 바란 것은 아니다. 시험을 앞두고 지금은 중요한 순간인데 모든 것은 내팽개치고 누워 있는 부모가 원망스럽기도 하고 걱정되기도 한다.

부모는 지금까지 한 노력이 아무 의미가 없었다고 생각하며, 이제부

3번 유형 – 그림 ❺

터 아이가 하는 일에는 간섭하지 않겠다고 작정한 듯하다. 아이와 거리를 두고 무관심해지기로 한 것이다. 아이에게 영향을 받지 않으면서 스트레스 상황을 견뎌내기를 원한다. 평소와는 달리 특별히 효율적일 것도 없는 잠을 자거나 텔레비전을 시청하면서 시간을 보낸다. 잡다한 소일거리로 일상을 채우며 사람들과도 원만하게 지내는 방법을 선택하게 된다.

  3번 유형의 부모는 대개 자녀의 일을 해결하거나 다른 사람들에게 반응하는 데 있어서 빠르다. 하지만 스트레스를 많이 받으면 이상할 정도로 느긋해지고 자기 만족적이 되며 반응이 느려진다. 특히 자녀와의 관계에서 심한 좌절을 겪으면 크게 낙담하면서 스스로 환멸을 느낀다. 그래서 냉담하고 무감각해진다. 스트레스가 길어지면 상황을 개선시키기 위해서 열심히 노력하기보다는 현실을 회피한다.

  이런 상황에 처하면 가장 먼저 스스로의 상태를 객관적으로 인식해야 한다. 스트레스가 쌓여 무기력에 빠져 있다는 것을 깨달아야, 거기서 빠져나올 수 있고 활력을 되찾을 수 있다. 아이와 승패 게임을 하지 말고, 사랑의 관계로 돌아가 처음부터 다시 시작하는 것이 좋다.

그림 사례 ❻: 목표가 아닌 마음으로

  3번 유형의 부모들이 건강해지면 6번 유형의 장점을 본받고 활용하게 된다. 6번 유형의 장점은 다른 사람과 협력하고 충실하게 도움이 되는 것이다. 목표를 위해서나 인정받기 위해서가 아니라 진정한 마음에서 우러나는 행동을 하게 되는 것이다. 아이를 인정하고 배려하는 마음 없이는 아무리 열심히 양육을 한다고 해도 참된 관계가 형성되지 않는다. 곧 한계에 부딪치게 된다.

3번 유형의 부모에게는 참된 마음에서 우러나온 헌신으로 자녀를 대하는 것이 필요하다. 1등을 하는 자녀나 부모의 기대를 충족시키는 자녀가 아니라 그저 사랑스러운 자녀와 다정한 부모로서 관계를 나누는 것이 중요하다. 목표로 관계하는 것이 아닌 마음으로 관계하는 부모와 자녀가 되어야 한다는 말이다. 이렇게 되면 3번 유형의 부모는 진정한 부모의 정체성과 가치를 경험하게 된다. 1등을 한 자녀, 우승을 한 자녀, 앞서가는 자녀가 아닌 그냥 '내 자녀'가 목표가 된다면 그것이 성공이 되는 것이다. 경쟁에서 이긴다는 이미지를 유지하는 것이 아니라, 그것에서 벗어나 더 큰 틀을 만들고 순수한 열망을 갖게 된다면 그것이야말로 진정한 성공이라는 타이틀을 가져다줄 것이다.

그림 ❻에서 부모는 화살을 쏘는 자녀를 응원하고 있다. 화살을 성적이라고 해도 좋고 목표라고 해도 좋겠다. 그런데 그 화살이 그만 빗나가고 말았다. 화살이 원하는 대로 날아가지 않자 자녀는 한숨을 내쉬고 있다. 본인의 기대도 그렇지만 헌신하고 도와준 부모의 기대에 미치지 못하는 것에 대한 실망도 크다. 경쟁자들의 환호에 더욱 위축되어 다음 화살을 쏠 엄두도 내지 못하고 있다.

지켜보는 부모는 애가 탈 지경이지만 편안한 얼굴이다. 실패를 받아들이고 결과에 승복하고 있다. 그리고 정정당당하게 경쟁한 자녀를 자랑스럽게 생각한다. 더 나아가서 이번의 실패가 자녀에게는 더욱 성숙할 수 있는 계기가 될 것이라는 믿음을 보내고 있다. 실패는 성공의 어머니라는 격언을 기억하는 3번 유형의 부모는 훌륭하다. 실패 앞에 초연

3번 유형 - 그림 ❻

해지고 실패에서 배우고 성숙의 계기로 삼아 전진하면 어디에서도 빛나는 자신과 자녀를 만들 수 있다. 자녀와의 관계에서도 타인과의 관계에서도 신뢰와 상호존중을 토대로 처음부터 풀어가면 못할 것이 없는 타입이 3번 유형의 부모이다.

> **4번 유형**

매력 있고 고상하지만
이해하기 어려운 부모

유형 해석

① 특별한 것을 추구하는 부모이기에 감성이 풍부하고 예민하다. 아름다움과 고상함을 잘 느끼고 따뜻한 마음의 소유자다. 하지만 자녀는 특별한 부모를 만나서 정서적 유대감이 떨어질 가능성이 있다.

② 세상을 이해하는 자신만의 감각이 탁월하다. 이런 감각이 주변의 평범한 사람들을 깨우고 새로운 시선과 감각을 갖는 데 큰 도움을 준다. 정도가 지나치면 따라갈 수 없는 자녀는 정서적 압박감을 느껴 거리감이 생길 수 있다.

③ 자녀에게 허용하는 것이 많으며 따뜻하며 다정한 부모이다. 독립적인 인생을 살려고 하는 자녀에게는 자유의 표상이 될 수도 있다. 하지만 자녀의 관심사에 무감각하거나 자기 세계에만 집중한다면, 아이를 외롭

게 방치하는 실수를 하게 된다.

④ 자신의 감정에 충실하고 감성을 일깨우는 느낌을 받으면 거기에 깊이 몰두하고 자기만의 독립된 영역에서 머무르려고 한다. 적절하면 바람직하지만 과도하면 자녀와의 괴리가 깊어지고 필요할 때 도움을 주지 못할 수 있다.

⑤ 개성이 강하기 때문에 독자적인 자녀교육을 시도할 수 있다. 시대를 앞서 나가기도 하고 창조적인 교육의 선구자가 되기도 한다. 때로는 주변과 조화를 이루고 가족과 충분히 대화한 후 결정하는 것이 좋다.

긍정적인 특징의 단어	부정적인 특징의 단어
감수성이 강하다. 독특하다. 열정적이다. 감각적으로 뛰어나다. 열중한다. 상냥하다. 취향이 훌륭하다. 특색 있다. 감성적이다. 고급스럽다. 감수성이 강하다. 멋지다. 창조적이다. 세련되다. 직관력이 있다. 향수에 젖는다. 심미적이다. 교양 있다. 표현이 풍부하다. 몰입한다.	유별나다. 기복이 심하다. 냉담하다. 극적이다. 과장한다. 소유욕이 강하다. 불평한다. 철저하다. 신경질적이다. 고집이 세다. 속물근성이 있다. 괴벽스럽다. 슬퍼하고 한탄한다. 억제한다. 지나치게 주의를 요구한다. 변덕이 심하다. 거만하다. 지나치게 감정적이다. 오해를 산다.

그림 사례 ❶ : 내겐 내 길이 있어

    4번 유형의 사람들이 갖는 집착 형태는 '특별함'이다. 특별함은 고유함으로 드러나고 다른 사람들의 눈에는 이상하게 비칠 수도 있다. 이 때문에 4번 유형의 부모들은 어린시절 우월감과 열등감을 동시에 느끼면서 성장했을 가능성이 높다. 세월이 지나서 어른이 되었지만, 자녀양육 방식에서도 이런 집착이 작용한다.
    대부분의 부모들은 자신의 방법으로 자녀를 돌보려고 한다. 그러다 보면 성장과정에 따라 달라지는 자녀의 상황을 배려하지 못할 때가 많다. 자녀교육에 있어 가장 중요한 것은 말할 것도 없이 자녀이다. 아이의 성장과정에 따라 어떻게 대응하며 양육해야 할지를 결정해야 한다. 4번 유형의 부모는 이 부분에서 특히 더 자기 개성이 강한 모습을 갖는다. 독특함이란 내적인 자기사랑이 극대화되었을 때 가장 잘 느낄 수 있다. 그러므로 모든 힘이 자신에게 쏠리게 만든다. 자녀교육에서도 자녀 중심이 아니라, 부모 중심이 될 가능성이 농후하다. 다른 부모도 마찬가지이지만 4번 부모들이 특히 더 그럴 수 있다. 이런 경향이 더 강해지면 자녀보다 자신을 더 돌보는 것으로 발전할 수 있다.
    그림 ❶은 공부하는 아이와 화장대에 앉아 있는 부모의 모습을 담고 있다. 그런데 자세히 보면, 아이는 공부에 집중하지 않고 노트에 그림을 그리면서 상상의 세계에 빠져 있다. 부모의 남다름으로 인해서 관심을 받지 못하는 아이는 부모에게 다가갈 방법을 고민하게 된다. 긍정적인 면도 부정적인 면도 있다. 4번 유형 부모는 당연히 자녀의 문제와 자신의 문제를 나누어놓고 판단을 한다. 특별함에 대한 지나친 관심이 모든 행

4번 유형 - 그림 ❶

동의 원천이 된다. 자녀교육에도 그 영향을 미친다.

　사실 이 집착의 근원에는 자신이 '너무 평범하다'는 위기의식이 깔려 있다. 다른 사람과 비교해서 특별히 나은 것이 없다고 여기면, 내면에서부터 가슴형의 정서인 수치심이 올라온다. 이 수치심은 '다른 사람들이 자신을 알아주지 않을 것이며 그렇게 되면 사람들의 관심 밖으로 밀려날 것이다' 혹은 '사랑받지 못하게 될 것이다'는 불안감에서 비롯된다. 이런 불안감은 자신이 먼저 건강해져야 아이를 챙길 수 있다고 판단하고 자신부터 챙기는 것으로 나타날 수 있다. 건강뿐 아니라 모든 면에서도 마찬가지다. 그림에서 표현하는 것도 바로 이것이다. 아이는 이런 부모의 내면을 알 리가 없다. 다만 관심과 사랑이 적절하게 필요할 뿐이다.

자녀가 독립된 인생을 살아가는 데 필요한 준비를 하도록 평범함에도 길을 열어주는 것이 좋다. 그리고 부모의 따뜻한 관심과 사랑은 필수이다.

그림 사례 ❷ : 개성과 이해

　대부분의 부모들은 자녀를 교육할 때 처음에는 지시와 명령을 한다. 어린 자녀의 건강과 안전, 발전을 위해 부모의 이런 태도는 당연한 것이다. 그러나 어느 시기가 되면 자녀들은 스스로 결정하려 하는데, 이 시점에 마찰이 일어난다. 4번 유형의 부모들도 이런 시행착오를 거친다. 하지만 시간이 지나고 자녀와의 마찰이 계속되면 뒤로 물러선다. 왜냐하면 제각각 다른 인생이 있다고 믿기 때문이다. 특별함을 추구한다는 것은 특별한 생각과 행동 속에 집을 짓고 들어가는 것과 같다. 타인과의 교류를 중단하고 자신만의 세계를 만든다. 때론 그 속에 자신을 고정시켜 변화를 막고 심지어 성장을 못 하도록 묶어놓는다. 자녀교육에서 이것은 방치하는 것으로 나타나곤 한다.
　하지만 특별함은 고립을 의미하지 않는다. 스스로 지은 집에서 나와 일상의 즐거움을 찾고 행복을 느끼면 어떨까? 평범한 사람들과 어울리는 것이 더 나은 사람이요, 성숙된 모습이 될 수 있다. 자녀가 느끼는 부모의 모습은 다양하게 나타나지만, 4번 유형 부모의 경우 자녀들은 스스로의 취향과 개성을 이해받은 것에 대해 즐겁게 생각한다. 부모와 자녀 각각의 개성을 이해하는 가운데 느끼는 일치감과 가족애가 4번 유형의 부모 밑에서 이루어지는 아름다운 가정의 모습이다.

그림 ❷는 자녀와 함께 쇼핑하는 모습을 담고 있다. 실제로 4번 유형의 사람들은 쇼핑이나 수다로 스트레스를 해소하는 경우가 많다. 힘의 중심이 가슴형인 4번 유형에게는 쇼핑, 미용, 다른 사람과의 대화 등은 중요한 삶의 수단이며 기쁨이다. 아이와의 관계가 안 좋을 때에도 아이에게 필요한 물품을 사와서 기뻐하는 모습을 보거나 사온 옷이 예쁘게 잘 어울리는 것을 보면 자연스럽게 관계가 풀리기도 한다. 부모가 선택한 것을 아이가 좋아하면 자신의 선택이 옳았다는 것이 되기에 그런 감정이 일어나는 것이다. 그러나 그림에는 변수가 등장한다. 장난감 가게 앞에서 아이의 칭얼거림이 시작되었고, 관철시키려는 아이와 구매할 생각이

4번 유형 - 그림 ❷

없는 부모와의 갈등이 일어난 것이다. 처음에는 설득도 하고 이해도 시키고 다른 대안도 제시했지만 아이의 고집은 꺾이지 않는다. 지친 부모는 스트레스를 노출시키면서 스스로의 마음을 내려놓는다.

일반적으로 4번 유형의 부모들은 자녀와의 대립에서 피해자가 될 수 있다. 왜냐하면 자녀는 대립할 상대가 아니기 때문이다. 그래서 스스로 포기하고 내려놓는 대신에 우울을 선택하거나 우울한 감정을 이기기 위한 쇼핑 등의 대체수단을 찾기도 한다. 이럴 경우에는 4번 유형의 부모들이 가진 특별함에 대한 집착을 자신의 감성을 새롭게 만드는 계기로 사용하는 것이 좋다. 남다른 감성으로 자녀의 감정에 깊이 있게 공감하고 위로해주는 직관력을 발휘할 수도 있다.

그림 사례 ③ : 무엇을 하면 될까?

4번 유형의 부모들은 아이로 인해 하고 싶은 일을 하지 못할 때 스트레스를 받는다. 배우자가 도움을 줄 수도 없다. 이들이 느끼는 스트레스를 잘 이해하기도 힘들지만 혹시 이해한다고 해도 해결해줄 수는 없는 노릇이기 때문이다. 이럴 때 느끼는 감정이 '묶여 있다'는 것이다. 누구보다 편안하고 자유로운 사고를 가진 4번 유형의 부모들은 옴짝달싹 못하게 묶였다는 감정의 소용돌이에 빠지면, 스트레스가 치솟는다. 독특함을 추구하는 경향이 똑같은 일을 똑같은 시간에 똑같은 패턴으로 무한 반복하는 일상에 장시간 노출된다면, 어떤 결과를 가져올지 쉽게 짐작된다.

자녀양육은 티도 안 나고 성과도 바로 알 수 없다. 이것을 실감하면, '난 왜 이렇게 살아야 하나? 나는 뭔가? 우울하다!'는 감정을 느끼기 쉽다. 특히 어린 나이에 부모가 되었다면 더욱 심해진다. 주변의 도움이 절실히 필요하지만, 본인 역시 이런 감정에서 빠져나오기 위해 노력해야 한다.

무엇보다 자신의 감정을 잘 탐색하고 무엇 때문에 내가 왜 힘들어 하는지에 대한 진지한 고민이 필요하다. 자기 감정을 제대로 알게 되면 다른 사람들과의 감정적 소통도 가능해진다. 도움을 받으려면 내 고민을 말하고 이렇게 해달라고 말할 수 있어야 한다. 평소보다 조금 더 구체적으로 자신의 감정을 말하고 자신의 계획을 말하면 된다. 진지하게 상대의 이야기를 경청하는 힘을 기르면 더욱 좋다. 경청은 자신의 감정을 우아하게 변화시키는 보약과도 같다.

그림 ❸은 자녀에게 어떤 특기를 갖게 할지 고민하는 부모의 모습이다. 무엇을 가르쳐야 할지 생각이 복잡하다. '어학 공부는 어디에서 얼마나 시켜야 하나? 피아노를 배우게 하는 게 좋을까? 아니면 작곡을 가르치는 것도 좋지. 그것도 아니면 운동도 괜찮아. 얼마 전에 읽은 세계적인 당구 선수에 대한 기사는 상당히 멋있었어. 골프 선수들도 매력적이지. 운동선수인데도 패션 감각이 뛰어나잖아.'

4번 유형의 부모들은 보통 성적 위주의 자녀교육에는 끌리지 않는다. 개성과 취향이 드러나는 특별한 것에 관심이 더 많다. 성적보다 더 돋보이는 것, 흥미로운 것, 특별한 것을 찾아 지원해주는 것을 교육이라고 생각하는 경향이 있다. 그러면 자연히 부모인 자신도 특별한 모습으로 부각될 수 있다. 그래서 자녀가 어릴 때부터 무엇인가 남다른 면이 있는지를 유심히 살피고, 재능이 있다고 판단되면 매우 신속하게 실행에 옮긴다. 전문화되고 세분화되어 있는 세상이기에 자신의 아이만이 할 수 있

4번 유형 – 그림 ❸

는 것으로 안내하고 싶어하는 것이다. 아이를 보육원이나 유치원을 보낼 때부터 차별화되고 특별한 곳을 선택한다. 그리고 다양한 경험을 통해서 그런 특이한 재능을 발견할 수 있다고 믿는다.

그림 사례 ❹ : 누가 원하는 것인가?

4번 유형의 부모는 자녀가 다른 아이와는 다른 특별한 아이로 성장하기를 원한다. 아이가 어릴 때부터 어떤 분야에 소질을 보이면 자녀를 위해 그 분야를 지지하고 협력하며 아낌없는 지원을 한다. 비록 세계적인 명성을 얻을 만큼 뛰어난 재능은 아니라 해도 자녀를 지지하고, 관계도 원만하다. 또 4번 유형의 부모는 감정적으로 부드러우며 섬세하다. 이런 섬세함은 아이에게 긍정적으로 효과를 미친다. 무엇보다 자신의 감정에 솔직하고, 아이가 자신의 감정과 호흡할 수 있도록 도와주며 따뜻하고 부드럽고 풍부한 내면 세계를 가질 수 있게 한다.

특별함을 원하는 부모는 자녀에게 감정적인 공감을 불러일으킨다. 하지만 너무 자주, 너무 자극적이게 되면 자녀와의 관계는 긴장에 빠진다. 요구가 많아지고 간섭이 심해지면서 사이가 벌어진다. 이럴 때 부모는 자신이 한 일을 후회하면서 비탄에 잠길 수 있다. 깊은 상처를 받고 감정의 기복이 심해져서 자녀를 불안하게 만든다. 아니면 모든 의욕을 잃어버리고 방치를 선택하기도 한다. 이런 상황에서 자녀는 이러지도 저러지도 못하고, 부모의 요구에 따르라는 뜻으로 받아들인다. 마치 겉으로 드러나지 않은 주도권 다툼과 같은 일이 벌어지고, 이런 상황이 지속되면 스트레스가 가중되어 승자는 없고 패자만 있는 게임이 되고 만다.

그림 ❹는 공연에 참석하기 위해 준비를 끝낸 부모가 자녀를 기다리는 모습이다. 공연에 어울리는 옷을 차려입고 화장까지 끝낸 상태다. 하지만 아이는 아직 준비가 덜 되었다. 바지를 입고 있는 아이가 넥타이를 맨 것으로 봐서는 부모는 아이의 옷도 공연에 맞게 준비시킨 모양이다. 공연시간은 다가오는데 아이의 준비는 더디기만 하다. 부모는 체념한 채 지켜만 보고 있다. 아이에게 다양한 문화 경험을 시켜주기 위해 많은 노력을 한다. 하지만 아이의 행동에서 읽을 수 있는 것은 부모가 원하는 것만큼 좋아하지 않는다는 것이다. 그럼에도 부모는 꾸준히 준비했고 함께 체험하도록 지도했다. 때론 강압적인 방법을 사용하기도 했고 대신해주

4번 유형 - 그림 ❹

기도 했지만, 오래 반복되니 아이도 부모도 지쳤다. '이게 다 무슨 소용일까?' 하는 상념이 몰려온다. 활기를 잃은 부모와 아이의 얼굴에서 무엇인가 크게 잘못되었다는 느낌을 지울 수 없다.

아이는 부모가 원하는 다양한 체험을 진정으로 좋아하고 있는지, 부모의 권유에 못 이겨서 어쩔 수 없이 따라 하는 것은 아닌지, 또 얼마나 설득했는지 등을 고려하여 계속할 것인지 중단할 것인지 파악해야 한다. 특히 주의할 점은 부모가 원하는 것을 강요하지는 않았는지 여부이다. 상대적 약자인 아이는 부모의 기대를 저버리거나 거절하지 못해서 소극적으로 대처할 수 있다. 아이가 어릴수록 규칙이나 약속은 강자인 부모에 의해 만들어지는 경향이 강하다. 아이는 지키지 못할 약속도 해야 한다고 느끼면 한다. 그리고 나서 지키지 못해서 야단맞는 경우가 반복된다면, 그 약속은 수정되어야 한다.

그림 사례 ❺ : 극과 극을 오가는 감정표현

4번 유형의 부모가 스트레스를 많이 받으면, 좋으면서도 떨어져 있고 싶은 2번 유형 부모의 단점이 나타난다. 독특함을 추구하려는 4번 유형의 부모는 원래 자녀에게 좋은 자극이 되고 자녀가 올바르게 성장하도록 사려 깊게 돌봐준다. 그러나 스트레스에 노출될 경우에는, 오히려 자녀에게 많은 관심을 요구하게 된다. 또한 감정의 기복이 심해지면서 쉽게 상처받기도 한다. 그러면 자녀는 어떻게 부모의 감정을 맞추어야할지 갈피를 잡지 못하면서 불안해하게 된다.

4번 유형의 부모들이 스트레스를 받는 경우는, 자존심에 상처를 입거나 무시나 경멸을 당할 때, 자신의 가치관에 어긋나는 일을 할 때, 시기심이 생길 때 등이다. 이런 경우에 대부분은 말투가 거칠어지고 퉁명스러워진다. 또 어떻게 대응해야 할지에 대해 갈피를 잡지 못하면서 여러 감정을 한꺼번에 토로하게 된다. 평소 스트레스를 받으면 그 상황을 쉽게 정리하지 못하고 가슴속 깊이 담아두다 보니, 한꺼번에 쏟아져 나오는 것이다. 반면 당황을 감추기 위해 약간은 과장된 친절로 문제를 해결하려 들기도 한다. 아이에게도 자신의 관심을 표현하고 자녀와의 관계나 함께하는 일이 얼마나 큰 의미를 가지는지를 자꾸 확인시키려 든다. 이것이 위험을 알리는 신호이다. 스트레스를 받고 있다는 것을 알려주기 때문이다.

그림 ❺를 보면 부모는 자기 아이를 애써 모르는 척하고 있다. 다른 아이의 그림에 관심을 보이며 지도하고 있는 중이다. 자신의 자녀에게 무관심한 것과는 대조적으로 아주 친절하게 설명해준다. 거듭된 자녀의 요청에도 기다리라고만 할 뿐, 관심을 표현하지 않는다. 평소의 부모와는 다른 모습에 당황한 아이는 삐쳐 있다. '정말 우리 엄마가 맞나?'며 투정을 부리는 중이다.

4번 유형의 부모가 흔히 겪는 아픔은 자녀와 거리를 둔다는 것에 대한 해석의 차이에서 비롯된다. 이들에게 거리를 둔다는 것은 관심의 다른 표현이다. 싫은 것이 아니라 사랑의 다른 표현인데, 아이가 그것을 알아주기를 바라는 것이다. 그것을 알아주지 않을 때에는 반대편에 있는 것에 평소의 애정을 쏟는다. 그림은 바로 그것을 표현하고 있다.

4번 유형 부모의 이런 행동은 아이에게 보내는 신호이기도 하다. 이렇게 하는데도 자신에게로 돌아오지 않을 것이냐는 신호인 것이다. 그런데 이것은 오해와 갈등을 불러일으킬 소지가 다분하다. 아이는 부모의 사랑이 떠났다고 판단할 수도 있고, 다른 방향으로 해석할 수도 있다. 더 나아가서 부모와 상관없이 스스로의 길을 가겠다고 결심할 수도 있다. 이것은 누구도 원하지 않은 결과이므로 부모와 자녀의 관계가 어려움을 겪을 것이라는 예고편이 상영된 것이나 마찬가지다. 여기에서 위기를 느낀 부모는 이번에는 반대로 저자세의 애정공세를 펼치기도 한다. 하지만 결과는 마찬가지가 된다. 반대에서 반대로 가는 부모의 감정적 행로에 아이는 길을 잃고 방황하게 되는 것이다.

부모는 언제나 자녀에게는 롤모델이면서 동시에 넘어서야 하는 산이

4번 유형 – 그림 ❺

다. 감정에 흔들리지 말고 뿌리 깊은 나무처럼 깊은 신뢰를 보이며 인내하는 부모가 되는 것이 중요하다.

그림 사례 ❻ : 언제나 한결같은 부모

　4번 유형의 부모가 건강하고 성숙해지면 1번 유형의 장점을 갖게 된다. 건강한 4번 유형의 부모는 감정적 변화를 현실적인 행동으로 열매 맺는다. 자신이 가진 깊은 감정의 선을 넘어서 현실적인 원칙을 세우고, 내면의 감정을 현실적 행동기준에 의해 표현하게 된다. 이것은 상당히 의미 있는 발전으로, 이를 통해 4번 유형 부모들은 한층 성숙해진다. 감정의 기복이 줄어들고 현실적인 이슈에 공감하며 행동하게 된다.

  자녀의 입장에서 보면 언제 변할지 모르는 부모가 언제나 한결같은 부모로 바뀌는 것이다. 훨씬 안정감이 있고 예측이 가능해져서 단계별로 부모와의 관계를 진전시킬 수 있게 된다.

  4번 유형의 부모는 성장함에 따라 감정과 현실의 차이가 크다는 것을 깨닫는다. 그래서 분별력이 생기고 판단력이 정확해지면서 자녀와의 갈등이 줄고 공감이 늘게 된다. 이 유형의 장점인 감정적 섬세함과 자녀의 현실적인 인식의 차이는 부모의 생각보다 크다. 이 크기를 인정하고 깨닫는 것이 화합과 통합의 방향이 된다. 1번 유형이 가진 장점인 현실인식과 그것을 인정하는 일이 가능해지고, 세상에 대해 절망하기보다 인정을 바탕으로 한 자기 행동을 판단하게 된다. 세상이 왜 이런지 모르겠다며 절망하기보다 세상이 이러하니 '나는 어떻게 하는 게 좋을까'를 생각하게 된다는 말이다. 자녀와의 관계도 이렇게 정립된다. 부모는 자신의 무능력함에 절망하지 않아도 된다. 무능력함에 좌절하는 대신 땅을 딛고 현실을 사는 법을 알게 되고 자녀교육에 적용시키는 지혜의 힘을 얻는다.

  그림 ❻에서는 자녀가 다양한 진로를 두고 진지하게 고민하고 있다. 앞에는 촘촘히 짜인 시간표와 시계가 보인다. 하지만 자녀를 지켜보는 부모의 얼굴은 평화스럽기만 하다. 걱정이나 염려도 없고, 빨리 결정해야 할 텐데와 같은 조급함도 찾아볼 수 없다. 그저 너그러운 미소를 지으며 지켜보고 있다. 부모는 아이가 자기만의 고유한 길을 찾아서 가기를 바라고 있지만, 간섭하거나 지시하지 않는다. 아이 스스로 찾아가기를 바랄 뿐이다. 아마도 아이가 원하는 인생을 걸어가는 데 보조적인 역할을 잘할 수 있을까를 생각하는 듯하다. 그리고 응원하고 격려하는 역할에 충실하려고 한다.

성숙한 4번 유형의 부모는 상상력이나 일시적인 감정이 아니라 진정한 삶과 자신의 행동 위에서 자신의 진정한 정체성과 자존감을 찾는다. 이것이 이루어질 때에야 비로소 4번 유형 부모의 내면에 잠자고 있는 보석들이 빛을 발하기 시작한다. 힘, 의지력, 결단력, 명확성 등 감정에 갇혀 있던 외면의 힘이 폭발하는 것이다. 이제 이런 힘들이 자녀와의 관계에 매순간 뿌리를 내리면, 삶의 모든 면이 창조성을 실현하는 재료가 된다는 사실을 알게 된다. 더 이상 끝없이 자기 내면으로 향하는 혼란스러운 감정에 빠지지 않으면서, 항상 현재에 머물며 깊게 잠긴 마음을 연다.

4번 유형 - 그림 ❻

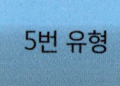

5번 유형

간섭을 잘하지 않고 지켜보는 부모

유형 해석

① 지식을 중요하게 여기고, 탐구하고 연구한다. 아는 것이 힘이 되므로 세상의 모든 원리를 배우고 지식을 채우려 한다. 자녀교육도 이런 방식으로 진행하기에 자녀가 이해하지 못하면 갈등의 소지가 된다.

② 혼자 있는 것을 좋아하는 편이다. 독립된 공간을 중요하게 생각하고 사생활이 노출되지 않기를 바란다. 자녀의 사생활 역시 보호해주고 참견하지 않는다. 감성적으로 따뜻한 자녀들은 부모로부터 차가움을 경험할 수 있다. 따뜻한 정서와 감정의 교류가 필요하다.

③ 지식과 관찰을 위해 사람들과 일정한 거리두기를 한다. 감정적으로 밀착되기보다 서로의 공간을 유지하며 천천히 다가간다. 자녀가 성장하면서 대화와 토론을 통해 지적교류가 활발해지면 관계도 좋아진다. 자

녀의 관심사를 두고 대화를 많이 하라.

④ 독립적이고 자기 일은 자신이 알아서 한다. 누군가 도와주는 것도 불편하게 여길 수 있다. 말수가 적으며 생각이 많다. 하지만 말을 하지 않으면 자녀는 부모의 뜻을 알기 어렵다. 소통을 위해 시간을 정하여 대화를 시도하는 것이 좋다

⑤ 누군가 자신의 영역으로 침범해 들어오는 것을 용납하기 쉽지 않다. 자녀를 사랑하지만 어떻게 사랑해야 하는지를 모를 수 있다. 성격적으로 자신의 시간을 다른 사람에게 사용하는 것이 어렵다. 따라서 자녀와 함께 보내는 시간을 미리 계획하는 것이 좋다.

긍정적인 특징의 단어	부정적인 특징의 단어
사려깊다. 학구적이다. 생각이 깊다. 분별 있다. 주의 깊다. 재치 있다. 핵심을 찌른다. 논리적이다. 신중하다. 명석하다. 이해력이 뛰어나다. 겸허하다. 이성적이다. 지각력이 있다. 차분하다. 견문이 넓다.	독단적이다. 인색하다. 지나치게 객관적이다. 무정하다. 무관심하다. 책임 회피적이다. 냉정하다. 성급하다. 행동을 미룬다. 오만하다. 은둔한다. 추상적이다. 지적이다. 속셈을 드러내지 않는다. 탐욕스럽다. 숨기려 든다. 모아둔다. 남의 경험으로 대신한다. 지체한다. 감정을 두려워한다.

2장. 부모의 유형

그림 사례 ❶ : 외톨이와 독립성

5번 유형의 부모는 끊임없이 지식을 채우려는 집착을 갖는다. 그래야만 어리석게 보이지 않고 지혜롭게 보일 수 있다. 이 유형의 사람들은 근본적으로 머리에 에너지가 집중되어 있으며 '모르는 것에 대한 두려움'이 있다. 이 세상을 살면서 많은 어려운 일들을 이겨 나가려면 몰라서는 안 된다. 따라서 많은 정보와 지식을 습득하여 필요할 때마다 꺼내 사용하게 해야 한다.

또 5번 유형의 부모들은 다른 사람들과도 거리를 두는 편이다. 누군가가 가까이 다가오면 뒤로 물러선다. 그것은 자기를 방어하는 수단도 되지만, 근본적으로는 알아서 대처하고 싶은 욕구의 표현이다. 너무 가까이 있어서는 관찰이 되지 않기 때문에 거리를 두는 것이다. 이런 성향은 독립성으로 발전한다. 사람들과 몰려다니는 것을 피하고 혼자서 조용히 지내는 편이 관찰하기에 더욱 좋은 조건이 되고 방해를 받지 않기 때문이다. 누군가와 함께 나누고 협력하거나 상의하면서 문제를 해결해 나가는 방식에 대해서는 대단히 서툴다. '알아야 한다'는 신념은 스스로 외톨이가 되어도 괜찮다는 생각과 생활방식으로 이어진다. 아는 것과 실천하는 것은 매우 다른 영역이다. 그럼에도 한쪽 면인 아는 것에만 의존한다면 균형을 잃어버리고 실천은 하지 못하는 감옥에 갇히고 말 것이다.

그림 ❶을 살펴보자. 부모는 자녀의 모습을 바라보면서 깊은 고민을 하고 있다. 한쪽에는 여러 아이들이 모여서 활발하게 이야기꽃을 피우고 있다. 선생님이 내준 과제를 어떻게 하면 좋을지를 두고 의견을 나누고 있다. 하지만 자신의 자녀는 한쪽에서 기울을 바라보고 있다. 하지만

5번 유형 - 그림 ❶

자녀 역시 같은 고민을 하고 있다. 선생님이 내준 과제를 어떻게 수행할지를 고민하는 것이다. 혼자 떨어져서 심각히 생각에 잠겨 있는 자녀와 활발한 토론을 통해 친구들과 의견을 교환하는 다른 아이들 모습을 보면서, 부모는 갈등한다. 한쪽은 활발한 토론을 통해 사회성이 길러지고 다른 한쪽은 깊이 있는 사고를 통해 문제를 해결할 수 있다. 어떻게 하는 것이 좋은 것일까?

이런 상황이 되면 대부분의 5번 유형 부모들은 사회성이 부족한 자신을 되돌아본다. 자녀도 그렇게 사회성이 없으면 어떻게 하나 하는 염려가 있다. 인생의 흐름 속에서 사회성이 얼마나 중요한지 이미 알고 있지

2장. 부모의 유형   109

만, 독립성을 훼손시킬 마음 역시 없다.

　인간관계를 중심으로 한 사회성은 중요하다. 5번 유형의 부모에게 주변의 사람들과 환경과의 조화는 무엇보다도 필요하다. 독립성은 혼자 있는다고 생기는 것이 아니다. 고립이 되거나 위장된 개인주의가 되기 쉽다. 다른 사람들과 어울리면서 자신이 가진 지식을 나눔으로써 진정한 독립성도 보장받을 수 있다. 자녀에게도 친구들과 더 어울리도록 유도하고 자신의 지식을 나누도록 격려하면 어떨까? 나눌수록 커진다는 말을 믿어보라. 한 개의 촛불을 켜서 다른 초에 불을 전달한다고, 불을 나누어준 촛불이 손해를 보는가? 오히려 다른 초까지 영롱한 불빛을 내지 않는가? 자신의 가치인 독립성은 주변과 소통할 때 더욱 빛이 난다.

그림 사례 ❷ : 장고 끝에 악수

　5번 유형의 부모는 집중력이 있다. 또한 어떤 상황에서도 흔들리지 않는 차분함을 가지고 있다. 전문가 수준의 지식을 원하기 때문에 자녀교육에 있어서도 상당한 지식을 가지고 있다. 과거와 현재를 아우르는 지식으로 미래를 전망하며 자녀를 지도한다. 예컨대, 인성교육과 직업적성 교육에 대한 관심이 높아지는 상황까지 고려해 아직 어린 자녀를 지도해야 한다고 생각한다. 겉으로 볼 때는 조용하고 차분하며 말이 없지만, 내면의 모습은 큰 괴물과 싸우는 듯한 에너지를 사용하고 있는 것이다. 하지만 이것 역시 집착의 산물이다. 자칫 내면의 전투에 몰두하다가 실천의 끈을 놓쳐버리면 정작 해야 할 때 기회를 사용하지 못하게 된다.

바둑 격언 중에 '장고 끝에 악수를 둔다'라는 말이 있다. 너무 집중하여 생각만 하다가 결국은 바둑을 망치는 수를 둔다는 뜻이다.

그림 ❷는 자녀의 시험지를 보는 장면이다. 아이는 시험을 망쳐 울고 있다. 부모는 야단을 치지도 않고 따뜻하게 격려하지도 않는다. 어깨에 손을 올려 위로의 뜻은 전하지만 말은 아낀다. 그리고 자녀의 시험지를 자세히 살펴보고는 지난번 틀린 문제를 또 틀렸다는 것을 발견해냈다. 역시 자녀의 문제는 집중력에 있다고 판단한다. 자녀를 바라보는 부모의 눈빛은 위로도 아니고 야단을 치는 것도 아니다. 자신이 찾아낸 문제점을 아이가 스스로 찾아내기를 바라는 모습이다. 보통의 경우 5번 유

5번 유형 – 그림 ❷

형의 부모는 화를 내며 야단치는 일이 거의 없다. 하지만 차분히 설명하는데도 계속 같은 실수가 반복되면 화가 난다. 원리를 알면 틀리는 것을 반복할 수 없는데 자녀가 그렇지 않으면 스트레스를 상당히 받게 된다. 이런 상황이 계속된다면 부모와 자녀 모두가 지치고 스트레스가 가중될 것이 뻔하다.

그렇다면 해결책은 무엇일까? 당연히 자녀와 대화하는 것이 될 것이다. 그런데 대화하다가 부작용이 나면 어떻게 하나? 그렇기 때문에 대화하기 전에 준비가 필요하다. 이 유형 부모들의 성향에 맞게 상황에 맞는 전문적인 책이나 전문가의 강의, 상담 등을 통한 사전 지식을 가지고 대화하는 것이다. 아이에게 필요한 것이 집중력인지, 공감인지, 심리적으로나 신체적인 접근인지 등을 파악하고 대화한다면 더욱 효과적일 것이다. 걱정과 근심은 생각만 한다고 해결되는 것이 아니다.

그림 사례 ❸ : 감정의 표현

5번 유형의 부모들이 현명하고 성숙된 인생을 살기 위해서는 자신의 물음에 스스로 답하는 것이 필요하다. 이들은 자칫 잘못하면 현실 세계에서 떨어져나가 가상의 세계 속으로 빠져들기 쉽다. 지식과 논리로 구축된 세상에 갇혀 현실 세계에 대한 감각이 떨어지기 쉽다는 말이다. 따라서 스스로 답하는 지혜를 키워야 한다. 또 이렇게 얻은 지혜를 다른 사람들과 나누는 것도 중요하다.

다른 사람과의 관계에서는 다른 사람들을 판단하지 않는 것이 중요하다. 또한 내면에 감추어두었던 자신의 감정을 표현해야 한다. 5번 유형 사람들에게는 감정표출이 험난한 문제를 해결하는 것과 같다. 자녀교육이라는 인생 최대의 과제 앞에서 신중해질 수밖에 없으니 더욱 감정을 절제한다. 본래 5번 유형에게 감정은 방해요소이다. 감정 때문에 이성이 흐려질 수도 있고 감정의 흐름을 따라가다 보면 정보를 놓치기가 십상이다. 그러나 감정이 방해만 되는 것은 아니다. 오히려 감정을 쏟아낼 기회조차 주지 않는 것이 문제가 되는 것이다.

그림 ❸에는 노래하는 자녀를 관찰하는 5번 유형 부모의 모습이 그려져 있다. 자녀는 진지하게 노래를 부르고 있다. 기타도 있고 악보도 있

5번 유형 – 그림 ❸

고 자세도 잡았다. 그렇지만 실력은 영 신통치 않다. 부모 입장에서 관찰 끝에 노래는 안 된다고 생각한다. 하지만 더 관찰한다. 그래서 결론을 낸다. 노래는 안 되고 그림에 훨씬 더 소질이 있다는 것이다. 하지만 그 어떤 개입도 하지 않는다. 고집불통 자녀와 지켜보기만 하는 부모는 시간만 보내고 있다. 이런 상황이 불러오는 스트레스는 5번 유형의 부모를 가상의 세계로 안내한다. 아이 스스로 알아서 그림을 그리는 쪽으로 방향을 바꾸어주기를 호소한다. 물론 가상의 세계 속에서이다.

가만히 있는데도 저절로 바뀌는 것은 별로 없다. 5번 유형의 부모는 이럴 때 객관적인 입장에서 판단하려고 한다. 상황을 인정하고 어떤 결정을 내려야 할지를 발견한다. 예컨대, 안 된다고 판단한 교육에 대한 경제적 지출과 그로 인해 놓치는 시간을 따져본다. 그러는 사이 자녀와의 갈등의 파고는 높아진다. 그러므로 판단했다면 움직여야 한다. 몸과 마음을 움직여 표현해야 한다. 안다는 것과 실천한다는 것, 이 두 가지가 함께 조화를 이룰 때 완성도는 높아진다. 생각의 굴 속에서 나와 찬란한 해와 달이 있는 광야로 모습을 드러내라. 두려움은 실체가 없고 감정적 표현을 할 때 생각은 실현된다.

그림 사례 ❹ : 면밀히 살폈다면 이제 움직여라

5번 유형은 지적 욕구에 집착하고 자신이 지혜롭게 보이길 바란다. 다른 사람들에게 어리석게 행동하거나 부끄러운 말을 했을 때 스스로에게 심한 실망감을 느낀다. 그와 비슷한 상황에는 나가기를 꺼리고, 반대로 더욱 더 지적인 욕구에 매달리면서 스스로를 고립시킨다. 특히 자신의 것에 대한 애착, 달리 말하면 사적인 탐욕 속으로 빨려들어간다. 그 대표적인 것이 시간이다. 다른 사람을 위해 시간을 내어주는 것이 힘들어진다. 시간 이외에도 물질이나 자신이 가진 정보, 활동을 요구하는 일에도 거절하는 일이 잦아진다. 이렇게 되면 많이 안다는 것 자체가 오만과 독선으로 흐를 수 있다. 다른 사람들을 배려하는 일이 힘들어지면서 그런 경향은 더욱 더 두드러진다.

고립과 집착은 공허함으로 이어진다. 이런 종류의 공허함은 5번 유형의 부모들이 지금까지 해온 방식으로는 채우기 힘들다. 그저 지켜보면서 찾아낸 정보만으로는 채울 수 없다. 다른 사람들과 함께 하고 나눌 때 진정으로 채워진다. 자녀교육에 있어서 개입을 최소화하면서 한편으로는 부모의 입장만 고수하면, 아이는 부모와 거리를 두게 된다. 무엇이든지 안 되는 것이 많고, 야단치거나 화를 내는 것은 아닌데 따뜻하게 느껴지지 않는다. 그러면 아이는 부모에게 무언가를 상의하거나 대화하기를 꺼리게 된다.

그림 ❹를 보자. 자녀의 모든 부분을 예의주시하는 부모의 머릿속은 아이에 대한 생각으로 가득 차 있다. 아이는 컴퓨터를 다루는 솜씨가 능숙하다. 영어공부도 꽤 열심히 하고 말하기 실력도 상당하다. 태권도 도장에 보냈더니 관장이 선수로 키우고 싶을 만큼 재능이 있다고 말한다. 부모는 과연 이런 평가가 객관적 타당성이 있는지를 조사한다. 컴퓨터를 또래 아이들보다 얼마나 더 잘 다루는지, 영어점수가 어느 정도이고 계속할 만큼 흥미를 가지고 있는지, 태권도를 할 체형은 갖추었고 지구력은 뒷받침되는지 등을 면밀히 살펴본다. 신중히 그리고 충분히 살펴보았

5번 유형 – 그림 ❹

으니, 이제 어떻게 하는 것이 아이에게 좋을지 생각하고 있다.

성숙한 5번 유형의 부모들은 대부분 실행력이 있다. 개인적 관찰과 객관적 평가가 합쳐지면 실행하는 데 어렵지 않다. 그리고 정확하다. 옳다고 믿는 신념에 따라 꾸준히 오랜 기간의 노력을 거쳐 완성한다. 오늘날처럼 과학이 발달하고 정보가 풍부하며 사회 문화적으로 변화가 심한 사회에서는 더욱 그렇다. 5번 유형의 부모에게서 성장한 자녀들은 많은 정보를 제공해주고 격렬한 토론을 함께한 부모와의 추억을 아름답게 기억하게 된다.

그림 사례 ❺ : 갈팡질팡하는 부모

　5번 유형이 스트레스를 많이 받으면 7번 유형의 단점이 드러나게 된다. 7번 유형은 활발하고 재미있는 성향의 사람들로 좋은 점이 많지만, 스트레스에 싸인 5번 유형의 부모들은 7번 유형의 단점으로 향한다. 보통 5번 유형은 범위를 작게 잡고 한곳으로 깊이 내려가는 경향이 있다. 특히 스트레스를 받으면 그런 경향이 더 두드러지는데, 그것으로도 해결이 되지 않으면 상황은 사뭇 달라진다. 오히려 역으로 과도한 활동을 하면서 평소와는 반대되는 모습을 보인다. 불안하고 초조한 내면을 숨기기 위해 점점 더 많은 말과 행동을 하는 것이다. 그리고 점점 더 심해지면 7번 유형이 가지는 단점인 탐닉에 빠질 수 있다. 과도한 쾌락이나 중독 등에 노출된다. 아끼고 아꼈던 시간과 물질 등을 과다하게 소비하고 스스로의 고립에서 탈출을 시도한다. 스트레스에서 객관성을 유지하지 못하고 반발하는 과정이 위태로운 것은 다른 유형들과 하나도 다를 바가 없다.

　그림 ❺는 이 같은 상황을 잘 보여준다. 평소 관찰하고 지켜보며 개입에 신중하던 부모가 자녀의 일상에 참견을 시작했다. 심지어 자신이 한 말을 뒤집고 있다. 아이는 몹시 당황한 것 같다. 갑자기 무슨 말이냐고 펄쩍 뛴다. 부모가 하라는 대로 지금까지 해왔는데, 왜 갑자기 말을 바꾸냐는 불평이다. 실제로 5번 유형의 사람들은 타협이 가장 안 되는 유형이다. 의견이 충돌되면 한쪽이 양보하든가 제3의 방법을 통해 협상해야 한다. 하지만 5번 유형은 제3의 방법을 찾거나 자신의 방법을 철회하려면, 다시 관찰과 정보탐색 등을 해야 하기 때문에 많은 시간이 걸린다.

5번 유형 - 그림 ⑤

    그러면 상대는 그것을 기다리지 못하고 포기하게 된다. 타협이 안 된다고 손사래를 치면서 말이다.

    그림에서 아이는 일정을 갑자기 왜 바꾸냐고 불평을 하고, 남편은 말을 바꾸는 아내를 못마땅하게 생각하고 있다. 만약 5번 유형의 부모가 이런 현상을 보인다면, 차분하게 마음을 가라앉히고 성찰을 해야 한다. 한동안 모든 일을 중지하고 조용한 시간을 보내는 것도 필요하다. 그런데 이것은 쉽지 않을 것이다. 평소에 익숙하게 해온 일이지만, 스트레스 상황에 놓인 상태에서는 쉽지 않다. 그러므로 의지할 만한 사람이나 신뢰가 가는 사람과 깊이 있는 상담을 하는 것이 도움이 된다.

그림 사례 ❻ : 몸의 에너지를 사용하라

5번 유형이 건강하고 성숙해지면 자신감 넘치는 8번 유형의 장점으로 이동한다. 머리를 주로 사용하던 5번 유형이 몸의 느낌을 알아차리는 것은 중요하다. 자신이 가진 힘과 능력에 대한 깨달음이나 온몸에 충만하다는 느낌은 머리가 아니라 몸에서 나타나는 본능적인 에너지이다. 머리로 세상의 두려움을 극복하려던 5번 유형이 본능적이고 신체 능력이 뛰어난 8번 유형으로 깨어나는 것이다. 이렇게 되면 머리에 집중되어 있던 에너지는 그대로 유지되면서 몸의 에너지가 발현된다. 가장 두드러진 변화는 자신감이다. 자신감을 갖는다는 것은 많은 변화와 건강한 성장의 바탕이 된다.

하지만 모든 것이 편안한 것만은 아니다. 처음에는 몸의 에너지를 사용하면서도 불안이 작용한다. '이렇게 몸을 사용하다가 머리의 에너지를 잃어버리면 어떻게 하나?' 불안하고, 마음의 안식처를 잃는다는 생각이 든다. 그렇지만 몸은 감정을 기억해주고 그 감정은 머리로 이해되지 않던 많은 정보들을 머리로 전달한다. 이쯤 되면 비로소 머리에만 의존하던 데에서 벗어나 서서히 몸으로 가슴으로 다가설 용기를 가지게 된다. 사실 이런 현상은 5번 유형의 사람들에게 없었는데 갑자기 생겨나는 것이 아니다. 원래 있었지만 억제되어 있던 몸의 에너지가 해방되어 표출되는 것뿐이다. 이것이 시작되면 전인적인 발달을 통해 균형감 있는 에너지를 사용할 수 있게 된다.

그림 ❻은 5번 유형의 부모가 학교를 방문하여 자녀를 관찰하는 모습이다. 아이는 학급 친구들을 진두지휘하고 있다. 떠드는 아이들의 이름

5번 유형 – 그림 ❻

을 칠판에 적어서 학급 분위기를 정숙하게 만들고 있다. 선생님이 하지 말라는 행동을 하는 사내아이에게는 몽둥이를 들고 야단을 치고, 사내아이는 하던 행동을 멈추었다.

평소 집에서 볼 때와는 다른 모습이다. 차분하고 조용하며 내성적인 성격을 가진 아이가 확 달라진 모습으로 학교생활을 하고 있다. 달라진 모습에 걱정도 되지만 학급에서 리더로 행동하는 딸이 대견스럽다. 자신도 저런 모습이기를 바랐던 적도 있었다. 하지만 실제로 해본 경험은 없기 때문에 부모의 성격을 닮은 딸이 의외의 모습을 보여 반갑다.

늘 관찰만하고 생각에 집중했던 5번 유형의 부모가 자신의 본능적인 에너지를 찾게 되면 세상에 더 많이 참여하게 된다. 특별히 다른 사람과의 관계를 어려워하지 않고 부딪치는 것을 피하지 않게 된다. 리더로서의 덕목인 책임감도 강해진다. 도전을 받아들이고 스스로가 강한 리더라는 점을 받아들인다. 조직에서 적절한 역할도 하게 되고 외향적인 모습도 나타내게 된다.

자녀교육에서도 변화가 나타난다. 과거에는 자녀가 노는 모습을 지켜보는 것으로 만족했지만, 이제 몸과 몸을 부딪치고 함께 놀이에 흠뻑 빠져들게 된다. 그러면서도 차분하고 쉽게 흥분하지 않는 모습을 유지하는 것이 바로 건강한 5번 유형 부모의 강점이다. 선택하는 데 걸리는 시간도 빨라지고 그 책임을 지며 목표를 향해 나아가는 참된 리더의 위용을 갖추게 된다.

6번 유형

엄격하고
안 되는 것이 많은 부모

유형 해석

① 안전 지향적이며 무슨 일을 하든 미리미리 준비하는 부모들이다. 의심이 꼬리에 꼬리를 물고 엄습하면 움직임을 멈추고 대비한다. 이 세상에 완전한 안전은 없다. 때로는 새로운 것을 허용하는 용기가 필요하다.

② 삶을 안전하게 구축하기 위해 자신보다 강한 조직에 들어간다. 가정, 직장, 친목모임 등의 조직이 개인보다 안전하므로 그곳에서 충성을 다한다. 이런 헌신은 신뢰감을 준다. 하지만 자녀의 독립성도 필요하기에 아이의 영역을 인정하면 자녀교육에 효과적이다.

③ 안전하다고 해도 여러 번 두드려본다. 모든 행동에서 확인과 점검은 필수이다. 자녀에게도 마찬가지여서 학교생활에 만전을 기하게 한다. 이런 점들이 아이에게 족쇄가 되어 갈등의 원인이 되기도 한다. 적절

한 규칙을 만들고, 그 외에는 풀어주는 것도 필요하다.

④ 가정과 자녀에게 헌신적이다. 가족의 안전을 위해 늘 안전책을 강구한다. 아이에게는 위험한 행동을 제한하는 규칙을 만들고 눈앞에서 벗어나지 않기를 바란다. 두려움은 실체가 없다. 허용해도 안전한 것은 얼마든지 있을 수 있다.

⑤ 최악을 대비한다. 좋은 것보다는 나쁜 것을 먼저 생각한다. 사과 10개가 있을 때에는 나쁜 것부터 먹기 시작한다. 안 되는 것이 되는 것보다 훨씬 많다. 과연 무엇이 진짜 안전한 것인지, 그 두려움의 원인은 무엇인지를 생각하라.

긍정적인 특징의 단어	부정적인 특징의 단어
신중하다. 믿을 수 있다. 전통을 따른다. 신을 경외한다. 공손하다. 충실하다. 책임을 다한다. 믿음직스럽다. 분별 있다. 단호하다. 준비되어 있다. 양심적이다. 안정적이다. 매력적이다. 조심성 있다. 정직하다. 참을성 있다. 악역을 맡는다. 권위를 따른다.	의심이 많다. 융통성이 없다. 늘 긴장한다. 최악의 상황을 우려한다. 공포를 느낀다. 걱정이 많다. 비관적이다. 우유부단하다. 변덕스럽다. 지나치게 조심스럽다. 보수적이다. 흑백논리자이다. 근심한다. 공포를 이기기 위해 일부러 두려운 상황을 찾는다. 소심하다. 수동적이다. 안전을 지나치게 의식한다.

그림 사례 ❶ : 특유의 성실함으로 자신감을 회복하라

6번 유형의 집착은 '안전에 대한 욕구'이다. 안전을 위해 무의식적인 행동을 하게 된다. 이 집착적 욕구는 자녀교육에 있어서도 마찬가지다. 이 세상은 불확실하고 위험으로 가득 차 있다고 믿는다. 이런 세상에서 아이를 키운다는 것은 얼마나 위험천만한 일인가? 그래서 아이들을 양육함에 있어서 안전한 틀을 마련해주기 위해 고민을 거듭한다.

안전에 대한 욕구는 공포와 두려움에서 비롯된다. 다가올 미래에 어떤 위험이 도사리고 있을지 알 수 없으므로, 그것을 대비하기 위해서는 안전이라는 보호막을 준비해야 한다. 준비할 것도 많다. 자녀를 잘 키워야 하고 노후대비도 해야 한다. 원만한 인간관계, 안정적인 직업, 건실한 조직생활 등 고려해야 할 것도 많다. 이 많은 것을 고려하고 준비해야 하니 머리가 상당히 복잡하다. 게다가 모든 준비는 언제든 잘못될 수도 있다는 가정하에 이루어져야 한다. 최악의 상황을 대비해야 한다는 강박관념에 사로잡히게 되는 것이다.

하지만 따지고 보면 이 공포와 두려움은 그저 막연한 불안이고 걱정일 뿐이다. 누구든 부모가 되면 자녀에 대한 걱정이 있는데, 6번 유형의 부모는 그 정도가 더욱 심하다. 걱정에 대해서는 어느 심리학자의 말을 되새길 필요가 있다. 그는 우리가 하는 걱정 가운데 고작 4%만이 우리가 대처할 수 있는 진짜 걱정거리이고, 나머지 96%는 걱정거리가 아니라고 말한다. 통계적으로 우리가 하는 걱정거리의 40%는 절대 일어나지 않으며, 30%는 이미 일어나버려 돌이킬 수 없는 일들이고, 22%는 사소한 것이어서 걱정거리가 되지 않으며, 4%는 우리 힘으로는 대처가 불가능한 일이다. 이런 걱정거리를 모두 제외한 나머지 4%만이 대처 가능한 진짜 걱정거리라는 말이다. 우리가 어쩌지 못하는 일은 걱정한다고 달라지지 않으므로 걱정해도 소용이 없다. 6번 유형의 부모들이 귀울여서 교훈으로 삼을 만한 말이다.

그림 ❶은 부모가 아이의 등교를 지도하는 모습을 보여준다. 아이는 횡단보도를 건너고 있고 부모는 안전하게 건널 때까지 가슴 졸이며 지켜보고 있다. 신호등은 아직도 초록불이 많이 남아 있어서 충분히 건널 수 있는데도 안심이 안 된다. 금방이라도 빨간불이 켜질 것 같고, 그래서 금방이라도 아이의 안전에 문제가 생길 것 같아 불안하다.

6번 유형 – 그림 ❶

2장. 부모의 유형

사실 100% 안전이라는 것은 존재할 수 없다. 천재지변도 있고 불가항력도 있다. 하지만 그런 일까지 예상하면서 일상생활을 할 수는 없다. 그럼에도 6번 유형의 부모들은 그 모든 일을 예상하고 불안해하면서 걱정한다. 이런 집착이 깊어지면 이 불안은 다른 사람 특히 자녀에게 전달된다. 하지만 공감할 수 없는 수준이므로 자녀는 답답함을 느낀다.

그러므로 6번 유형의 부모들은 특유의 장점인 성실함과 책임감을 바탕으로 자신감을 회복하는 것이 중요하다. 이 세상은 믿을 것이 못 되지만 내면의 자신감을 회복하면 자녀들의 불안감을 해소시키고 만족감을 심어줄 수 있게 된다. 또한 세심하게 배려하고 작은 부분도 놓치지 않는 꼼꼼함으로 신뢰를 키울 수 있다. 세상과 맞서는 6번 유형 부모의 마음은 내면의 자신감 회복이 관건이라고 할 수 있다.

그림 사례 ❷ : 비난 대신 믿음

6번 유형 부모의 안전에 대한 집착으로 생활 속 작은 일에도 새로운 시도를 하거나 다른 방법을 사용하기 어렵다. 위기상황이 다가온다는 생각에 매여 있지만 실체는 분명치 않다. 실제로 일어난 일이 아니라 상상 속에서 그리는 일이기 때문이다. 그런데도 언제 어떤 형태로 실현될지 모른다는 공포를 느끼고 긴장을 풀지 못하므로 스트레스가 증가하게 된다. 만약 문제를 일으킨 자녀가 있다면 그 아이에게 비난을 쏟아붓는다. 이런 비난은 자녀를 비롯한 가족들에게 전달되면서 가정의 평화를 깨뜨린다. 불투명하고 모순된 일들이 많은 자녀교육의 현장, 경제적 요소와

주변 부모들과의 비교, 학교생활과 사교육에서 오는 스트레스 등이 6번 유형 부모들의 두려움을 심화시킨다. 일반적으로 6번 유형의 부모들은 냉정하게 상황을 인식하여 전문가를 찾거나 주변 경험 있는 부모들의 도움을 받아 현명하게 위기의 순간을 넘긴다. 하지만 주체적이고 독립적인 주도성을 확보하는 것 역시 중요하겠다.

그림 ❷에는 등교하는 아이와 잔소리를 늘어놓는 부모의 모습이 보인다. 아이는 수없이 들은 말이라는 듯이 건성건성 들을 뿐만 아니라 얼굴에는 짜증이 잔뜩 묻어나 있다. 손까지 들어올려 알아들었으니 그만했으면 좋겠다고 하소연한다. 부모는 잔소리를 멈출 기세가 아니다. 지난

6번 유형 – 그림 ❷

2장. 부모의 유형

번에도 부모의 말을 귀담아듣지 않아서 좋지 않은 일이 일어난 것으로 추정된다. 그럼에도 건성건성 듣는 자녀의 태도에 부모는 불안하다. 아이는 잔소리라고 생각하겠지만, 부모는 불안한 마음에 말을 멈추지 못한다. 아이가 신중하기를 바라고, 조금 더 부모의 말을 경청했으면 좋겠다는 마음이 드러난다.

불안이 생기기 시작하면 그 불안을 해소하기 위해 주의를 기울여라는 말을 반복하게 되지만 효과는 별무신통이다. 오히려 부모의 말은 뻔한 잔소리가 되어 자녀의 귀를 막는다. 잔소리의 효과는 없다. 오히려 믿어주는 부모의 마음을 전달하는 것이 효과적이다. 아이가 주의를 기울이지 않는다고 단정짓고 그 때문에 위험에 처했다며 비난하기보다, '어떻게 하면 지난번처럼 위험한 일을 당하지 않을까?'라고 질문을 하라. 그러면 자녀는 현명하게 자신이 어떻게 행동할지 생각하고 그대로 실천할 것이다. 드러나는 현상이 아니라 보다 깊은 본질의 문제를 다룸으로써 잔소리도 줄이고 자녀의 성숙도 돕는 것이 필요하다.

그림 사례 ③ : 완전무결한 결정은 없다

6번 유형 부모들의 신념은 '나는 성실한 사람이며 책임감이 강하고 조직에 충실한 사람이다'는 것이다. 따라서 자신이 책임감이 없고 성실하지 못하다고 느낄 때 매우 불편해지고 견딜 수가 없다. 왜냐하면 주변의 평가로 인한 비난에 노출되기 때문이다. 다른 사람들의 추궁이 시작될지도 모른다는 견딜 수 없는 두려움이 급습하고 내면이 허약해지면서 과도한 불안감을 느끼게 된다. 6번 유형이 느끼는 내면의 두려움과 불안은 끊임없는 책임감 때문이다. 철저히 성실하려는 노력도 포함되는데 불안전한 일탈을 방지하는 수단이 되기도 하다. 다른 한편으로는 문제에 대한 책임회피 용도로 열심히 일한다. 이렇게 열심히 일했으니 잘못되어도 내 책임은 아닌 것이다. 또 내면의 두려움과 불안은 이럴까 저럴까를 망설이는 우유부단으로 표현되기도 한다. 어떤 모습으로 나타나든 안전하지 못한 것에 대한 반발에서 비롯되는 것이다. 위험이 도처에 도사리고 있고 자신은 보잘것없고 부족하기에, 무엇인가 대비하고자 열심히 노력한다. 자신의 책임을 다하며 가정이라는 조직에서 충성을 다하는 부모이다.

그림 ❸은 부모 모임의 모습이다. A 부모는 자녀교육에서 유학을 권장하는데, 어릴 때 유학을 보내서 본토 발음을 익히고 국제 감각을 익히게 해야 한다고 말한다. B 부모는 학원파로 유명 학원을 줄줄이 꿰고 있다. C 부모는 이런저런 방법을 다 사용해보았으나, 아이가 스스로 하지 않으면 아무 소용이 없기 때문에 아이가 원하는 대로 해주는 것이 중요하다고 말한다. D 부모는 유학도 학원도 다 소용없고, 학교 공부에 충실하면서 필요에 따라 개입하면 된다고 말한다.

6번 유형의 부모는 이런 상황이 혼란스럽다. 도대체 어떻게 해야 한단 말인가? 안전 여부를 따지고 경제적 형편, 아이의 학업상태와 재능 등을 따져보지만 쉽게 결정할 수 없다. 6번 유형의 부모들은 이런 골치 아픈 상황이 힘들다. 확실한 답안이 있었으면 좋겠지만 인생에 그런 건 존재하지 않는다. 각자가 찾은 답이 바로 100점짜리 모범 답이다.

6번 유형의 부모들은 각자 찾아가는 답에 불안을 느끼며, 완전한 100

6번 유형 – 그림 ❸

짬짜리 답안을 찾는다. 불안하지 않고 가장 안전한 결정을 하기를 바란다. 누군가 다른 사람이 그런 완전무결한 결정을 내려주면 좋겠지만, 누구도 그럴 수 없다. 외롭지만 자신이 직접 내려야 한다.

그림 사례 ❹ : 도전하는 용기

6번 유형의 부모들이 내적인 힘이 부족할 때는 항상 최악을 상상하게 된다. 최악의 상상이란 위험요소를 추적하는 것이다. 그렇게 되어서는 안 되는 상황, 소중한 것을 잃는 상황, 실패하는 상황을 계속 상상한다. 이건 이렇게 되면 안 되고, 저건 저런 상황으로 가면 안 된다는 식으로 안 되는 것만 열거하기 때문에, 결국 되는 것, 가능한 것은 모두 사라져 버리고 만다.

사소하고 잡다한 생각에 몰두하기보다는 문제의 본질로 접근하는 힘을 키워야 한다. 안전하고 정확해야 한다는 생각에 매달리기보다는 상대적인 가치를 따져보는 것이 필요하다. 카운셀러이면서 심리학자인 리처드 칼슨 박사는 현대인의 스트레스 요인을 해소하는 가장 중요한 방법을 제목 삼아 책을 발간했다. 바로 ≪사소한 것에 목숨 걸지 마라≫는 것이다. 그는 사소한 것보다는 본질적인 것에 최선을 다하라고 한다. 사소한 일들에 얽매여 더 소중하고 더 큰 일을 잃어버리는 것만큼 어리석은 일이 어디 있겠는가.

사소한 일의 안전유무를 따지면서 매여 있기보다 멀리 보면서 도전하는 것이 중요하다. 또 본질적인 요소에 집중하면서 큰 틀에서 안전을 다루는 것도 중요하다. 사소하고 비본질적인 것에 매달리다가 더 크고 본질적인 것을 해결할 시간도 기회도 놓쳐버리는 실수를 할 수 있다. 그러므로 우선순위를 정하되, 하위에 속하는 일은 과감히 정리하고 상위에 속하는 일들에 집중하는 것이 필요하다. 그렇게 된다면 이 또한 안전에 대한 불안요소를 줄이고 성취를 이루는 방법이 될 것이다.

그림 ❹를 보자. 자녀는 아람단 캠프에 참여하고 싶어 안달이 나 있다. 하지만 부모는 더 크면 가라고 말하면서 지금은 안 된다고 말리고 있다. 아이는 다른 아이들은 모두 가는데 왜 나만 안 되냐고 억울해한다. 부모는 어느 학교에서 단체여행에 갔다가 사고가 났다거나 집단 식중독

6번 유형 - 그림 ❹

에 걸렸다는 뉴스를 떠올리며 걱정한다. 소중한 자녀에게 그런 일이 생기면 큰일이다. 조금 더 자라 스스로 안전을 돌볼 수 있게 되면 보내준다는 약속은 자녀에게는 꽤 익숙한 내용이다. 더 어렸을 때도 부모한테서 계속 들었던 이야기이다. 그래서 더 가고 싶고 보내주지 않는 부모가 야속하기만 하다.

　6번 유형 부모의 시각은 삶의 불확실한 면과 위험한 면에 고정되어 있다. 때론 미래의 위험에 대비하는 유비무환이나 예지력으로 빛을 발하기도 한다. 그렇기 때문에 안전에 대한 집착을 무조건 나쁜 것이라고 할 수는 없다. 다만 객관적인 타당성과 비전에 대한 변수를 고려하여야 한다. 때에 따라서는 다소의 위험을 감수하면서도 시도할 만한 충분한 가치가 있는 일들이 많다. 게다가 아이가 재능이 있고 강렬한 열망이 있을 때는 경험하는 것만으로도 시도할 충분한 가치가 있는 일도 있다. 그러므로 6번 유형 부모들은 세심하고 부드럽게 위험적인 요소들을 조심스럽게 맞이하면서 자녀들을 대하는 용기가 필요하다. 이 용기에서 가장 신뢰할 수 있는 6번 유형 부모의 모습이 드러날 것이다.

그림 사례 ⑤ : 스트레스와 일탈

 6번 유형이 스트레스를 받게 되면, 효율적이지만 부담스러운 3번 유형의 건강하지 못한 모습으로 가게 된다. 6번 유형의 부모들은 모든 시간과 에너지와 물질을 안전한 틀에 의존하고 투자한다. 그런데 스트레스가 늘어나고 점점 확대되어 스스로 감당하지 못하게 되면 3번 유형의 단점인 일중독 상태로 자신을 몰아간다. 그러지 않아도 성실하고 책임감이 있으며 충실한 사람이라는 신념을 가진 그들이기에, 일에 몰입하면 다른 것들에는 손을 놓아버린다.

 이 같은 모습은 특히 조직생활에서 두드러진다. 맡은 일에 열중하는 것에서 나아가, 팀 간의 경쟁이나 상금 걸린 시합 등에 주도적으로 관여하고 참여한다. 그 결과 경쟁이나 시합에서 이기면 진 사람들을 무시하거나 자신을 과대하게 자랑하기도 한다. 또 다른 사람들에게는 좋은 이미지로 보이게 자신을 꾸미게 된다. 평소에는 잘 입지 않던 비교적 고가의 의류나 명품 액세서리를 갖추는 데 공을 들인다. 이렇게 꾸밈으로써 주변 사람들이 자신을 더 잘 받아들일 것이라고 생각한다. 내면의 헛헛함을 외면의 치장으로 위장하려는 것이다. 이런 모습은 다른 사람에게는 의외로 비춰진다. 부담스럽게 변해버린 모습에서 그들의 진심이 무엇인지 헷갈려하게 된다. 3번 유형의 사람들이 단점인 '이미지로 자신을 만드는 것'이 6번 유형에게도 나타난다.

그림 ❺에서 부모는 외출 준비에 여념이 없다. 같이 가기로 한 옆집 엄마는 이미 와서 기다리고 있다. 언제부터인지 모르지만 별로 친하지도 않았던 옆집 엄마와 부쩍 가까워졌다. 자주 외출도 같이 하고 눈에 띄게 어울린다. 그런데 엄마의 준비가 장난이 아니다. 커다란 목걸이 평소에

6번 유형 - 그림 ❺

는 잘 입지 않던 원색 코트를 걸치고 있다. 자녀는 그런 부모의 모습을 지켜보고 있다. 고가의 핸드백과 손에 쥔 머리핀은 처음 보는 것이다. 무엇보다도 늘 꼼꼼하게 챙겨주던 부모가 자신에게는 신경도 쓰지 않는 것이 의아스러운 모양이다. 자녀가 툴툴거리는 소리에도 아랑곳하지 않고 부모는 외출 준비에만 몰두하고 있다. 오히려 엄마만 보고 있지 말고 알아서 하라고 일침한다.

부모는 그동안의 수고를 알아주지도 않고 내버려달라고 짜증만 내던 자녀에게 지쳤다. 그러던 중에 옆집 엄마를 알고 함께 어울리면서 더 신나는 일들이 많다는 것을 알게 되었다. 당분간 이런 생활을 즐기고 싶다.

이 부모는 복합적인 스트레스가 가중된 상태이다. 스스로 주변을 돌아보고 집착을 내려놓는 것은 자연스러운 일이지만, 자녀에게 스스로 할 수 있는 시간을 주는 것과 자녀를 방치하는 것은 별개다. 문제는 이 유형 부모의 경우 그림에서처럼 잠시의 일탈을 즐기다가 다시 자녀에게 돌아와서 과거보다 더 심한 상태로 고정될 수 있다는 것이다. 부모에게도 자녀에게도 시간이 필요하다. 부모는 성장을 도모할 시간을 갖고 자녀는 생각할 시간을 갖는 것이 좋은 방법이 될 수 있다. 부모와 자녀 모두 객관적으로 상황을 바라보고 스트레스를 이길 힘을 기르는 것이 중요하다.

그림 사례 ❻: 섬세함에 넉넉함을 더해

6번 유형이 건강해지면 9번 유형의 장점으로 이동한다. 9번 유형의 가장 큰 장점은 평화를 이루는 능력이다. 주변의 변화에 크게 흔들리지 않고 흘러가는 대로 인정하고 스스로를 유지하는 능력이다. 6번 유형의 부모가 이런 성향을 흉내 낸다고 해서 평화로운 것은 아닐 것이다. 오히려 근심되거나 걱정되는 상황을 그대로 내버려두면 내적인 혼란을 느끼게 된다. 하지만 그렇기 때문에 더욱 상황으로부터 거리를 두고 객관적으로 자신과 자녀를 바라볼 필요가 있다. 이런 노력을 계속하면 결국 안정감을 찾게 된다.

이 세상을 불신의 눈으로 바라보는 6번 유형에게 9번 유형의 긍정적 믿음의 에너지는 많은 발전을 안겨줄 수 있다. 자신이 가진 성격적 특징만으로는 한계에 부딪힐 수 있다. 6번 유형이 갖는 불안은 가득 채워야만 극복할 수 있는데, 그러려고 하면 에너지가 방전되고 만다. 그럼 그 에너지는 어떻게 채워야 할까? 더 이상 안내하는 사람도, 적절한 정보도 없다고 느껴질 때, 용기를 가지고 현실을 직면해야 한다. 모든 것은 연결되어 있다는 것을 믿는 용기를 가질 때, 9번 유형의 평화를 진정으로 경험하게 된다.

그림 ❻을 보자. 육상선수인 자녀가 종합운동장에서 열리는 육상선수권 대회에 참가하였다. 자녀는 열심히 뛰었으나 4등에 그쳐서 메달을 획득하지 못했다. 그림은 상심해 있는 자녀에게 위로의 말을 전하는 부모의 모습을 그리고 있다. 앞에 있는 3명의 선수를 보기보다 뒤에 있는 4명을 바라보라고 위로한다. 이 말은 상대적인 위로가 아니다. 9번 유형의 건강한 에너지를 받은 6번 유형 부모의 마음에서 나오는, 운동은 운동일 뿐이라는 긍정적이고 근본적인 위로인 것이다.

부모는 이 시합이 자녀에게 미치는 영향 또한 긍정적일 것이라는 확신을 가지고 있다. 모든 것은 통하고 이 경험이 자녀에게 긍정적으로 미쳐

6번 유형 - 그림 ❻

서 장래에 큰 능력으로 작용할 것이라고 믿는다. 눈앞의 것만 바라보면서 전전긍긍하던 부모에서, 더 큰 것과 더 먼 미래를 바라보고 모든 것을 종합하면서 긍정적인 마인드를 가진 부모가 된 것이다. 천하태평이 아니라 걱정과 근심을 누르고 용기를 갖게 되었다. 부모의 이런 태도는 자녀에게도 영향을 미쳐 부모를 신뢰하고 의지하고 믿게 만든다. 원래 섬세하고 따뜻한 모습에 은근하게 기다리면서 넉넉한 마음으로 응원하는 모습이 더해져, 자녀에게는 더욱 존경스러운 부모가 될 것이다.

7번 유형

활발하고 재미있지만 불규칙한 부모

유형 해석

① 항상 즐겁고 행복하며 재미있고 유쾌하다. 근심걱정이 없고 유머감각이 탁월하여 주변을 밝게 한다. 인생의 밝은 면을 보고 분위기를 유쾌하게 만든다. 때론 고통스러운 일도 피하지 않고 대면하며, 고민하고 진지하게 성찰할 필요가 있다.

② 긍정적이고 호기심이 많아 실행력이 뛰어나다. 생각한 것을 실천하는 것은 전광석화와 같다. 하지만 마무리가 약하기 때문에 자녀에게 신뢰를 잃을 수도 있다. 약속을 잘 지키고 믿음을 심어주면 관계가 깊어진다.

③ 열정적이고 자극적이기도 하다. 구속받는 것과 얽매이는 것을 싫어하고 자유로운 환경을 선호한다. 자녀에게 참견을 삼가고 편하게 놔

둔다. 하지만 적절한 규율은 자유를 침해하지 않으면서 창의성을 높인다는 것을 기억하자.

④ 권위주의적이지 않고 편하며 자녀와도 친구처럼 가까운 사이가 되기를 원한다. 여기에서 개방성과 유연성이 자라날 수 있다. 하지만 적절한 통제와 권위를 사용해 자녀에게 부모의 정체성을 알릴 필요가 있다.

⑤ 재미있고 즐거운 사람으로 살아야 하기에 시간이 늘 부족하다. 모험, 도전, 모임, 활동 등을 하느라 에너지가 떨어져 자녀와의 시간을 가지지 못할 수 있다. 미리 계획하여 최우선적으로 자녀와 시간을 보내는 것이 필요하다.

긍정적인 특징의 단어	부정적인 특징의 단어
근심이 없다. 낙천적이다. 친절하다. 열렬하다. 창조적이다. 사교적이다. 상상력이 풍부하다. 기쁨에 차 있다. 명랑하다. 외향적이다. 작은 일도 즐거워한다. 고마움을 안다. 즐거움을 지향한다. 익살스럽다. 유쾌하다. 활기차다. 계획을 세운다. 밝다. 자발적이다.	깊이가 없다. 수다스럽다. 자기도취에 빠진다. 난해하다. 감정에 취한다. 산만하다. 제멋대로이다. 경솔하다. 충동적이다. 무책임하다. 변덕스럽다. 미덥지 않다. 공상적이다. 주목받기를 원한다. 쾌락에 빠진다. 현실적이지 못하다. 현실 도피적이다. 세상물정을 모른다. 장난이 심하다.

그림 사례 ❶ : 인생을 즐겨라

　7번 유형의 집착은 '즐거움'이다. 끊임없이 즐거워하고 행복을 추구하는 데 열정을 쏟는다. 이런 즐거움의 원천에는 호기심이 작용한다. 호기심이란 '재미있을 것 같다'는 생각에서 시작한다. 또 이것은 바로 실행으로 옮겨진다. 즐길 수 있을 때 즐겨야 한다고 생각하기 때문에, 중요한 일 앞에서도 멈추지 않을 수 있다.
　"아버지는 말하셨지. 인생을 즐겨라. 웃으면서 사는 인생, 자, 시작이다. 오늘밤도 누구보다 크게 웃는다. 웃으면서 살기에도 인생은 짧다. 앞에 있는 여러분도 일어나세요. 아버지는 말하셨지. 그걸 가져라. 그걸 가져라."
　어느 카드 회사의 광고 노래 가사다. 이 가사의 내용을 보면, 7번 유형의 삶의 방식과 많이 닮아 있다. 하지만 현실은 참아야 하는 일도 있고 안 되는 일도 있다. 그렇지만 7번 유형의 사람은 세상만사가 이 가사와 같았으면 한다. 그리고 많은 부분 그렇게 인생을 살아간다. 자녀교육에서도 이런 현상은 두드러지게 나타나는데, 부모의 권위 같은 것은 다 내려놓고 자녀와 함께 즐겁고 행복하게 지내기를 바란다.
　이런 상황이 반복되면 누군가는 책임져야 하는 일들에 허술해진다. 즐거움과 행복을 추구하는 것은 당연하다. 탓할 바가 아니다. 하지만 그 반대 부분에 있는 내용과도 균형 있게 추구해가는 것이 필요하다. 또 이들은 자녀양육에 대한 생각도 비교적 명쾌하고 단순하다. 자녀양육은 부모라면 누구나 해야 하고 누구라도 할 수 있다고 긍정적으로 생각한다.
　그림 ❶을 살펴보자. 부모는 자녀를 데리고 놀이동산에 놀러왔다. 놀라움과 모험으로 가득한 광경을 바라보는 모습이 자녀보다 더 신나 있는 것 같다. 10대와 같은 복장과 머리띠를 한 부모가 자녀의 머리를 쓰다듬으면서, 인생은 재미있고 흥미로운 일로 가득하니 즐기라고 말하고 있다. 7번 유형 부모의 자녀교육 방식은 아이와 함께 즐거움을 경험하는 것이다. 호기심과 모험으로 가득 찬 세계를 둘러보면서 자녀와의 관계를 수평적이고 자유롭게 설정한다. 아이에게 재미있는 환경을 제공하려고 한다.

어떤 일 때문에 즐거움을 포기하는 것이 쉽지 않은데, 자녀의 문제라고 해도 다르지 않다. 다른 부모와 달리 자녀의 필요를 채우기 위해 자

7번 유형 – 그림 ❶

신의 놀이를 포기하는 것이 쉽지 않다. 그렇다고 부모로서 헌신하는 것은 다른 부모와 전혀 차이가 없다. 하지만 중요하지 않은 것이라고 생각해서 조금씩 놓아버리는 것이 쌓이고 쌓여 큰 차이를 만들게 된다. 자녀의 성장이나 공부에 필요한 여러 일들 가운데 중요한 정도에 따라 부모가 관여할 목표를 세워두면 좋다. 간혹 부모의 넘치는 자유분방한 에너지가 자녀교육에 걸림돌이 될 수 있음을 생각하고, 자녀와의 대화를 강화하는 것이 필요하다.

그림 사례 ❷ : 불안과 재미 사이

 현대의 문화는 매우 빠르게 변화한다. 새로운 것이 끊임없이 쏟아져 나오고, 새로운 것은 늘 흥미를 자극한다. 7번 유형 사람들은 그래서 하나를 계속해서 하는 것보다 변화를 파악하고 다양함을 추구하면서 즐거움을 얻는 데 집중한다. 이들이 스트레스를 받을 때는 이런 다양함에서 오는 즐거움의 기회를 누리지 못할 때이다. 물질적인 재화가 부족하거나 시간이나 환경적인 제약에 의해 즐길 기회가 사라지면 스트레스는 가중된다.
 이런 경향은 자녀교육에서도 나타난다. 교육과 배움은 때로 지루한 여정이다. 교육하는 부모에게도 배우는 자녀에게도 끈기를 요구한다. 그래서 자녀의 미래를 위해 진정으로 필요한 것이 무엇일까를 끊임없이 물어야 한다. 일시적인 성과나 반짝 효과는 즐거움을 줄 수는 있지만 백년대계를 내다보는 교육과는 거리가 멀어 보인다. 자녀의 먼 미래를 바라보면서 시작한 것을 꾸준히 계속하는 지구력과 인내심을 배우는 것이 좋다. 소소하고 특별히 재미가 없더라도 자녀와 함께하는 시간의 소중함을 깨닫고 계속하다 보면 큰 즐거움의 태풍으로 변할 것이다.

그림 ❷를 보자. 부모는 저글링을 하고 있다. 저글링은 다른 운동에 비해 장소나 시간의 제약이 적지만, 고도의 집중력과 순발력, 민첩성, 평형성 등을 고루 필요로 하는 활동이다. 7번 유형의 부모를 이보다 더 잘 설명하기는 어려울 듯하다. 그만큼 이 저글링과 7번 유형의 활동성은 비슷하다. 그림에서는 여러 가지를 동시에 시도하고 동시다발적인 능력을 가진 부모를 자녀가 불안한 듯 바라보고 있다. 그렇게 하면 어떻게 하느

7번 유형 – 그림 ❷

나는 눈빛으로 바라본다. 공을 떨어뜨린 것은 부모의 잘못이지 자신의 잘못이 아니라는 항변이다.

부모의 변화무쌍한 시도가 자녀에게는 걸림돌로 작용할 수 있다. 자녀의 특성을 살피고 그에 맞는 방법을 권해야 한다. 많은 활동으로 자녀에게 부담을 주면 아이는 반항하기 쉽다. 즐거움을 위해 자극적인 활동을 좋아하는 7번 유형 부모의 방법이 아이에게 힘겹다면, 부모 스스로가 조절을 해주고 왕성한 활동을 자제하는 것이 바람직하다. 예를 들어 자녀가 중요한 일(진학, 특기, 중요한 시험)을 앞두고 있거나 장기적인 계획을 가지고 준비해야 하는 일이 있다면, 그 부분은 놓치지 말아야 한다. 훗날 자녀가 성장한 후에 우리 부모님은 내가 중요한 일을 할 때 내 옆에서 헌신해주었다는 추억 때문에 자신이 사랑받았다고 느낄 것이다. 반면 부모의 여러 일들로 배려를 받지 못한다면, 부모에게 사랑받지 못했다는 느낌을 지울 수 없을 것이다.

그림 사례 ❸ : 자유와 규율

7번 유형 사람들에게 자유는 상당히 중요하다. 자유가 없고 속박을 느낀다면, 즐거움도 행복도 없다. 만일 7번 유형의 부모에게 자녀를 양육하는 철학이 무엇이냐고 물어본다면, 어떤 대답이 가장 많이 나올까? 자녀를 키우는 데 무슨 철학이 필요하냐고 답할 가능성이 매우 높다. 그냥 아이를 낳아서 키우는 것이 양육이지 거기에 철학이 필요하다는 걸 이상하게 여긴다. 이런 신념은 7번 유형의 특징과 무관하지 않다. 이들은 매사를 쉽게 생각하고 자유롭게 사고하기 때문이다. 아이와 자유롭고 재미있게 놀아주면 되고, 새로운 경험과 방법을 접할 수 있는 환경을 만들어주면 된다고 생각한다. 가만히 들어보면 당연한 이야기이고 맞는 말이다. 이런 자유로운 힘은 상상력을 발휘하고, 강한 상상력은 상상 속의 일을 현실화시키는 추진력이 되기도 한다. 자유롭고 유연한 조직과 딱딱하고 보수적인 조직을 상상해보라. 하는 일에 따라서 다르지만 창조성은 유연한 조직에서 나온다. 이런 특징은 7번 유형에게서 발견할 수 있는 강점이다. 자녀 역시 그렇게 키우고 싶어한다.

그림 ❸을 보자. 부부가 외출 후 집으로 돌아왔다. 아이는 집에서 재미있는 놀이를 하였는지 장난감이 어지럽게 널려 있다. 아빠는 왜 이렇게 어질러 놓았느냐고 아이를 나무란다. 아빠는 어질러 놓은 장난감을 손으로 가리키면서 아이를 째려보고, 아이는 기가 죽어 고개를 떨군 채 쩔쩔매고 있다. 금방이라도 눈물이 쏟아질 것 같다. 뒤에서 그 광경을 지켜보는 엄마는 답답하다. 어질러진 것은 치우면 그만인데 뭘 그렇게 화를 내는지 모르겠다. 그러잖아도 내성적인 성격에 표현력도 좋은 편이 아닌 아이가 마음의 상처를 입었을까 염려가 된다. 7번 유형의 부모는 아이가 기 죽고 자유를 잃어버리는 것이 두렵다.

세 살 버릇 여든까지 간다는 옛말은 그저 나온 말이 아니다. 자유로운 것이 지나치면 방종의 노예가 될 수 있다. 엄격하고 바른 생활만을 강조하는 분위기는 한창 자라는 자녀에게 불편할 수 있다. 그렇다고 모든 것을 허용하고 하고 싶은 것을 다하라고 두는 것도 최선은 아니다. 적절한 규제와 규율이 필요하며, 부모 스스로 적절한 규율을 지키며 솔선수범하여야 한다. 자녀들에게는 지키라 하고서 부모가 지키지 못한다면 균형감

7번 유형 – 그림 ❸

있는 자녀로 자라기 어렵다. 봄바람의 거센 힘이 나무의 뿌리를 깊이 내리게 만들어주는 것처럼, 자유로움과 함께 그 자유로움을 제한하는 규율은 자녀에게 성장의 뿌리를 깊이 내리게 할 것이다.

그림 사례 ❹ : 욕구충족에 대한 과도한 집착

7번 유형의 부모에게 건강은 매우 중요하다. 건강해야 자신도 자녀도 맘껏 인생을 즐길 수 있다. 물질적인 조건도 마찬가지다. 자녀의 욕구를 채워주어야 하는데, 물질적인 조건이나 건강이 걸림돌이 되어서는 안 된다고 생각한다. 하지만 모든 욕구를 다 채우며 사는 사람은 없고 누구나 현실적인 조건과 적절한 타협을 하는데, 특히 7번 유형의 사람들에게 이것이 힘들다.

자녀에게도 모든 것을 채워주고 싶어한다. 하지만 욕구충족에는 중독성이 있다. 밑 빠진 독에 물을 붓는 것과 같은 갈증이 계속된다. 누군가가 대신 채워줄 수 없으며, 때에 따라서는 스스로 물을 길어 먹어야 한다. 게다가 목이 아무리 말라도 바닷물이나 탄산음료를 먹을 수는 없다. 특이한 체험과 신기한 경험에 매달리기보다, 일상생활에서 즐거움을 찾고 그 즐거움을 다른 사람들과 공유하는 것만으로도 충분하다. 날마다 일어나는 똑같은 일상을 즐거움이 가득한 눈으로 보고 활동한다면, 자녀를 훌륭하게 교육하는 부모가 될 수 있다.

그림 ❹를 보자. 아이는 방금 부모와 한 차례 논쟁을 하고 풀이 죽어 있는 모습이다. 하고 싶은 일이 있었는데, 물질적인 조건이 맞지 않아 부모에게 거절을 당했다. 부모는 그것이 마음 아프다. 자녀를 웃게 만들고 싶은데, 그렇게 하지 못하는 것에 대한 자책이다. 가만히 생각해보니 이번 달도 씀씀이가 만만치 않다. 시댁에 제사가 있는데, 이번에는 멀리 떨어져 사는 시고모님 가족들이 모두 참석한다고 한다. 대출이자에 자동차를 새로 구입하여 카드 비용도 많이 나가고, 셋째를 임신하여 산부인과에도 다녀야 한다. 이런 상황이니 자녀를 위한 지출을 더 늘릴 수는 없다.

아이가 원하는 것을 해주지 못하는 부모는 마음이 무겁다. 자녀를 웃게 해주고 싶은 마음이 간절한데 형편이 어렵다. 복잡한 마음을 달랠 수 없어 고민이다. 하지만 부모가 모든 것을 다 해줄 수는 없을 뿐더러 그

7번 유형 – 그림 ❹

렇게 해서도 안 된다. 자녀가 건강하게 자라게 하려면 부모는 부모 나름대로 해야 하는 영역이 있다. 7번 유형의 부모들이 자기계발에 긍정적인 것은 참으로 다행이다. 스스로 노력하고 자신을 계발하여야만 자녀를 긍정적으로 돌볼 수 있다. 본인 스스로 풍요한 의식을 가지지 못한다면, 자녀에게는 아무것도 줄 수 없다. 그러므로 아이의 욕구충족에 과도하게 매달리기보다 자신을 계발하고 활기차게 생활하는 것이 도움이 된다.

그림 사례 ❺ : 스스로를 가두다

　7번 유형이 스트레스를 심하게 받으면 1번 유형의 단점을 많이 사용하게 된다. 평소에 즐겁고 다정다감하던 모습은 자취를 감추고 틀 속에 갇힌 형국이 된다. 여러 가지를 시도했는데 결과가 좋지 않으면 이런 현상은 더욱 강해진다. 이유를 살펴보면 자신을 바꾸는 과정에서 나타나는 부작용이라고 할 수 있다. 여러 일에 다재다능하지만 한 가지도 제대로 한 일이 없다고 느끼는 순간 좌절이 오는 것은 당연하다. 여러 가지를 시도하고 수고했는데 손에 잡히는 것은 아무것도 없는 것이다. 이 순간 7번 유형의 스트레스는 폭발하게 된다.

　이런 때 나타나는 현상이 자신을 틀 안에 넣는 것이다. 이제는 한 가지를 제대로 해야 한다고 느낀다. 이렇게 다른 강박 관념 속에 들어가면 예기치 못했던 부작용이 나타나는데, 그것이 바로 틀 안으로 들어가는 것이다. 자발성과 자율성은 사라지고 오직 해야 한다는 강박으로 치닫는다. 이것은 7번 유형이 바라는 바가 아니다. 점점 더 자신을 구속하게 되고 점점 더 불안해진다. 억지로 자신을 교정하려는 노력이 강해질수록 바뀌는 것은 없고 답답해질 뿐이다. 하늘을 날아다니며 자유 분방하게 살던 새가 갇혀 꼼짝달싹 못하게 되는 상황이다. 얼마나 힘이 들고 답답하겠는가? 분주한 삶의 결과가 초라하다고 느낄 때 건강한 방법을 찾아야 하는데 그러지 못하는 것이다.

　그림 ❺를 보자. 부모는 평소에 하지도 않던 잔소리를 늘어놓고 있다. 자녀에게 불만이 쌓인 모습이다. 수업 과목을 늘어놓으면서 잘한다는 말은 전혀 없고 못한다는 말만 하고 있다. 분명히 평소와는 많이 다르다.

7번 유형 – 그림 ❺

설거지는 하지 않고 쌓아두고 있다. 생활 습관에 대한 불만도 불쑥 끼어든다. 심지어 언제 철 들거냐고 존재에 대한 거부감까지 드러내고 있다. 아이는 당황하면서도 반항하는 모습이다. 간식과 과일을 먹으며 화목한 시간을 보내기를 바랐는데, 서로에게 불만을 늘어놓고 공격하는 현장이 되고 말았다. 수학 말고는 다 잘했는데도 꼭 집어 수학만 언급하고 목욕 문제까지 꺼내자 아이는 괜히 시비를 건다며 투덜거린다. 간식에는 손도 대지 않고 있다. 즐겁고 재미있는 상황은 사라지고 슬픔이 몰려온다. 마음을 아는지 창밖에는 비가 내린다.

자신에게 불만족스러운 부분을 바꾸려는 시도는 자신보다 자녀에게로 먼저 화살이 가는 경우가 많다. 평소에는 개방성을 중요시하고 자율성을 부여했던 교육방법이 변한다. 가르치려 하고 간섭하고 비판이 잦아진다. 자신의 의견을 먼저 말하고 다른 사람의 의견을 누르려고 해서, 다른 사람과의 관계에서 갈등이 일어난다. 이런 일들이 지속되는 것은 스트레스가 심해졌다는 증거이다. 스트레스가 자녀에게 투사되었을 때는 상처를 남길 수도 있다. 이럴 때는 숨을 깊게 쉬고 자신에게서 비롯된 적개심이 자녀에게 향했다는 사실을 인식할 필요가 있다. 야단치고 트집 잡고 심한 말을 한다는 것 자체가 자신에게 향한 불만인 것이다.

그림 사례 ❻ : 친구 같은 부모에서 내면이 강한 부모로

7번 유형이 건강하고 성숙해지면 5번 유형의 장점이 부각되면서 좀 더 신중해지고 조용해진다. 평소에는 여러 일들을 동시다발적으로 진행하고 추진력도 있다. 하지만 건강한 모습의 7번 유형은 분주한 마음을 늦추고 조용한 마음 상태를 유지한다. 이런 내적인 고요함을 통해 모든 것들을 이해하고 받아들이며 충분한 성찰을 한다. 예전에는 이런저런 일들을 찾아다니며 또 이런저런 일들을 벌이면서 경이로운 즐거움을 찾았다면, 이제는 조용한 가운데 자신의 마음을 들여다보거나 주변에서 재미있는 일들을 찾는 안목이 열리게 된다. 즉각적인 반응으로 활력이 넘쳤지만, 이제 조금 더 생각하고 관찰하면서 인내하고 그 인내를 통해 새로운 것들을 만들어내는 창조성을 갖게 된다.

자녀의 입장에서 7번 유형 부모의 이런 변화는 많은 것들을 기대하게 만든다. 보다 안정적이고 더 많은 것을 의지할 수 있도록 분위기가 바뀐다. 부모는 어떤 면에서 자신이 부족했는지를 알고 그것을 수정하기 위해 계획하고 연구한다. 그리고 본질적인 가치에 집중하고 할 만한 일인지를 파악한 다음 실행하게 된다. 다 하지도 않고 옮겨다니던 습관을 정리하고 신뢰받는 부모가 되는 과정을 걸어가는 것이다. 이럴 때 큰 성과를 거둘 수 있다.

그림 ❻을 보자. 부모가 자녀와 함께 공연장에 왔다. 요즘 가장 인기 좋은 걸그룹의 공연이다. 많은 사람이 환호하고 열광하고 있다. 그런데 아이는 이런 소란 속에서도 차분하다. 함께 호흡하고 박수치면서 즐겼

7번 유형 – 그림 ❻

으면 좋겠는데, 한 시간이 다 가도록 지켜보고만 있다. 그렇지만 부모는 그런 아이의 모습이 나쁘지 않다고 생각한다. 자신과는 다른 자녀의 취향과 성격을 존중하기 때문이다. 자녀의 이런 모습이 다른 방향에서 도움이 될 수 있다고 믿는다. 아이가 원한다면 이런 것은 나중에도 얼마든지 경험할 수 있다.

차분하고 고요해진 7번 유형의 부모는 자녀교육에 더 깊게 몰두할 수 있다. 그리고 불안해하지 않는다. 파란색은 사람의 감정을 식혀주고 마음의 안정과 두뇌의 잠을 깨워준다. 마음속에 파란색을 떠올리면서 마음을 차분히 하는 것은 7번 유형의 성장을 위해 도움이 된다.

이제 7유형의 부모들은 모든 것을 다 잘하려는 마음의 부담을 벗어버리고 한 가지나 혹은 두 가지만으로도 충분히 즐겁고 행복할 수 있다는 것을 익혀 나가도록 하자. 친절하면서도 따뜻하고 친구 같은 부모에서 내면의 강함을 지닌 관찰하는 부모로 발전하면, 부모와 자녀 관계는 무지개처럼 아름다울 것이다.

8번 유형

자신감이 넘치지만 무서운 부모

유형 해석

① 힘이 세며 강하고 용감하다. 어디에서나 리더이며 누군가 도전하면 바로 응징하고 자신의 의지를 굽히지 않는다. 하지만 자녀에게는 부드러운 이미지를 주는 것이 좋다. 자녀는 강한 부모를 무서워하고 자신의 의사를 표현하지 못하거나 반항할 수 있기 때문이다.

② 약자를 돌보고 강자에게는 맞선다. 의리가 있어서 믿고 의지할 수 있는 부모이다. 든든한 바위 같고 태산처럼 위엄이 있다. 자녀에게 헌신적이며 버팀목이 되어준다. 자녀를 통제하지 않고 큰 바위의 얼굴이 되어주는 것이 바람직하다.

③ 자신의 주장이 강하다. 다른 주장에 대해서는 타협하려 하지 않는다. 경우에 따라서는 분노를 폭발시킬 수도 있다. 이럴 때 자녀는 주눅

들고 자신의 주장을 편하게 말할 수 없게 된다. 분노를 느낄 때마다 그렇게 분노할 문제인지를 성찰하라.

④ 인생은 험한 정글과 같다. 이런 곳에서 살아남기 위해서는 강해야 한다고 믿는다. 과격한 운동이나 신체활동을 선호한다. 자녀와도 그런 활동을 함께 하기를 원하지만, 따라오지 못하는 자녀도 많다. 이것을 이해하고 고집하지 말아야 한다.

⑤ 강해 보이지만 모든 면에서 그런 것은 아니다. 내면에는 어린아이와 같은 부드러움이 존재한다. 강한 것이 늘 이기는 것은 아님을 이해하고, 약함을 드러내면 영향력이 더 커질 수 있음을 받아들여야 한다. 자녀에게 솔직한 내면을 보여주면 긴장이 완화된다.

긍정적인 특징의 단어	부정적인 특징의 단어
힘이 있다. 강하다. 솔직하다. 단호하다. 독자적이다. 자율적이다. 영향력 있다. 근면하다. 원기왕성하다. 자신감 있다. 관대하다. 의지가 굳다. 진지하다. 앞장선다. 공정하다. 올바르다. 존경할 만하다. 용감하다. 대담하다. 유능하다.	앙심을 품는다. 거칠다. 힘을 과시한다. 과격하다. 복수한다. 소유욕이 강하다. 압도적이다. 협박한다. 목소리가 크다. 퉁명스럽다. 약자를 괴롭힌다. 둔감하다. 남의 말을 듣지 않는다. 냉담하다. 고집이 세다. 거만하다. 호전적이다. 독재적이다. 싸움을 건다. 도발적이다.

2장. 부모의 유형

그림 사례 ❶ : 윽박 지르는 부모와 주눅 드는 아이

8번 유형의 집착은 '강함'이다. 어떤 상황에서도 주도적이고 강한 모습을 보이기를 원한다. 8번 유형의 부모는 자녀가 독립적으로 자라기를 바란다. 그것이 성숙한 사람의 모습이며 강한 사람의 표상이기 때문이다. 또 리더로서 '영향력 있는 인물'로 자라기를 바란다. 언제 어디서든 눈치를 보거나 우물쭈물거리는 모습은 보기 힘들다. 자녀가 육체적, 정신적, 정서적, 영적인 힘을 길러 자신의 몫을 다하는 사람으로 성장하기를 바란다. 그래서 어릴 때부터 이러한 모습을 갖도록 가르친다. 그러려면 강한 사람이 되어야 한다는 메시지를 쉬지 않고 불어넣는다.

자녀 입장에서는 이런 부모가 무서울 수 있다. 아직 따라가기 어렵다고 느낄 수도 있다. 부모의 기대와 자신의 모습 사이의 큰 간격을 실감하면 더욱 부모가 두려워진다. 부모는 큰 사람이고 자신은 작은데, 부모의 기대대로 되지 못했을 때는 한없이 작아지고 두려움마저 느끼는 것이다. 8번 유형 부모의 경우, 별 말을 하지 않고 독립적으로 두어도 자녀는 두려움을 느낄 수 있다. 평소 부모의 성향을 알기 때문에 작은 일에도 신경이 쓰이는 것이다. 독립적이고 혼자서도 이 세상을 헤쳐 나갈 수 있는 자녀로 양육하고 싶은 8번 유형의 부모는 때로 자녀에게는 버거운 대상일 수 있다.

그림 ❶을 보자. 자녀에게 부모는 거대한 존재로 얼굴조차 들 수가 없다. 부모의 요구대로 열심히 공부해서 1등을 하고 싶었지만, 이번에도 3등밖에 못했다. 부모가 뭐라고 하지 않아도 큰 잘못을 한 것 같은 느낌이라 심장이 쪼그라든다. 자연히 고개가 숙여지고 목소리도 작아지고 가

8번 유형 – 그림 ❶

늘게 떨린다. 8번 유형의 부모는 성적도 성적이지만 고개를 들지 못하고 자신감 없는 아이의 태도가 더 마음에 안 든다. 못 했으면 못 했다고 떳떳이 밝히고 다음에는 잘하겠다고 하면 될 일을 그러지 못하는 아이가 못마땅하다. 결국 다시 큰소리로 자녀의 태도를 꾸짖고, 아이는 더욱 의기소침해진다. 부모는 어떤 문제든 정면으로 돌파하기를 원한다. 우회하거나 숨기는 것은 마음에 들지 않고, 자녀가 그런 자세를 보이면 스트레스가 생긴다.

공부는 잘할 수도 있고 못할 수도 있는 문제이다. 그런데 그것을 다루는 태도가 직접적이지 않으면 답답하고 짜증이 난다. 이리저리 돌려 말하거나 사실을 제대로 말하지 않을 때는 정의롭지 않다고 느낀다. 이런 방식의 정의는 8번 유형의 부모에게는 꽤나 익숙한 것이다. 하지만 자녀의 입장에서 생각해보면 부모처럼 당당하기는 쉽지 않다. 아직 어린데다가 늘 평가받고 있다는 것을 느낀다. 작은 것이라도 실수를 하면 더 말할 필요가 없다. 자녀에게 필요한 것은 자존감인데, 이런 방식은 더욱 주눅 들게 만들 뿐이다.

더 부드럽게 다가서는 마음가짐이 필요하다. '강함'에 집착하면 부드러움을 회피하게 되는데, 회피하지 않고 마주보는 용기가 필요하다. '약함'을 수용하고 부드럽게 자녀에게 다가선다면, 자녀도 보다 쉽게 마음의 문을 열 수 있을 것이다.

그림 사례 ❷ : 피하고 싶은 영향력, 따르고 싶은 리더십

8유형의 부모는 화끈하다. 빙빙 돌려서 말하거나 행동하는 것은 체질적으로 맞지 않다. 항상 현장에 있고 현실을 살며 직선적이다. 자녀 역시 사회에 나아가서 독립적으로 살아가려면, 둥지를 떠나는 새처럼 강해야 한다고 생각한다. 자연히 교육방법이 거칠고 파괴적이다. 8번 유형이 사회에 대해 일반적으로 느끼는 것은 이 세상이 불의로 가득하며 잘못되었다는 것이다. 정의가 없는 세상을 바로 잡아야 한다는 집착이 생활 곳곳에서 드러난다. 하지만 자세히 들여다보면 바로잡는 것이 아니라 자신이 지배하려는 경향을 보인다. 일방통행식으로 말하고, 무조건적인 순종을 강요한다. 순종하지 않을 경우 자신의 힘이 먹히지 않으므로 큰 목소리가 나오게 된다. 강압적인 명령이나 분노의 표출 등도 이에 해당한다. 더 나아가면 그 지배욕이 당연한 것처럼 행사될 수도 있다. 이런 상황에 이르면 주변은 모두 숨을 죽이고 눈치를 보게 된다. 리더십은 흔히 영향력으로 이해된다. 그래서 8번 유형 부모들의 리더십은 강압적 리더십으로 변질되기 쉽다. 하지만 피하고 싶은 영향력은 따르고 싶은 리더십과는 다르다. 진정한 리더십은 상대방을 이해하고 함께 호흡하는 데에서 나온다.

자녀 교육에 있어 8번 유형의 부모가 받는 스트레스는 흔히 부당한 대우나 정의롭지 못한 평가에서 비롯된다. 자녀가 학교나 학원 등의 교육 현장에서 부당한 대우를 받았다면 그 분노를 참기가 쉽지 않다. 그러나 이때 인과관계나 절차 등을 면밀히 알아보고 객관적으로 타당성 여부를 조율하여 행동하는 것이 좋다. 급한 성격이기 때문에 보통은 앞뒤를 재지 않고 행동부터 하는 경향이 있기 때문이다. 조금 더 자세히 듣고, 조금 더 알아보고, 조금 더 천천히 움직인다면 자녀교육을 더 잘할 수 있을 것이다.

그림 ❷에서 부모는 단단히 화가 나 있다. 자녀가 동네 형에게 야단을 맞은 듯하다. 자녀는 억울함을 호소한다. 그러자 부모는 자녀에게 먼저 싸우는 법을 설명하고 있다. 당하고만 있지 말고 한 대 치라는 것이다. 싸움은 덩치로 하는 것이 아니기 때문에 먼저 공격하면 이길 수 있다는 말을 하고 있다. 자녀는 겁먹은 얼굴로 부모의 말을 듣고 있다. 형에게 크게 맞은 것도 아닌데 때리라는 부모의 말에 자녀는 겁을 잔뜩 집어먹은 표정이다. '엄마, 난 그렇게 하기 싫어. 다만 형에게 야단맞은 억울함을 이해받고 싶단 말이야!'라고 말하는 듯하다. 이럴 때는 어떻게

8번 유형 – 그림 ❷

해야 할까?

 8번 유형 부모의 마음은 이해가 된다. 자녀가 다른 사람에게 야단을 맞았다는 것은 자신의 강함이 손상을 입은 것이나 마찬가지이다. 이럴 때는 공격을 가해서 자신의 강함을 표현해야 다음에도 이런 결과가 생기지 않는다고 믿는다. 8번 유형이 가지고 있는 강함이라는 무기는 사실 집착이기에 허상에 불과하다. '그럴 것이다'라고 자신에게 씌워놓은 올가미 같은 것이다. 진정한 강함은 내적인 것이다. 건강한 8번 유형들은 통이 크지만 양보도 잘하고 베풀기도 잘한다. 언제나 크고 강한 것에 대한 집착 때문에 올가미에 걸려 신음하는 존재가 아닌 것이다. 숨어 있는 어린 아이와도 같은 부드러운 내면을 드러낼 때 8번 유형들은 성장했다고 말할 수 있다. 그러므로 8번 유형 부모들은 자녀에게 부드럽고 따뜻한 태도로, 인생은 얼마든지 행복할 수 있다는 메시지를 주는 것이 필요하다.

그림 사례 ❸ : 선택은 누구에게나 어려운 일

　8번 유형의 부모들은 책임감을 상당히 중요시한다. 책임감이란 자신이 스스로 결정하고 그 결과에 대해 책임을 지는 것을 말한다. 책임지는 모습이 강한 리더의 모습이라고 믿는 것이다. 자녀가 우유부단하거나 우물쭈물하는 모습을 보면 목소리가 커진다. 바로 책임을 지지 않는 태도이기 때문이다. 잘못된 것을 바로잡고 정의를 실현하려는 욕구가 강한 8번 유형에게 책임감이 없는 모습을 보인다는 것은 상상할 수 없는 일이다. 자신뿐만이 아니라 다른 사람이 그럴 경우도 바로잡으려고 노력한다. 하물며 자녀는 더 말할 필요가 없다.

　하지만 이런 책임감은 지배욕에서 시작된 것이다. 진정한 강함은 지배하는 것이 아니라, 순수한 인간 존재 자체에 있다. 진정한 강자가 되는 것은 지배를 벗어나 진정으로 순수한 사랑을 실천하는 데 있다. 따뜻하고 다른 사람들의 말에 귀를 기울이며 다른 사람들을 보호하려 한다. 자신의 힘을 나누고 보다 더 관대해진다. 타인에게는 너그러우며 자신에게는 엄격한 정의의 잣대를 갖는다.

　자녀교육에 있어서는 자녀가 내미는 도움의 손길을 거절하지 않는 것이 중요하다. 스스로 충분히 할 수 있다고 믿을 때, 스스로 책임을 정해

8번 유형 – 그림 ❸

주는 것이 필요하다. 그런데 방법이 문제이다. 부드러운 말투와 자세하게 설명하는 노력을 해야 하고, 실천이 안 될 경우에도 분노를 드러내는 방법은 최대한 자제해야 한다.

그림 ❸을 보자. 아이는 자신의 일에 대해 상의하고 안내받기를 원한다. 영어 공부를 하는 방법에 대해 알아보았는데, 사람들 말이 모두 달랐다. 형은 교과서와 참고서를 중심으로 하라고 말했는데, 선생님은 인터넷 강의를 소개해주셨다. 가장 친한 친구는 학원을 소개해주었고, 또 다른 친구는 자신이 하고 있는 그룹과외를 같이 하지 않겠냐고 슬며시 권했다. 부모님이라면 이런 혼란스러움을 끝내고 결정하는 데 도움을 줄 것이라고 믿었는데, 무서운 얼굴을 하고 있다. 오히려 부모는 스스로 결정해서 하겠다고 말해야 도와줄 수 있다고 한다. 공부를 하는 자신이 어느 것을 선택하든 알아서 하고 그 결정에 책임을 져야 한다는 말이다.

선택해야 할 일을 두고 결정을 머뭇거리는 자녀를 보면서 8번 유형의 부모는 마음이 편치 않다. 약육강식의 세상을 살아가야 하는데 판단과 결정을 하지 못하는 자녀의 모습에 짜증이 난다. 부모는 성큼성큼 다가가서 하면 된다고 생각한다. 특별히 부모가 바쁠 때, 혹은 별로 중요하지도 않은 문제를 가지고 결정을 해달라고 할 때, 부모의 분노는 터져나온다. 그리고 분노를 폭발한 후에는 후회를 한다. 이런 분노의 표출이 자녀교육에 긍정적인 영향을 끼치지 못할 것임을 알기 때문이다.

이런 스트레스 상황에서 빠져 나와야 한다. 결정을 하지 못하는 데에는 이유가 있다. 그 이유를 물어보고 같이 고민해준다면 자녀는 보다 더 편하게 부모와 좋은 관계를 맺을 것이다. 그리고 지시나 명령보다는 아이가 스스로 답을 찾게 해주는 질문을 통해 자녀의 고민을 해결해줄 수 있다.

그림 사례 ❹ : 화를 참지 못하는 부모

8번 유형은 힘에 대한 욕구가 강하다. 이들은 자신의 강한 힘으로 불의에 빠진 세상을 구원해야 한다는 의무감이 강하다. 그러나 이들의 정의감은 세상에 대한 지배욕에서 비롯된 것으로, '나는 힘이 있어 무엇이든 할 수 있다'는 강한 신념을 갖고 모든 일들을 리드하고 자신감에 넘친다. 자녀에게도 예외가 아닌데, 너무 강하게 밀어붙이면 자녀가 주눅이 들까 봐 걱정을 하기도 한다. 이런 걱정을 해소하는 방법은 무엇일까? 그 방법은 자신의 내면에 있는 어린아이와 같이 부드럽고 연약한 모습을 숨겨두려고만 하지 말고 드러내는 것이다. 만약에 드러내지 못한다면 완고하고 딱딱하고 융통성 없는 모습만 보여줄 수밖에 없다. 자녀들에게 부모는 두려운 대상이 되어서는 안 된다. 그러므로 거칠게 자신을 드러내고 강함으로 자신을 표현하는 태도가 사실은 집착의 결과라는 것을 깨달아야 한다.

진정한 힘은 순수한 마음에서 비롯된다. 8번 유형의 부모들은 내적으로는 강하고, 그 강함은 인간 존재의 순수한 바탕에서 비롯된다는 사실을 자녀들에게 보여주어야 한다. 자신의 순수한 본성을 그대로 표현하는 것이다. 완고하고 강하지만 표현방법이 부드러우면 두려움을 심어주지는 않는다. 자녀에게 보여줘서는 안 되는 것은 아무것도 없다. 진정한 힘은 순수한 부모의 사랑에서 배우게 된다. 8번 유형의 부모는 흔히 자신도 참고 있다고 생각한다. 많이 참으면서 강하게 누르려고 하지 않는데도 자녀는 눌리고 있다고 느낀다. 부모의 눈치를 보거나, 자신의 의견을 마음대로 주장하지 못하게 된다. 자녀의 이런 태도도 8번 유형의 부모에게는 은근한 스트레스이다. 자녀의 그 같은 태도가 어디에서 비롯되었는지 깨달아야 한다.

그림 ❹를 보자. 가족끼리 외식을 하러 식당에 왔다. 식당 테이블에 앉아 네 식구가 오순도순 즐겁게 식사가 나오기를 기다리고 있다. 그런데 옆 테이블의 어린아이가 막 뛰어다니면서 주변을 소란스럽게 하고 있다. 그 아이의 부모들은 아이가 소란을 피우는데도 바라보고만 있다. 부모가

8번 유형 – 그림 ❹

 자리에 앉으라고 조용히 말은 하지만 아이는 계속 돌아다닌다. 이 광경을 보는 8번 유형의 부모는 끓어오르는 화를 참고 있다. 소란을 피우는 아이의 부모들이 적극적으로 자녀를 제어하지 않는 것이 몹시 신경에 거슬린다. 참고 참다가 드디어 얼굴을 찡그리면서 큰 목소리로 말한다. 자신의 식구에게 하는 말이지만 사실은 뛰어다니는 아이의 부모가 들으라고 하는 소리다. 더 나아가서 식당에 있는 모든 사람들이 들으라고 하는 소리이다. "식당에서 뛰어다니까 보기 좋지!"
 부모의 이런 말을 들을 때 자녀들은 어떤 감정을 가지게 될까? 아마도 식당을 나가버리고 싶을지도 모른다. 주변의 사람들도 깜짝 놀라서 모두들 쳐다보게 되니, 자녀의 마음에 상처라도 생길까 걱정이 되는 상황이다. 주변을 의식하지 않고 자신의 주장을 강하게 말하는 것은 장점이 될 수도 있다. 하지만 그림과 같은 상황은 다르다. 화를 참지 못해 공공 장소에서 소란을 피운다는 면에서 뛰어다니는 아이와 다를 바가 없다.

더욱이 자녀를 양육하는 부모라면 분명 달라야 한다. 분노를 폭발시키는 방법으로 문제를 해결하거나 주장을 펴는 것은 피해야 한다. 분노를 조절하고 때와 장소를 분별하고 상황에 맞는 태도를 취해야 한다. 연약함에 대한 인식과 부드러움의 회복, 포용력과 따뜻함 등의 요소를 첨가하여야 한다. 평소에 자신을 지켜주지 못한다고 느꼈던 이런 부분들이 자신의 성장과 부모의 역할에 필요함을 받아들이고 아량 있고 너그러운 바다로 나아가야 한다.

그림 사례 ❺ : 스트레스는 사람을 피하게 만든다

8번 유형의 부모가 힘들고 스트레스를 많이 받으면, 스스로 위축되고 강함을 포기하게 된다. 평소에는 자신과 대립관계에 있거나 문제를 일으키는 요인과 격렬하게 부딪치지만, 많은 스트레스를 받으면 위축되어서 작은 방에 스스로 갇힌다. 다음 단계에서 이기기 위한 전략을 연구하기 위해서이다. 혼자 조용히 생각하고 연구하면서 평소보다 덜 움직인다. 강렬하고 활동적으로 인생을 살아온 것을 아는 다른 사람들은 이 모습을 보고 이상하게 생각하거나 놀라기도 한다. 행동하고 뛰면서 생각하는 평소 스타일과는 달리 사람들과 거리를 두고 행동을 자제하고 깊이 있게 사고한다. 또한 예민해지거나 냉소적이 되기도 한다. 보통 5번 유형의 단점 요인들을 많이 나타낸다.

부모의 입장에서 이런 스트레스 상황에 놓이면 평소와는 달라진다. 부드럽게 다가가는 것이 아니라 아예 관여를 하지 않을 수 있다. 직접적인 대면을 피하고, 문자나 카톡과 같은 간접적인 커뮤니케이션을 사용할 수도 있다. 잔소리도 줄어들고 직접적인 신체 접촉도 많이 줄어든다. 자신의 욕구를 최소화하려 하고 스스로를 잘 돌보지 않아, 불면증과 건강하지 않는 식습관을 갖게 될 수도 있다. 세상으로부터 거부당했다는 느낌을 갖고 다른 사람의 가치와 신념에 대해 극도로 냉소적이 되며 경멸하기까지 한다. 자녀는 달라진 부모의 모습이 염려스럽고 걱정스럽지만 시간이 지나면 차츰 편안함을 느낄 수도 있다. 하지만 그 편안함은 자녀에 대한 방치로 연결될 수도 있으므로 바람직하지는 않다.

그림 ❺를 보자. 자녀는 게으르다. 여러 번 지적하기도 하고 방법을 달리해서 훈육을 시도했지만 별로 달라지지 않는다. 하겠다고 말은 하지만 나중에 확인해보면 하지 않을 때가 많다. 학원도 보내보고 과외도 해 보았지만 달라지는 것은 없다. 이 날도 힘든 일과를 마치고 집에 왔으나 자녀는 일찌감치 자고 있다. 학기말 시험이 얼마 남지 않았는데 자고만 있으니 참으로 한심하다. 책상에는 좋아하는 연예인 사진이 놓여 있고, 벽에는 멋을 내는 옷들과 아이돌 가수의 브로마이드가 붙어 있다. 얼마 전에는 가수 오디션 프로그램에서 기타 치는 모습을 보고는 배운다고 해서 사주었는데, 기타를 치는 모습은 보지도 못했다. 이런 식으로 사달라고 해놓고는 손도 대지 않은 것들이 수두룩하다. 예전 같았으면 야단도 치고 계획도 세우게 해서 정신 차리라고 했을 텐데, 지금은 만사가 귀찮다.

2장. 부모의 유형

게다가 부부 문제나 시댁 문제 등 걱정거리는 널려 있다.

과도한 스트레스 상황에 내몰린 8번 유형 부모는 늘 현장에 있던 평소와는 달리 현장을 떠나고 있다. 이 장면에서 현장을 떠난다는 것은 자녀를 마음에서 거리를 두어서 관여를 하지 않는다는 뜻이다. 심리적이고 신체적인 접촉이 줄어들면서 마음도 멀어질 수 있다. 왕성한 활동력을 바탕으로 밀어붙이기 식의 인생을 살면서 자녀를 양육한 8번 유형 부모에게 이런 스트레스는 인생을 뒤흔드는 폭풍이 될 수 있다.

자녀교육에서 방임도 지나친 관여도 올바른 모습이 아니다. 적절한 거리를 두어야 하지만 독립성을 길러주는 정도여야 하며, 부모는 정서적

8번 유형 - 그림 ❺

으로 자녀와 밀착된 관계를 유지하여야 한다. 자녀가 좋아하는 것이라면 지지해주고 부작용에 대해서는 스스로 알 수 있도록 조절 능력을 배양시켜야 한다.

그림 사례 ❻ : 진정한 강함

8번 유형이 성장하고 성숙하면 2번 유형의 유연하고 부드러운 장점을 활용하게 된다. 자신의 깊은 내면을 드러내는 것을 더 이상 두려워하지 않게 된다. 이런 과정을 통해 8번 유형은 더욱 건강해진다. 특히 어린아이나 반려동물과 같이 연약한 존재들과 교감하며 몸으로 부드러움을 익히면 효과가 있다. 자신이 연약한 상대를 얼마나 아끼고 사랑하는지 깨닫게 된다. 연약한 대상을 보호해주고 아껴주며 순수함을 배우게 되면 건강해진다. 늘 강해야 한다는 생각으로 눌러왔던 부드러움이 깊숙한 내면의 세계에서 용솟음친다. 이것이 진정한 용기이며 8번 유형의 기품이다.

자신을 위협하는 세상을 향해 오히려 반대로 가슴을 열고 들어오라고 말할 수 있게 된다. 무장해제가 되는 순간이다. 마음을 철옹성처럼 굳게 잠가두었던 집착을 놓아버리게 된다. 사실 그 같은 집착을 갖게 된 것은 두렵고 무서운 세상 때문이었다. 그래서 스스로를 강하게 채찍질한 결과, 늘 자신을 강하게 억압했던 것이다. 그러니 얼마나 힘들었는가? 분노는 쌓여 있지만, 모르고 살았다. 자신을 실제보다 훨씬 더 크게 느끼고, 그렇게 상상하고 위장했던 세월이 참으로 뼈저리다. 이젠 그 억압에서 벗어나 진정한 부드러움을 회복한다. 세상과 하나가 되어 어울리고 받아들이고 교류하면서 참으로 행복한 날들을 가져본다. 2번 유형의 부드러움과 따뜻한 마음과 적응성, 그리고 다른 사람들과 함께하는 세상에서 한껏 고무된 8번 유형은 활짝 피어난다. 다른 사람들에게 잘 보이려고 마음을 여는 것이 아니라, 자신의 진정한 모습을 보여주기 위해 마음을 여는 것이다. 자녀를 양육하는 8번 유형의 부모는 자녀들에게 부모의 마음을 마음껏 보여주는 것이 중요하다. 자녀에게 다가서며 그들의 필요를 받아들이고 강압하지 않으며 친해지고 가족으로서 호흡을 함께해야 한다.

그림 ❻을 보자. 부모의 얼굴에는 잔잔하고 인자한 미소가 퍼져 있다. 그림 속의 부모는 아이와 약속한 것이 있었다. 아이가 그 약속을 지키는지 지켜보았지만, 아이는 태평하기만 하다. 과연 아이는 부모와의 약속을 지킬 수 있을까? 거의 마감시한이 다 되었을 때, 한 가지 사건이 일어났다. 아이가 친구와 많은 시간을 보낸다는 사실을 알게 된 것이다. 그 친구는 교통사고를 당해서 한쪽 발이 불편한 상황이었다. 아이는 그 친구의 다리 역할을 해주느라 많은 시간을 보내고 있었다. 이 사실은 알게 된 부모는 약속을 지키지 못한 아이의 사정을 이해하고, 오히려 어려움에 처한 친구를 보살펴주는 아이를 기특해한다. 어려움에 처한 친구를 돕는 것은 진정한 용기가 있어야만 한다는 것을 아는 8번 유형의 부모는 흐뭇한 마음으로 그 광경을 지켜보고 있다. 각자 자기만 살겠다고 야단인데 아이가 이런 행동을 하고 있으니, 오늘은 맛있는 음식을 먹이고 격려해주어야겠다고 생각한다.

주어진 목표를 향해 사생결단하기를 요구하는 8번 유형의 부모가 성

8번 유형 - 그림 ❺

숙하면 주변 사람들에게 동정과 사랑을 표현한다. 자녀에게 사랑의 덕목을 가르치고 용감할 때와 부드러워야 할 때를 가르친다. 때를 구분하는 내용을 설명해서 격식 있고 사랑스러운 행동을 하게 한다. 맹목적인 2번 유형의 내용을 따라가는 것이 아니라, 경계를 분명히 하는 절도 있는 생활을 교육하는 것이다. 자신이 할 수 있는 것을 하며 할 수 없는 것을 인정하는 것이 진정한 강함이라는 철학을 가지게 된다. 이것이 진정한 리더의 길임을 익히고 자신의 연약함을 잘 받아들여 효율적인 일처리와 보살핌으로 신뢰를 얻을 수 있다.

너그럽고 온화하지만 통제가 없는 부모

유형 해석

① 착하고 온순하며 주변과 평화롭게 어울리기를 원한다. 어떤 상황에서도 극단적인 활동을 하지 않는다. 이럴 수도 저럴 수도 있는 중간지대가 넓다. 자녀의 입장에서는 부모가 어떤 것을 원하는지 경계가 분명치 않다. 적절한 경계를 정해주는 것이 필요하다.

② 양쪽의 입장을 모두 잘 이해하는 편이다 보니, 가족 사이에 갈등이 일어나면 행동이 쉽지 않다. 중립지대에서 판결을 미루게 된다. 양쪽의 입장에서는 누구도 만족할 수 없게 된다. 자녀에게 왜 그런 입장을 취했는지에 대해 설명하고 대화해야 한다.

③ 다른 사람을 잘 지지해주고 따뜻하며 부드럽고 원만하다. 비교적 자유롭게 허용하고 안 된다는 말을 잘 하지 않는다. 자녀 입장에서는 자

율성이 보장되므로 편안한 환경을 보장받는다. 다만 부모의 지원이 필요한 부분을 간혹 빠뜨리거나 미루는 것이 이 유형이 빠지는 함정이다.

④ 인내심이 있어서 잘 참는다. 그렇지만 참는다고 해결되는 것은 아니다. 시간이 지나면 쌓이고 그러다가 터지면 크게 화를 내게 된다. 이럴 경우 자녀는 매우 놀라게 된다. 부모가 화내는 이유를 모르기 때문이다. 미리 설명하고 대응할 수 있도록 알려주는 것이 필요하다.

⑤ 평화로운 기운을 누리고 싶어한다. 그래서 일을 마감하는 것이 힘이 든다. 미루다가 한꺼번에 해치우는 경향이 있다. 자녀들에게 규칙을 만들어주면 도움이 된다. 그냥 지켜보지만 말고 적절한 계획과 규칙을 알려주고 서로 지키도록 하면 힘이 된다.

긍정적인 특징의 단어	부정적인 특징의 단어
인내심 있다. 거만하지 않다. 협상에 능하다. 내색하지 않는다. 용기를 준다. 겸손하다. 객관적이다. 흥분하지 않는다. 안정적이다. 편안함을 준다. 잘 받아들인다. 사정을 고려한다. 관대하다. 평화적이다. 사이좋다. 침착하다. 간섭하지 않는다. 여유롭다. 현실적이다. 부담을 주지 않는다.	미룬다. 야합한다. 우유부단하다. 활력이 없다. 산만하다. 분노를 억압한다. 따분하다. 장황하다. 어느 편도 아니다. 태만하다. 지나치게 유동적이다. 게으르다. 소극적이다. 초연하다. 둔감하다. 건망증이 있다. 타협한다. 분별이 없다. 고집이 세다. 헤아리기 어렵다.

그림 사례 ❶: 평화와 회피

9번 유형은 갈등과 고민을 가능한 피하려고 하는 평화주의자이다. 그런데 이 평화는 위장된 평화이다. 갈등과 문제가 다 해결된 상태의 평화가 진정한 평화라면, 9번 유형이 집착하는 평화는 문제와 갈등은 그대로 두고 거기에서 빠져나와 시간만 보내는 것이다. 그 당시에는 갈등과 문제가 없어 보이나, 실제로 해결된 것이 아니라 그냥 잠시 외면하는 것이다. 이런 집착이 거짓 평화를 낳고 방관으로 이어져 문제를 더욱 크게 만들게 된다. 겉으로 보기에는 잔잔하고 평화로운 것 같지만 내면은 부글부글 끓고 있다. 삶 속에는 늘 문제가 있기 마련이기에 해결을 하면서 살아가야 문제와 해결이 균형을 이루면서 성숙한 인생을 꾸려갈 수 있다. 문제를 알고도 그냥 방치한다면, 호미로 막을 것을 가래로도 못 막는 일이 되고 만다. 게다가 그 문제는 소용돌이를 일으켜서 그 문제만이 아니라 전체를 망가뜨릴 수 있다.

9번 유형의 사람들이 눈앞에 보이는 문제를 해결하지 않고 내버려두는 까닭은, 어차피 해결하려 해도 해결할 수 없다는 생각이 자리 잡고 있기 때문이다. 그래서 자신이 개입하기보다는 차라리 흘러가는 시간에 맡기는 방법을 선택한다. 어차피 물은 흘러서 바다로 가게 된다. 그냥 두는 것이 내가 개입하는 것보다 더 낫다는 생각을 한다. 결국 평화에 대한 집착이 무책임이라는 결과로 나타나는 것이다. 자녀교육에 있어서도 문제를 들여다볼 생각은 하지 않고 오히려 밖으로 밀어내고, 겉으로 보이는 모습에 만족할 수 있다.

그림 ❶을 보자. 저녁식사를 마친 후에 한가로운 가정 풍경이다. 남편은 과일을 깎아서 자녀들에게 먹이고 있다. 아이들은 편안하게 텔레비전을 시청하고 있다. 엄마는 설거지를 하면서 물끄러미 세 식구의 모습을 바라본다. '날마다 이렇게 평화로우면 참 좋겠다'고 생각한다. 여기에는 새로 구입한 아파트 중도금 문제도 없고, 자녀의 저조한 성적 문제도 없고, 잘못 든 버릇을 고쳐야겠다는 생각도 없다. 지금 현재 우리 가정은 '평화롭다'. 이런 평화가 계속될 수 있다면 더 말할 나위가 없다. 하지만 세상이 어디 그렇게 호락호락한가.

평화를 꿈꾸는 9번 유형의 부모들이 제일 힘들어하는 것은 갈등이 실제로 일어나는 것이다. 자신의 내면으로 달팽이처럼 깊숙이 들어가서 문

9번 유형 - 그림 ❶

2장. 부모의 유형

제를 보려고 하지 않고 오히려 내다버린다. 그리고 평화로만 가장하려 든다. 이런 태도는 자녀나 다른 사람의 입장에서 볼 때, 구경만 하고 방관하고 있다는 느낌을 갖게 한다. 특히 자녀의 입장에서는 친절하고 특별한 공격은 하지 않지만, 그렇다고 따뜻하거나 적극적으로 도움을 주려고 움직이지 않는 부모이다. 9번 유형의 부모 입장에서는 스스로 알아서 해야 할 일을 부모가 나서는 것은 지나치다고 생각할 수 있다. 하지만 이것은 부모에 대한 자녀의 기대에 찬물을 끼얹는 것과 같다. 자녀에게서 어떤 요청이 왔다면 신속히 응답하는 것이 필요하다. 그리고 무엇보다도 주도성을 갖는 것이 필요하다. 그림과 같은 상황이라면 그저 지켜보고만 있지 말고 가족들 속으로 뛰어들어 함께 호흡하고 어울리는 것이 9번 유형의 부모에게 필요한 행동이다.

그림 사례 ❷ : 거저 오는 평화는 없다

9번 유형 부모의 최대 스트레스는 평화가 깨지는 것이다. 평화를 깨는 문제 가운데 가정에서 흔하게 일어나는 것은 부부 다툼이나 자녀끼리 다투는 일이다. 이때 9번 유형의 사람들은 많은 스트레스를 받고, 이때 이들이 선택하는 것은 회피이다. 가만두어서 해결될 문제도 있지만, 오히려 개입해서 문제가 더 커질 수도 있다. 하지만 그렇더라도 그냥 두어서는 안 된다. 그때그때 적절한 타이밍에 개입해야 한다. 평소에 규칙을 정하거나 원칙을 정했으면 그대로 하면 된다. 물론 천편일률적으로 적용하라는 말은 아니다. 예외 없는 규칙은 없다. 하지만 규칙조차 없거나 있어도 사용하지 않는다면 갈등이 해소될 가능성은 점점 줄어들게 된다. 점점 줄어드는 기회를 지켜보고만 있다면, 그것은 9번 유형의 단점인 게으름으로 나타난다. 방관자적인 태도로 시간만 흘려보낸다면 양쪽 모두에게 비난의 대상이 될 수 있다.

사실 모든 것을 좋게 보려고 하는 9번 유형은 협상의 귀재라고 할 수 있다. '이쪽은 이것이 좋고, 저쪽은 저것이 좋으니 다 좋다'는 입장을 띤다. 판단하지 않고 양쪽을 다 품으니 양쪽 모두 좋아하고 협상을 원활하게 진행할 수 있다. 그러나 이런 경우는 개입했을 때의 결과이다. 개입을 피하며 가만히 있을 때에는 이런 결과가 나타나지 않는다.

그림 ❷는 아들과 딸 사이에서 난처해하는 부모의 모습을 나타내고 있다. 한 살 위인 누나는 동생이 잘못한 점을 부모에게 말하고 있다. 동생인데도 누나에게 너무 함부로 대하고, 게다가 이번에는 때리기까지 했다. 화가 난 누나도 응징에 나섰고 방어하려는 동생과 격렬한 몸싸움이 일어난 것이다. 동생은 모든 장난감과 놀이기구를 누나가 독점한다며, 나눌 줄 모르는 욕심쟁이라고 하소연한다. 부모는 남매끼리는 당연히 사이좋게 지내야 한다고 생각하고 그러기를 바란다. 그런데 이들이 멀다하고 싸움을 일으키니 진이 다 빠질 지경이다. 하지만 누구의 편도 들지 못한 채 싸움이 끝나기를 기다린다. 싸움이 일어날 경우 어떻게 한다는 지침이 마련되어 있지 않은 듯하다. 누구 편을 들기도 어렵고 안타까운 표정으로 바라만 보고 있다. 고민을 시간의 흐름에 맡기고 해결이 되기를 인내하고 참으면서 기다린다.

인생은 한 번뿐이고 따라서 자신이 주도하는 인생이 되어야 한다. 지나치게 나서는 것도 문제이지만 지나치게 소극적인 것도 좋을 수는 없

9번 유형 – 그림 ❷

다. '어떻게 할까?'라는 물음 앞에 서자. 내가 이렇게 하겠다고 선언하고 해결을 향한 첫 발걸음을 내딛자. 내면에서 올라오는 '해야 한다'는 느낌을 묻어두거나 무시하지 말고, 긍정적이고 적극적으로 표현해보자. 9번 유형은 스스로 참는다고 생각하고 다른 사람도 참는 것으로 인정하지만, 사실은 본인이 적극적으로 나서려는 스스로의 욕구를 무시하는 것이다. 자신이 원하는 경지에 도달하기까지 참으로 많은 어려움을 극복해야 하는데, 9번 유형은 스스로 드러내고 표현하며 자신을 말해야 한다. 아이들에게 싸움을 계속한다면 불이익을 받을 것임을 알리고, 누나와 동생에게 각각 적절한 행동지침을 내려주어야 한다. 부모의 리더십을 스스로 지키고 자녀들의 사회성을 길러주어, 어디 가서도 바르게 행동할 수 있게 돕는 부모가 되어야 한다.

그림 사례 ❸ : 게으름과 태만

9번 유형의 사람들은 매사에 침착하고 자연스럽다. 주변과 잘 어울리고 무리한 행동을 하지 않음으로써 조화를 이룬다. 전체를 볼 줄 아는 시야를 가지고 있으면서 동서남북을 다 바라보는 거시적 안목도 탁월하다. 태산같이 우뚝 솟아 뽐내기보다는 넓은 평야같이 강도 나무도 산도 다 품는 포용력이 탁월하다. 이런 모습들 속에 모든 것을 피하고 미루려는 경향이 있다는 것은 참으로 안타까운 일이다. 갈등을 회피하고 모른 척하기에 생기는 현상이다. 9번 유형의 사람들은 평화에 집착하고 갈등을 회피한다. 이런 회피는 나태로 이끈다. 갈등에 관여하지 않고 저절로 해결되기를 기다리기에, 겉으로는 평화롭지만 내면은 용암이 분출되기를 기다리면서 잠시 쉬고 있는 휴화산과도 같다. 진실은 문제이고 갈등인데, 평화스러움으로 위장하고 있는 것이다.

그래서 9번 유형의 사람들은 무엇보다 문제와 갈등을 잘 조정할 줄 알아야 한다. 갈등은 회피의 대상이 아니라 극복해야 할 과제이다. 따라서 적극적인 개입이 필요하다. 갈등은 그냥 두는 것이 아니라, 효과적인 방법을 찾고 원칙으로 대응해야 한다. 자녀교육에 있어서 자칫하면 방임형으로 교육하는 부모가 될 수 있다.

관여를 멀리하고 물 흐르듯 흘러가도록 그저 바라만 보고 있을 경우

두 가지 결과가 나타날 수 있다. 하나는 정말 요행히 자녀가 스스로 잘 성장해주는 경우이다. 하지만 이것은 뜻하지 않게 운이 좋은 경우일 뿐이다. 시간이 지난 다음 잘 자라준 아이에게 고마워 할 일이긴 하지만, 아직 자라고 있는 아이에게 기대할 수는 없는 일이다. 또 하나는 가만히 두고 보았더니 아이가 불행하게 자라난 경우이다. 부모는 스스로 하기를 바랐다고 하겠지만, 관여하지 않고 방치한 아이가 행복하게 자라는 것은 쉽지 않다. 불행하게 자랄 것이라고 예측하는 것이 더 이치에 맞다. 물론 9번 유형의 부모는 그냥 방치하는 것은 아니다. 나름 부모로서 최선을 다하지만 꼭 필요할 때 교육적 관여를 하지 못하는 실수를 범할 수 있다.

그림 ❸을 보면 아이가 방에서 온갖 장난감으로 재미있게 놀고 있다. 아마도 이 아이는 장난감을 어떻게 정리하는지에 대한 지도를 받은 것 같다. 하지만 잘 지켜지지 않았고 오늘도 마찬가지다. 지친 부모는 '이젠 모르겠다'며 보고만 있다. 스트레스를 많이 받은 상태이다. 9번 유형의 부모가 자녀교육에서 스트레스를 가장 많이 받는 것 중 하나가 자녀가 스스로 잘 하지 못할 때이다. 여러 번 훈육하고 가르쳤는데 잘 지켜지지 않으면 참으로 힘이 든다. 인내심과 참을성이 대단히 많지만, 훈육을 하는 차원에서는 지치게 된다. 알아서 하기를 바라면서 인내심을 발휘한다. 그러다 지치면 스트레스가 심하게 나타난다. 그렇다고 해서 화를 폭발시키거나 공격을 하는 것은 아니다. 소파에 누운 채 포기하고 싶은 마음으로 지켜본다.

이렇게 문제해결의 실마리를 찾지 못하고 포기하는 것으로 가닥을 잡다 보면 교육적으로 바람직하지 못한 결과가 나온다. 회피하려는 내면의

9번 유형 – 그림 ❸

압박을 물리쳐야 한다. '지금 무엇인가를 하려들면 평화가 깨질 것이다'는 강박관념에서 벗어나야 한다. 여러 방법을 모색해야 한다.

다른 한편, 9번 유형 부모의 마음에는 자녀에게 미안한 감정이 있을 수 있다. 잘할 수 있도록 도와주어야 하는데 그러지 못해 생긴 마음이다. 자녀에게 좋지 않은 모습을 보면 그것이 자신의 잘못으로 생각되어 미안해지는 것이다. 사실이 그럴 수 있지만, 그렇기 때문에 보다 활력을 가지고 문제해결을 위한 실천을 해야 한다. 그림 ❸은 해야 하는데 하지 않는 전형적인 9번 유형의 '게으름과 태만의 모습'을 그리고 있다.

그림 사례 ❹ : 먼저 대화하고 원칙을 세운다

　9번 유형의 부모는 자녀교육에 있어 간섭과 규제를 완화하고 자연스러운 교육방법을 택한다. 따라서 성장하는 과정의 자녀는 자신의 적성과 재능 그리고 가능성을 충분히 발휘하는 데 방해를 받지 않게 된다. 자녀에 대한 지원은 여러 사정이 복합되는 것이기에 일률적으로 말할 수는 없지만, 이 유형의 부모는 최소한 방해는 하지 않는다. 9번 유형의 부모를 둔 자녀들은 부모의 이런 경향 때문에 스스로 성장하는 동력을 가지게 된다.

　9번 유형 부모의 가장 큰 걱정은 자녀들이 주위 사람들과 잘 화합하는가이다. 주변의 환경에 잘 적응하고 친구들과 자연스럽게 어울려 지내기를 원한다. 그래서 가장 두려운 것은 소위 '왕따'를 당하는 것이다. 왕따는 주변과 어울리지 못하고 고립되는 것을 의미하기 때문에 가장 염려가 되는 부분이다. 자연스러운 분위기에서 개성을 발휘하면서도 주변과 소통하고 어울리기를 희망하는 9번 유형의 부모는 자녀들에게 편안함을 제공하는 데 많은 신경을 쓴다. 자녀가 많더라도 골고루 사랑을 주고 편중되지 않도록 균형을 지킨다. 자녀교육에 있어서 이런 부분은 상당한 장점으로 작용한다. 9번 유형의 부모들은 자녀들이 성장하는 것을 지켜보고 스스로 성장하기를 기다리며, 자녀에 대해 기대를 가지고 쉽게 절망하거나 쓰러지지 않고 기다려준다.

　그림 ❹를 보자. 아이는 주변을 어지럽히면서 놀다가 아빠에게 야단을 맞고 있다. 평소에도 이런 문제로 여러 번 혼이 난 경험이 있는데, 오늘 또 야단을 맞고 있다. 아빠가 싫어하는 것이라서 주의했으면 좋겠는

9번 유형 - 그림 ❹

데 잘 고쳐지지 않는다. 남편이 워낙 섬세하고 철저한 면이 있긴 하지만, 그대로 따라 해서 나쁠 것이 없는데도 아이는 행동을 잘 고치지 못한다.

그래도 마음이 편하지 않다. 그렇다고 이게 아이를 심하게 야단을 칠 문제는 아니라고 생각한다. 더 나아가 어린 아이가 어떻게 부모의 깔끔함을 따라갈 수 있겠느냐고 항변하고 싶다. 그리고 좀 어질러져 있는 것이 무슨 큰 문제란 말인가? 문제시하니까 문제가 되는 것이지, 그냥 편하게 봐주면 아무것도 아닌 것이 될 수도 있지 않겠느냐고 생각한다. 남편이 화가 난 것은 이해할 수 있지만 훈육하는 방법이 마음에 안 든다. 야단치기보다 타이르고 포옹하고 수용해주는 것이 더 좋은 방법이라고 생각한다. 남편은 남편대로 뜻이 있겠지만 그렇다 해도 어린 자녀가 마음에 걸린다.

하지만 9번 유형의 엄마는 부자 사이에 끼어들어 자신의 생각을 적극적으로 말하지도 않는다. 속으로 그렇게 생각하고 있을 뿐이다. 이렇게 지켜보는 가운데 시간은 흘러간다. 이럴 때 엄마는 어떻게 해야 할까? 부부간에 자녀양육에 대한 입장이 다른 경우, 무엇보다 먼저 서로의 생각을 공유하는 것이 좋다. 우선 이런 생각을 남편에게 알리고 적극적으로 방법을 찾아야 한다. 그리고 원칙을 세우되 융통성 있게 자녀 훈육에 나서야 한다. 9번 유형 부모의 특징인 문제에서 한 발짝 떨어져 지켜보는 방법이 최선은 아니다. 오히려 자기 집착의 결과로 나타나는 현상일 뿐이다. 그러므로 집착을 벗어버리고 갈등을 회피하기만 하지 말고 적극적으로 대면한다면 새롭게 발전된 관계를 만들 수 있다.

그림 사례 ⑤: 조화를 깨는 사람

9번 유형이 스트레스를 심하게 받으면 6번 유형의 단점으로 가게 된다. 즉 불안과 초조한 모습을 보이면서 위험요소를 추적하는 것이다. 자연스러움과 평화로움의 상징인 9번 유형이 불안감과 초조감을 드러낸 채 안절부절못하는 모습이다. 이런 상황을 극복하기 위해 종교나 믿을 수 있는 사람에게 의존하게 된다. 스스로의 욕구나 선택을 무시하면서 더욱 더 위축되고 자신만의 둥지에 숨는다. 이렇게 하는 이유는 불안하고 초조하기 때문이다. 한편 불안감을 해소하기 위해 열심히 일을 하기도 한다. 비교적 단순한 일들을 계속하려 한다. 아무리 사소한 일이라도 혼자 다 처리하려고 하기에 일은 끝이 없다. 또 다른 사람들과 평화롭게 지내던 9번 유형이 스트레스 상황에 들어가면 의심이 많아진다. 그리고 피하고 고립되면서 평화로웠던 모습을 잃어간다. 다른 사람의 말을 잘 듣지 않고 고집을 부리거나 피해버리는 것으로 불만을 나타내게 된다. 늘 '좋은 것이 좋다'고 생각했는데 '나쁜 것도 많다'는 생각을 하게 되고, 불만이 증가하면서 긍정성을 잃어간다. 그러면 부정적이고 염세주의적인 태도를 드러낸다.

그림 ❺는 자녀의 외출을 막고 있는 부모와 외출을 하려고 하는 자녀

9번 유형 - 그림 ❺

의 대립이 묘사되어 있다. 마침 집에 놀러온 옆집 엄마는 자녀의 편을 들고 있지만 9번 유형의 부모는 자신의 주장을 철회하려 들지 않는다. 문제는 자녀의 차림새이다. 노란색 짧은 치마가 특히 눈에 거슬린다. 게다가 머리는 염색을 했으며 원색 계통의 신발도 예사롭지가 않다. 일반적으로 두드러지는 것보다 무난하게 어울리는 것을 선택하는 성향의 9번 유형 부모는 자녀의 외출을 막고 싶다. 게다가 참 험한 세상이 아닌가? 안 좋은 일이라도 당한다면 보통일이 아니다.

하지만 자녀의 생각은 다르다. 어린아이도 아니고 친구들도 비슷한 옷을 입고 다니는데 그것을 이해하지 못하는 부모가 원망스럽다. 다른 부모들과 다르게 규제하고 걱정하는 부모가 이상하다. 약속시간은 다 되어 빨리 나가야 하는데, 엄마는 계속 앞을 가로 막고 있다. 게다가 옆집 엄마도 요즘 아이들에게 그 정도는 아무것도 아니라고 설득하지만 잘 안 된다.

사실 부모가 이렇게 완강한 데는 이유가 있다. 9번 유형 부모가 스트레스를 받으면 오랫동안 쌓인 자녀와의 갈등이 표면화된다. 평화롭기만 했지만 평화롭기만 했던 것이 아니었다. 해결된 것이 아니라 묻어두었던 것이기 때문에 스트레스를 받으면 표면화된다. 자녀와의 갈등으로 쌓여 있던 부모의 스트레스가 드러난 것이다.

이렇게 되면 자녀나 주변의 사람들은 이해하기 어려워한다. 평소에 말하지 않았던 것이었기에 잘 몰랐기 때문이다. 9번 유형은 억지로 쌓아두었다기보다는, 자신도 모르게 쌓인 것이기 때문에 자신도 어쩔 수 없는 측면이 있다. 하지만 결과는 인간관계를 훼손하고 그토록 갈망하던 평화를 잃고 만다.

그림 사례 ❻ : 효율성을 익혀 자신감을 가져라

9번 유형이 건강해지고 성숙해지면 3번 유형의 긍정적인 방향으로 가게 된다. 3번 유형의 긍정적인 성향은 효율성이다. 적절한 시간에 가장 많은 성과를 얻을 수 있는 능력을 효율성이라고 한다면, 이것이 9번 유형의 사람이 건강해졌을 때 보이는 모습이다. 9번 유형의 사람들이 효율성을 익히면 자신감을 얻게 된다. 9번 유형의 단점인 '자신은 단지 주변과 조화를 이루는 사람일 뿐 특별히 어떤 일을 성취하는 사람은 아니다'라는 생각이 드러나는 모습과 비교한다면 일취월장하는 것이다. 이것은 9번 유형이 자신의 가치를 스스로 인정했다는 점에서 성숙하고 건강해졌다는 것을 의미한다. 이런 모습은 스스로 노력하고 발전하기를 희망하는 모습이며 더욱 나아가기를 갈망하는 태도이다.

이제는 스스로를 드러내고 다른 사람들의 시선으로부터 자유로워지게 된다. 더 나아가서 자신을 다른 사람들에게 소개하고 알리는 데까지 나아간다. 평소에 가지고 있던 '좋은 것이 좋은 것이다'에서 벗어나 '내가 좋아하는 것은 이것이다'로 나아간다. 가장 방해가 되었던 지켜보는 관중에서 벗어나 주인공이 되고, 스스로의 가치를 높이 사며 다른 사람들의 가치도 인정하게 된다.

자녀교육에 있어서도 남편과 자녀, 자신과 자녀의 관계를 재정립하게 된다. 그동안의 게으름을 털어내고 자신감 있게 필요한 부분에 필요한 만큼 관여한다. 적절한 타이밍에 적절한 만큼 효과적으로 개입하여 전체적인 평화를 만들어낸다. 조연에서 주연으로 등장하는 것이 두렵지 않다. 달라졌다는 말도 싫지 않고 나아졌다는 말이 기분 좋다. 이런 에너지로 리더의 자리에 서게 되면 진정한 평화를 누릴 수 있게 된다.

 그림 ❻을 보자. 자녀는 책상에 앉아 엄마가 들어오는 것도 알지 못하고 공부에 열중하고 있다. 공부에 필요한 물건들이 모두 갖추어져 있어서 움직이지 않고도 계속 공부할 준비가 되어 있다. 옷가지들도 가지런히 정돈되어 있다. 책상 위 벽에는 '전교 1등 내게로 오라'는 목표를 적어놓은 액자가 걸려 있다. 얼굴은 진지하고 결연하기조차 하다. 부모는 설거지를 하다 자녀의 방에 들어왔다. 너무 무리하여 건강에 문제가 생기면 어쩌나 하는 걱정을 하면서도 자녀를 믿는다. 오히려 믿음직하다. 꼭 원하는 목표를 이루기를 응원하고 있다.

9번 유형 - 그림 ❻

9번 유형의 사람이 자기 중심을 찾고 활력을 얻으면 다른 사람에게도 큰 동기부여가 된다. 평화롭기만 하던 데에서 한 걸음 더 나아가서 적극적으로 삶에 뛰어들면 큰 성과를 이루어낼 수 있다. 그 모습을 본 다른 사람들도 변한 9번 유형에게 자극을 받게 되고, 또 그들의 반응이 9번 유형인 자신에게도 기쁨과 놀라움을 경험하게 만드는 선순환의 고리를 형성한다. 주변을 따라 하던 소극적인 모습에서 주변을 주도하고 안내하는 리더의 모습을 가지게 된다. 필요할 때는 자기 주장을 하고, 필요할 때는 경청과 큰 흐름을 따라 주변과 함께 동화된다.

자녀교육에서도 마찬가지다. 9번 유형의 부모는 이렇게 강요하거나 윽박질러서 결과를 얻어내는 것이 아니라, 스스로 할 수 있도록 동기부여를 하며 오래 참아주되 적절한 때 어드바이스를 통해서 자녀의 성장을 돕는 촉진자로서의 역할을 감당하게 된다.

건강한 9번 유형의 사람들은 3번 유형의 효율성을 모방하거나 따라 하려는 이미지가 아니다. 경쟁하는 것도 아니고 남들보다 더 뛰어나려고 하는 것도 아니다. 잠재되어 있던 내면을 개발하여 스스로를 치유하고 자녀를 올바로 세워주려는 것이다. 9번 유형의 부모들이 이 모습을 갖게 되면, 자녀들은 마음 놓고 자신의 인생을 살 수 있을 것이고 행복하고 아름다운 관계를 만들어갈 수 있을 것이다.

3장
자녀의 유형

자녀용 진단지 • 당신 자녀의 에니어그램 유형은?
1번 유형 • 착하고 최선을 다하는 아이
2번 유형 • 다정하고 친구를 잘 돕는 아이
3번 유형 • 목표를 향해 매진하는 아이
4번 유형 • 창의적이고 독특한 아이
5번 유형 • 이성적이고 탐구적인 아이
6번 유형 • 성실하고 신중한 아이
7번 유형 • 다재다능하고 낙천적인 아이
8번 유형 • 강하고 도전적인 아이
9번 유형 • 온화하고 평화를 좋아하는 아이

당신 자녀의
에니어그램 유형은?

이 테스트는 심리 상태를 진단하거나 개인의 능력을 평가하는 심리검사가 아니다. 자신의 에니어그램 성격 유형을 스스로 파악하는 데 도움을 주기 위한 질문들로 구성된 설문지이다. 그럼에도 진단지라고 하는 것은, 이 질문들이 성격을 보다 객관적으로 파악하게 하여 스스로 성격을 진단하게 만들기 때문이다. 성격 유형에는 좋고 나쁨이 없다. 의식적으로 판단하여 정답을 찾겠다는 마음은 버리고, 편안한 마음으로 답해보자. 아이가 어린 경우 부모가 관찰한 경향을, 아이가 습관처럼 편안하고 자연스럽게 자주 선택하는 경향을 체크하면 된다.

방법은 간단하다. 다음의 각 문항에 표현된 말들이 자녀에 대해 얼마나 잘 표현하고 있는지를 1~5의 수로 표현하면 된다. 즉, 강한 긍정에는 5, 약한 긍정에는 4, 중립에는 3, 약한 부정에는 2, 강한 부정에는 1을 적는 것이다.

자녀용 진단지

정말 그렇다	그런 편이다	그저 그렇다	그렇지 않다	전혀 아니다
5	4	3	2	1

1. 평소 모든 일을 완벽하게 끝내려고 노력한다. ( )
2. 어려운 사람들에게 관심이 많고 도움을 주고 봉사하고 싶다. ( )
3. 다른 사람보다 주어진 일을 빨리 하고 잘 적응하는 편이다. ( )
4. 다른 사람들에게 특이하다든지 특별하다는 말을 듣고 싶다. ( )
5. 조용히 생각하고 관찰하는 것을 좋아한다. ( )
6. 어떤 일을 할 때 불안한 상황, 일이 잘 안 될 경우를 먼저 생각한다. ( )
7. 항상 좋은 일만 있을 것이라고 긍정적으로 생각한다. ( )
8. 스스로를 믿고 자신감이 있으며 언제나 당당하다. 때문에 다른 사람들이 나의 약한 면을 알게 되는 것이 싫다. ( )
9. 착하고 마음씨가 좋고 온순하고 평화로운 아이이다. ( )
10. 이 세상에는 사랑이 너무 없기 때문에 내가 사랑을 베풀어야 한다. ( )
11. 주변의 사람들(친구, 교사)에게 관심을 받고 있는지 신경이 쓰인다. ( )
12. 공부를 하든 운동을 하든 옷을 입든 다른 사람과 다르게 하고 싶다. ( )
13. 정보를 탐색하고 생각을 해서 결론을 내리는 것에 관심이 있다. ( )
14. 쉽게 친해지는 편은 아니지만 믿을 만한 친구가 생기면 오랫동안 친하게 지낸다. ( )
15. 호기심과 모험심이 많아 새로운 일을 시작하는 데 망설이지 않는다. ( )

16. 스스로 결정하고 판단하며 그렇게 되도록 한다. ( )
17. 주변 어른들이나 교사들의 결정을 쉽게 따르는 편이다. ( )
18. 모든 것이 제대로 되지 않을까 봐 걱정과 고민이 많다. ( )
19. 소속된 무리(반, 조모임)에서 경쟁을 한다면 최고가 될 것이다. ( )
20. 예민해서 아름다움, 외로움, 슬픔 등의 감정을 잘 느끼는 편이다. ( )
21. 어떤 상황(사람, 일)이 왜 일어났는지 궁금해한다. ( )
22. 너무 조심스럽고 신중하다 보니 당당하게 나서지 못하는 편이다. ( )
23. 많은 일들을 동시에 빠르게 처리하는 것을 좋아한다. ( )
24. 한번 결정하면 화끈하게, 주저함 없이 빨리 빨리 행동한다. ( )
25. 평소에는 느긋하게 시간을 보내다가 제한시간이 다가오면 분주하다. ( )
26. 틀린 글자나 맞춤법이 틀린 것에 자꾸 신경 쓴다. ( )
27. 버려진 애완동물을 돌보고, 걸인에게 가진 돈을 준 적이 있다. ( )
28. 다른 사람들은 나의 기분이나 행동을 잘 이해하지 못한다. ( )
29. 다른 사람이 간섭하지 않고 내버려두기를 바란다. ( )
30. 학교 준비물이나 숙제 등을 미리 미리 해놓아야 마음이 놓인다. ( )
31. 다양한 사람들과 친하게 지내며, 친구가 많다는 얘기를 듣는다. ( )
32. 가족이나 친구들이 다른 곳에서 맞고 오면 참을 수가 없다. ( )
33. 어떤 선택을 할 때, 식당에서 메뉴를 정하거나 극장에서 영화를 고를 때, 친구들의 의견을 따른다. ( )
34. 올바르지 못하고 틀린 것을 바로 잡으려고 노력한다. ( )
35. 친구에게 중요한 것, 예컨대 노트 필기 같은 것이 필요하면 먼저 "도와줄까?"라고 말한다. ( )
36. 어떤 일에서든 최고가 되어야 하기 때문에 빨리 빨리 처리한다. ( )
37. 누군가 갑자기 일을 시키거나 질문을 하면 당황할 때가 많다. ( )

38. 다른 사람들이 나를 믿어주기를 기대하고 안 믿어줄까 걱정이 된다. (　　)

39. 하기 싫은 일은 잘 하지 않고 핑계를 대거나 유머로 넘긴다. (　　)

40. 힘이 없고 약한 것은 나와 어울리지 않는다. (　　)

41. 다른 사람들의 의견을 따르지만 싫은 일이 계속되면 은근히 피한다. (　　)

42. 시간을 안 지키는 사람은 질색이다. (　　)

43. 친구를 도와주었는데 그에 대해 그 친구가 생각하지 않으면 마음이 많이 상한다. (　　)

44. 일을 할 때 확실하고 구체적으로 해서 꼭 성공할 것이다. (　　)

45. 작은 일에도 상처를 받고 기분의 변화가 심한 편이다. (　　)

46. 할 수 있다고 생각되어도 막상 실천할 때는 망설이게 된다. (　　)

47. 친구들과 노는 것을 좋아하고 분위기 메이커가 될 때가 좋다. (　　)

48. 친구들을 리드하는 것이 좋고 대장 역할이 어울린다고 생각한다. (　　)

49. 편안한 곳에서 천천히 공부하는 것을 좋아한다. (　　)

50. 근면 성실하게 최선을 다해 일을 처리한다. (　　)

51. 다른 사람들에게 칭찬을 잘하고 사이좋게 지내기를 원한다. (　　)

52. 친구나 부모 등 다른 사람들의 일보다 내 일이 더 중요하다. (　　)

53. 매일 똑같은 일이 반복되는 것이 지루하고 답답하게 느껴진다. (　　)

54. 무엇인가를 할 때 서로 하려고 하는 일보다 조용한 일을 하고 싶다. (　　)

55. 흥미롭고 재미있는 아이디어, 계획, 행사를 하는 일을 좋아한다. (　　)

56. 공부만 열심히 한다고 되는 것이 아니라 휴식도 중요하다고 생각한다. (　　)

57. 웬만하면 갈등은 피하고 싸우지 않는다. 사이좋게 지내는 것이 좋다. (　　)

58. 다른 사람들이 잘못한 행동이 눈에 잘 띈다. (　　)

59. 마음이 잘 맞는 친구랑 함께 공부하는 것을 좋아한다. (　　)

60. 일을 할 때 확실하고 구체적으로 해서 꼭 성공할 것이다. (   )

61. 종종 어떤 상황에 대해 감정에 빠져들어 힘들어 할 때가 있다. (   )

62. 안 풀리는 문제를 만나면 풀 때까지 매달린다. (   )

63. 해야 할 공부를 먼저 할 때 긴장감이 사라지고 편안하다. (   )

64. 사람들을 이끌고 지휘하는 최고 경영자나 리더가 될 것이다. (   )

65. 내가 다른 사람보다 잘난 것이 없다고 생각한다. 스스로를 가치 있게 여기지 않을 때가 종종 있다. (   )

66. 질서를 좋아하며 분명한 규칙을 지키는 것이 마음이 편하다. (   )

67. 도와달라는 사람이 있으면 힘이 들어도 거절하지 못하고 들어준다. (   )

68. 어느 곳에서나 쉽게 눈에 띄는 편이다. (   )

69. 춤, 미술, 악기연주 등의 예술적인 분야를 매우 좋아한다. (   )

70. 많은 친구와 어울리기보다 친한 친구와 지내거나 혼자 있는 것이 좋다. (   )

71. 자신이 안전한 일이나 안전과 관련된 일을 하고 싶다. (   )

72. 어려운 숙제 등을 끝까지 못하고 미루어서 혼나는 경우가 있다. (   )

73. 서로 잘난 체하며 경쟁하는 것보다 편하게 지내는 것이 좋다. (   )

74. 바르고 공평하고 분명한 것이 좋다. (   )

75. 다른 사람들에게 쉽게 다가서는 편이다. (   )

76. 어떻게 공부하는지보다 좋은 성적이라는 결과를 중시한다. (   )

77. 분위기 있는 것을 좋아하는데, 남들은 폼 잡는다고 한다. (   )

78. 사람들이 많은 장소에는 가고 싶지가 않다. (   )

79. 힘들거나 어려우면 선생님, 부모님, 친구들에게 자꾸 물어보는 편이다. (   )

80. 이 세상에는 즐겁고 재미있는 일이 참으로 많다. (   )

81. 이 세상은 위험하지만 나는 확실히 그 위험을 이길 힘이 있다. (   )

진단결과 확인

* 아래에 제시된 번호의 합을 각각 구해, 합이 가장 높은 것이 아이의 성격 유형이다.

1, 18, 26, 34, 42, 50, 58, 66, 74번의 합 (   )   1 유형

2, 10, 27, 35, 43, 51, 59, 67, 75번의 합 (   )   2 유형

3, 11, 19, 36, 44, 52, 60, 68, 76번의 합 (   )   3 유형

4, 12, 20, 28, 45, 53, 61, 69, 77번의 합 (   )   4 유형

5, 13, 21, 29, 37, 54, 62, 70, 78번의 합 (   )   5 유형

6, 14, 22, 30, 38, 46, 63, 71, 79번의 합 (   )   6 유형

7, 15, 23, 31, 39, 47, 55, 72, 80번의 합 (   )   7 유형

8, 16, 24, 32, 40, 48, 56, 64, 81번의 합 (   )   8 유형

9, 17, 25, 33, 41, 49, 57, 65, 73번의 합 (   )   9 유형

자녀의 유형

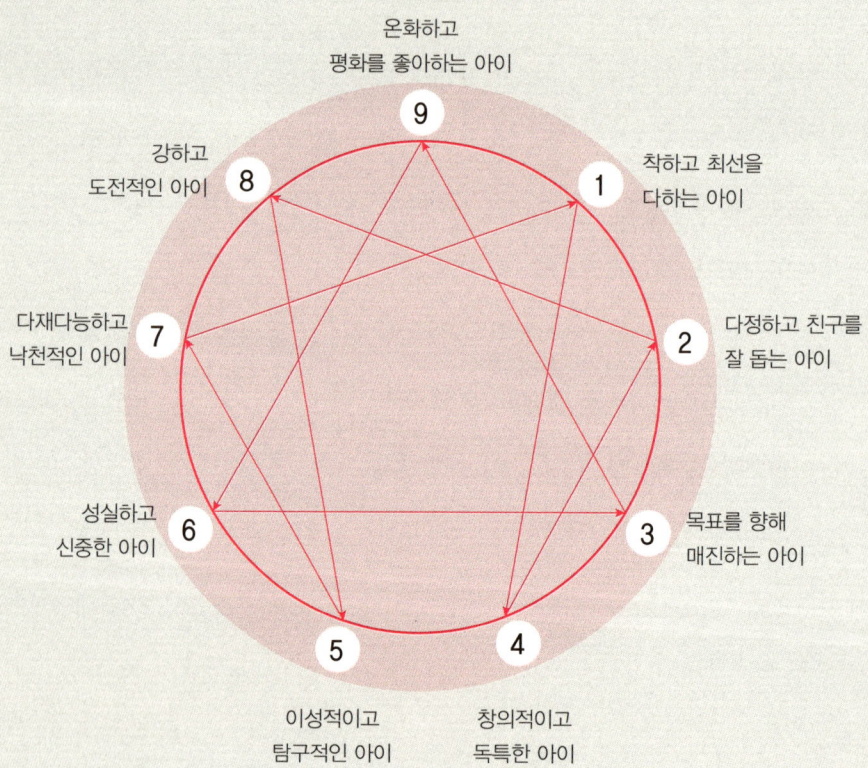

- 건강한 방향: 1 → 7 → 5 → 8 → 2 → 4 → 1 / 9 → 3 → 6 → 9
- 부족한 방향: 1 → 4 → 2 → 8 → 5 → 7 → 1 / 9 → 6 → 3 → 9

1번 유형 착하고 최선을 다하는 아이

유형 해석

① 똑바르고 정직하고 예의 바르며, 부모나 교사가 정한 규칙에 잘 따른다. 아이가 왜 따라야 하는지에 대해 피드백을 받고 이해하면 긴장을 완화시킬 수 있다.

② 약속을 잘 지킨다. 특히 시간 약속은 철저하게 잘 지켜서 따로 걱정할 필요가 없다. 그보다는 지나칠 정도로 약속이나 시간에 집착하는 경향이 있으니 융통성과 유연성을 길러줄 필요가 있다.

③ 부모나 교사가 자신에게 무엇을 기대하는지를 알고 실망시키지 않으려고 열심히 노력한다. 기대치가 높고 거기에 도달하려 열심히 노력한다. 하지만 작은 것을 잘하는 것도 위대한 덕목임을 알게 해줄 필요가 있다.

④ 자신이 한 잘못을 미리 알고 스스로 벌을 서는 경향이 있다. 처벌이 두렵지만 당연히 받으려 한다. 따라서 혼내기보다 타이르고, 자신과 타인을 용서하는 마음을 가질 수 있도록 지도해야 한다.

⑤ 자신이 알고 있는 기준을 세계 제일로 여길 수 있다. 나와 '다른 것'을 '틀리다'라고 이해하게 되면 '욱' 하는 분노가 생겨서 힘들어질 수 있다. 다른 사람들의 취향을 존중하는 훈련을 하면 큰 도움이 된다.

행동 경향

무슨 일이든 제대로 올바르게 해야 한다고 생각한다. 학생 신분에 맞지 않는 일을 하는 것이 어려운데, 그것은 좀 더 나은 성과를 만들기 위한 것이다. 한마디로 말해 모범생이다.

본인은 의식하지 못해도 일을 처리하는 과정에서 삐뚤어지거나 모자라는 부분이 있으면 신경이 많이 쓰인다. 보통 착하다는 평을 듣기를 원하기 때문에 반항하거나 울지 않고 참는 편이다. 그래서 고지식하고 융통성이 부족하고 임기응변에 약하다. 선생님이 지시를 하면 꼭 그대로 해야만 된다고 생각한다.

하지만 무엇보다 철저하고 완벽하게 하려는 것이, 자신이나 남에게 안타깝게 보일 수 있다. 잘못된 부분을 고치려 하다가 부정적인 모습으로 성장할 수 있음을 조심해야 한다.

의사소통 방법

　다양한 선택지를 제시하거나 알아서 하라고 하면 혼란을 느끼고 어찌할 바를 모른다. 더욱이 결과가 나쁘게 나왔을 때 부정적인 피드백을 주면, 확실히 가르쳐 주지도 않고 야단만 친다고 불만을 갖게 된다. 일단 지시할 때에는 구체적이고 분명하게 하는 것이 좋다.
　분명한 지침을 주되, 한번 시킨 일은 간섭하지 말고 끝까지 지켜보는 것이 좋다. 잘못된 부분은 스스로 후회하기 때문에 야단치는 것보다는 그동안의 노력을 상기시키며 격려하는 것이 좋다. 유머로 긴장을 풀어주는 대화가 필요하다.

교사가 보는 11번 유형의 아이

　P군은 내가 만난 학생 가운데 가장 모범적이고 완벽했다. 학년 전체를 통틀어 수업태도가 가장 바른 아이라고 교사들이 입을 모아 칭찬할 정도였다. 수업준비도 완벽했는데, 과제를 수행하기 위해 새벽 2시까지 잠을 자지 않았다. 과제는 그야말로 거의 완벽하게 처리했다. 반장으로서의 역할에 최선을 다했다. 학급일을 하면서 본인이 처리해야 할 것은 교사가 관여하지 않아도 되도록 처리했고, 본인의 힘으로 할 수 없는 것들만 나에게 얘기했다. 교사가 수업시간에 잠시 늦게 들어가는 상황에서는 최선을 다해 자습을 시켰고 아이들이 열심히 하게 만들었다. 참 듬직한 반장이었다. 지금까지 가장 기억에 남는 학생 중 하나이다.

다정하고 친구를 잘 돕는 아이

유형 해석

① 부모의 심부름이나 부탁을 잘 들어주며 형제자매나 친구의 요청에도 잘 따른다. 때로는 자신에게 꼭 필요한 일을 못 하면서까지 부탁을 들어준다. 자기 일의 중요성을 가르치고, 우선순위에 대한 개념을 갖고 주변 사람들의 마음에 부응하도록 하는 것이 좋다.

② 혼자 하는 것보다 둘이 혹은 여럿이 함께 하는 것을 선호한다. 따라서 공부도 같이 하는 것이 효과적이다. 교우관계가 넓어지면 혼자 하는 일을 못할 위험이 있다. 함께 그리고 혼자서도 잘하는 습관이 필요하다.

③ 다른 사람들의 마음과 호감을 얻으려고 노력한다. 도와주는 것 역시 그 연장선상에 있다. 스스로 사랑받을 자격이 충분히 있다는 자존감을 불어넣어 주는 칭찬이나 격려가 중요하다.

④ 다른 사람을 배려하는 아름다운 마음을 가지고 있다. 상냥하면서도 따뜻하다. 차분하게 머리를 사용하는 일이나 독립적인 활동을 유도하는 환경을 만들어주면 좋다.

⑤ 친구들과 인간관계에 문제가 생기면 상처받기 쉽고 기운이 없어진다. 때론 질투나 분노를 노출하기도 한다. 자신의 내면을 볼 수 있도록 도와주고 따뜻한 정서적 지원이 특별히 요구된다.

행동 경향

도와달라는 사람이 있으면 내가 힘이 들어도 거절하지 못하고 들어준다. 그러나 친구를 도와주었는데 그 도움에 대해 친구가 몰라주면 마음이 상한다. 자신이 가진 지식이나 재능을 다른 사람들을 위해서 쓰기를 원한다. 그러기에 자기 주장을 펼치기보다 교사나 친구, 부모의 말을 잘 듣는 편이다. 아프고 힘든 친구가 있으면 가만히 있기가 어렵다. 무엇이든 자신이 할 일을 찾는다. 혹 싫은 친구라 하더라도 도움을 줄 부분을 생각하고 나중에 도와준다.

사랑스럽고 어른스러워서 집안일도 잘하고 부모의 마음을 기쁘게 한다. 마음이 따뜻하고 적응력이 높아서 어느 곳에서나 사랑받을 수 있다. 그러나 자신이 베푸는 관심과 사랑에 대해 사람들이 무시하거나 이해받지 못한다고 생각하면 크게 화를 내기도 한다. 그러나 그 화는 오래가지 않는다. 자칫 자신을 잊고 다른 사람들에게 끌려 다닐 수도 있기 때문에 그 점을 조심해야 한다.

의사소통 방법

　말에 상처를 받기 쉽기 때문에 대화할 때 말조심을 해야 한다. 자주 이야기를 들어주는 것이 필요하다. 상대방이 자신을 받아들이려 하지 않으면 공격적이 될 수도 있다. 직접적인 대화법보다는 간접적인 대화가 더 효과적이다. 특히 비언어적인 방법으로 따뜻함을 전달하는 대화법을 잘 사용해야 한다. 예컨대, 따뜻한 말과 함께 따뜻한 미소로 다가가는 것이다. 말 그 자체보다는 감정을 어루만지는 대화가 필요한 것이다. 다정한 스킨십이나 손을 한번 잡아주는 것만으로도 마음을 열 수 있다. 대부분은 갈등이 생겼을 때 아이가 먼저 다가오지만, 기다리지 말고 다가간다면 더 큰 효과를 볼 수 있다.

교사가 보는 2번 유형의 아이

　L양은 반에서 거의 외면당하는 아이에게도 친절했고 친구가 되어주었다. 그리고 우리 반에 문제가 생기면 기꺼이 교사에게도 알려 같이 해결하기 위해 노력해주었다. 한번은 수업시간에 누군가 구토를 한 적이 있었다. 냄새가 진동했고 모든 학생들은 코를 잡고 그 자리를 떠나기에 바빴다. 구토를 한 학생은 아파서 몸을 잘 움직이지도 못하는 상황이었다. 이때 L양은 기꺼이 손을 걷어붙이고 친구의 냄새 나는 토사물을 거리낌 없이 청소해주었다. 모두가 그 아이를 새롭게 보게 된 사건이었다. 아이는 그 이후에도 도움이 필요한 친구에게 늘 도움을 주었고 성숙하게 행

동했다. 평소에는 말이 없었지만 일기장에는 자신의 생각과 의견을 마음껏 풀어놓았다. 그 아이랑 직접 대화를 한 적은 거의 없지만 일기장과 메일을 통해서 충분한 대화를 나누었다. 그래서 교사의 생각을 제일 많이 알고 있는 아이이기도 했다.

목표를 향해 매진하는 아이

유형 해석

① 무슨 일이든 못 한다는 생각을 갖지 않고 자신감이 넘친다. 재주도 많고 적응도 잘해서 어디에 가든지 걱정할 필요가 없다. 다만 지나치면 모자람만 못하다는 것과, 벼는 익을수록 고개를 숙인다는 것을 알려 줄 필요가 있다.

② 다른 사람들이 자신을 쳐다보고 있다고 생각할 때가 있다. 다른 사람의 관심과 인정이 필요한 것이다. 적절하게 칭찬과 격려를 해줘야 한다. 하지만 분명한 이유 없는 무조건적인 칭찬은 독이 될 수가 있다.

③ 친구들에게 자신을 어필할 수 있고 자신을 돋보이게 하는 친구들을 끌어들인다. 인기를 끄는 것과 함께, 친구를 도와주는 방법을 알면 더욱 빛이 난다.

④ 화술이 좋고 자신이 원하는 바를 말하고 실천하는 능력이 있다. 이런 성향이 주변에서 높은 평가를 받기도 한다. 그러나 잘한다는 말에는 중독성이 있다. 이 중독에 걸리지 않도록 하려면 존재론적인 아름다움에 눈을 뜨도록 하는 것이 필요하다.

⑤ 문제를 해결하는 능력이 탁월하다. 그룹에서 강한 리더십을 발휘하기도 한다. 결과에 예민하기에 과정이 중요하다는 것을 인식할 필요가 있다. 작은 성공보다 큰 실패의 중요성을 깨닫게 하면 좋다.

행동 경향

매사에 자신감이 넘친다. 교사나 친구들에게 인정받는 것을 대단히 중요하게 여기기 때문에 열심히 노력한다. 대부분 목표 지향적이고 그 목표를 향해 매진한다. 효율성 또한 뛰어나기 때문에 짧은 시간에 많은 일을 처리하기도 한다. 다른 사람들에게 멋있는 사람이라는 소리를 들어야 하기 때문에 패션 감각이 뛰어나고 이미지 관리도 잘한다. 열정적인 마케팅, 투자, 경영, 방송 패션 쪽에 두각을 나타낼 수 있다.

이 유형의 친구와 팀이 되면 웬만해서는 지지 않는다. 주변보다 자신이 뛰어나다는 것을 인정받기 위해 이기기를 바라고, 그러기 위해 팀에 활력을 불어넣기 때문이다. 같은 팀에 소속된 친구가 잘못하면 그 친구 때문에 망쳤다고 생각하고 무시하는 경향을 보인다. 너무 열심히 하다가 아프기도 하고 다치기도 한다. 지나친 경쟁이 나쁜 결과를 불러올 수 있다는 것을 알려주고 조심하게 해야 한다.

의사소통 방법

무대의 중심에 서기를 좋아하기 때문에 자기가 인생의 주인공임을 설득하면 많은 효과를 볼 수 있다. 세상에서 성공하기를 원하기 때문에 위대한 인물들의 이야기를 대화 주제로 삼으면 큰 호응을 얻을 수 있다. 자신의 내면보다는 겉모습을 주로 보여주기 때문에 솔직하게 자기 자신을 드러내지 못한다. 따라서 많은 대화가 필요하고, 마음속의 이야기를 끌어내기 위해 노력을 기울여야 한다.

교사가 보는 3번 유형의 아이

G군은 항상 바쁘고 활기찼다. 모든 과목 수업에 적극적으로 임했고, 독서 지도, 태권도, 수영 등 여러 학원을 다니면서 최선을 다해 배웠다. 방학이 되면 농구교실, 과학탐구반 등에서 활동하기도 했다. 시간표를 잘 짜고 시간을 효율적으로 활용했다. 부모의 말을 들어보면, 학원에 대한 정보를 듣고 와서 보내달라고 조르기도 했다고 한다. 다른 학생들은 부모가 강제로 시켜서 배우는데, 그 아이는 스스로가 잘하고 인정받기 위해 배우는 경우였다.

시 암송을 하는 시간에는 짧은 시간에 가장 많은 시를 외우는 학생으로 뽑히기도 하였다. 어른들한테서 인정받는 법을 감각적으로 잘 알고 있어 다른 교사들에게서도 인기가 많았다. 늘 앞장서서 문제를 해결하는 스타일이고, 예습과 복습도 철저히 하는 편이었다.

창의적이고 독특한 아이

유형 해석

① 자신은 독특한 존재이며 다른 친구들과는 다르다고 생각하는 경향이 있다. 그리하여 자신을 특별하고 독특하게 취급해주기를 바란다. 하지만 평범함이 위대함이 될 수 있다. 주변에 흔한 것에도 관심을 갖도록 의미를 가르쳐주면 보다 조화롭게 성장할 수 있다.

② 현재보다는 지나간 과거, 현재 친구보다는 옛날 친구나 멀리 떠난 친구에게 더 많은 정성과 강한 느낌을 간직하고 있다. 지나간 추억은 추억으로 간직하고, 지금의 중요성에 대해 인식하도록 돕는 것이 중요하다. 자신을 만들어 나가는 것은 바로 지금 이 순간임을 기억하게 한다.

③ 새로운 관점에서 사물을 바라보는 창조적 힘이 강하다. 똑같은 것을 거부하므로 창조적 세계에 대한 깊은 시선을 가지고 있다. 칭찬과 함

께 남다른 경향을 지적하기보다 격려하는 마음으로 따뜻하게 다가갈 필요가 있다.

④ 감정 선이 예민하고 기복이 있고 슬픈 감정을 잘 느낀다. 때론 어린 나이지만 인생을 깊이 있게 고민하기도 한다. 행복한 삶을 위해 감정을 컨트롤하는 방법을 가르치면 효과가 있다. 아이의 독특함을 인정하고 그것을 선망하는 마음이 정돈되도록 강요하지 말고 경청하라.

⑤ 미술, 음악, 문학 같은 예술 방면에 능력이 있다. 간혹 스포츠에도 재능을 보이기도 한다. 개성이 강해 트러블메이커troublemaker가 될 수도 있다. 주관과 객관의 미학과 그 리듬을 익히도록 하면 좋다.

행동 경향

자신은 예민하고 독특하다는 이미지를 가지고 있기 때문에 다른 사람들이 느끼지 못하는 영역인 예술, 문학, 영화 등의 분야에 감각이 뛰어나다. 다른 사람들이 자기를 이해해주지 못한다고 느끼고 슬픔이나 우울을 많이 느낀다. 현실의 세계와는 거리가 있는 분야를 좋아하고 신비스럽고 판타지 세계에 몰입하기도 한다. 가까이 있는 친구보다 멀리 떨어져 있는 친구를 더 그리워하는 것은 이 때문이다.

공부할 때는 주변 환경에 영향을 많이 받기 때문에 핑계를 자주 댄다. 상상이나 공상을 하는 것도 특징 중의 하나이다. 공부를 할 때에도 교사가 가르쳐주는 것보다 자신만의 방법을 만들어내는 창의성을 발휘한다.

의사소통 방법

모든 것을 독특한 시각으로 바라보기 때문에 엉뚱하다고 생각하고 대화가 중단되는 경우가 많다. 본질적으로 감성이 충만하기 때문에 분위기 있는 대화를 하도록 노력해야 하는 번거로움이 있다. 상징에 대해 관심이 많기 때문에 특정한 상징으로 대화를 풀어가는 것이 도움이 된다.

독특함을 창조적인 것으로 승화시키기 위해 칭찬을 해주어라. 아무도 생각하지 않았던 것을 생각한 만큼 칭찬을 해주면 더욱 자신감을 갖게 된다. 잘 들어주고 잘 말해주어야 한다. 직접화법과 간접화법을 적절하게 사용하여 성장과정을 도와야 한다.

교사가 보는 4번 유형의 아이

P군은 역사에 대해 상당한 관심을 보였는데, 특히 중국 역사를 훤히 꿰뚫고 있었다. 중국어도 조금 하는 편이었고 중국의 배우, 노래 등등 중국에 관해서는 뭐든 관심을 보였다. 몇 년 후에 진짜 중국으로 유학을 간다는 연락을 받았다. 다른 친구들은 그 아이의 관심을 좀 과하다고 평가하는 듯했지만, P군은 스스로를 자랑스러워했고 자신은 평범하지 않은 특별한 사람이라고 생각하는 듯했다.

학교에서 단체로 〈나의 라임오렌지나무〉 뮤지컬을 보러간 적이 있었다. 많은 아이들이 재미있어 했고 감동을 받았는데, 특히 감수성이 예민한 그 아이는 눈물을 펑펑 쏟아냈다. 어느 부분이 감동적이었냐고 물었더니 주인공 제제가 곧 자기와 같다고 말했다. 주인공에게 감정몰입한 결과 일체감을 느낀 듯했다. 수업시간에 발표할 때도 독특하고 남다른 시각을 자주 보였다.

이성적이고 탐구적인 아이

유형 해석

① 표정이 차분하고 말이 별로 없고 조용하다. 표정이나 감정의 변화가 많지 않다. 무리에 섞여 있어도 한쪽에서 조용히 자기 할 일을 한다. 침착함에 역동성을 부여하면 좋다. 태권도나 구기 종목 등의 신체적인 활동이 이런 점을 보완하는 데 도움이 된다. 웅변 등 큰 소리로 말하는 훈련도 좋다.

② 자신이 관심 있는 분야는 계속해서 관찰하고 파고드는 경향이 있다. 영리하고 호기심이 왕성해서 끝장을 보고 만다는 식으로 공부하고 질문한다. 이때 주변 교사나 부모들을 당황시키기도 한다. 친절하게 대답해주고 때로는 전문가에게 지도를 받게 하는 것이 좋다.

③ 무엇인가를 새로 시작할 때는 관찰하는 데 시간이 걸리기 때문에

행동이 느릴 수 있다. 하지만 관찰과 이해가 끝나면 그 누구보다 빠르게 일을 진행한다. 그러므로 충분히 기다려주고 과정을 잘 마쳤다는 사실을 알아주면, 다른 동기부여 효과가 있다.

④ 많은 친구와 교제하기보다는 교감을 나눌 수 있는 한두 명과 깊게 사귀는 스타일이다. 관심 분야가 같은 친구와 사귀면 서로 상승작용을 기대할 수 있다. 하지만 다양한 교우관계도 중요하므로 모든 친구들을 인식하는 것도 필요하다.

⑤ 다른 사람들이 자신을 지나치게 신경을 쓴다고 느끼면 활동을 중지한다. 자신이 가진 두려움과 분노 그리고 수치심 등을 모두 감추고 굳어버린다. 이럴 때에는 굳이 사교적이 되라고 강요하지 말고 편하게 혼자 있고 싶어 하는 욕구를 이해하는 것이 필요하다.

행동 경향

주변을 잘 관찰하기 때문에 어떤 상황이 벌어지고 있는지를 잘 알고 있다. 자신의 생각은 말하지 않고 객관적인 면만을 부각해 말한다. 관찰과 탐구에 능하므로 수학이나 물리에 관심을 가지며, 깊은 생각을 요하는 철학에도 관심이 많다.

조용하고 한편으로는 소심한 편이다. 친구들 사이에 다툼이 일어날 경우, 이 유형의 학생에게 물어보면 처음부터 시간대 별로 자세히 이야기한다. 주변이 시끄럽거나 사람들이 많으면 힘들어한다. 또한 무조건적으로 따르라는 교사나 부모의 명령을 받으면 힘들어한다. 왜 그래야 하는지 자세하게 설명해주어야 한다. 자신이 납득할 수 있어야 말을 듣는다. 그렇지 않으면 고집을 부리기도 한다. 너무 조용히 생각만 하고 있으면 그 생각이 망상으로 끝날 수 있다. 그러므로 행동과 체험이 없는 사고를 조심해야 한다. 조용한 공간을 만들어주고 차분한 분위기를 만들어주면 좋다.

의사소통 방법

대화를 할 때 빨리 결론을 내려 생각한다면 실수하는 것이다. 사전에 계획되지 않은 대화를 갑자기 하자고 하면 몹시 당혹해한다. 애매모호한 대화나 돌려 말하는 것을 싫어한다. 또한 대화를 진행하다가 중간에 다른 것에 신경을 쓰면 대화가 끊어져서 연속성을 가지기 힘들다. 많이 생각하고 말하는 스타일이기에 사전에 충분한 시간을 준다면 대화가 원활할 것이다. 차근차근 논리적으로 대화하는 것은 매우 설득력을 갖는다. 칭찬을 할 때도 충분히 근거가 있는 칭찬을 하는 것이 중요하다.

교사가 보는 51번 유형의 아이

J양은 말이 없고 신중하며 참 조숙한 아이였다. 필요해서 말을 할 때에는 마치 어른 같았고 논리적으로 조근조근 자신의 주장을 펼쳐나갔다. 수업시간에 발표할 상황이 되면 쉬운 문제나 사소한 질문에는 대답하지

않았고, 어렵고 친구들이 쉽게 대답하지 못할 문제에만 차분하고 여유 있게 대답했다. 남는 시간은 학교 도서실을 이용하거나 혼자 독서하며 혼자만의 세계를 즐겼다. 친구들이 자신에게 불만을 토로할 때는 직접 공격하지 않고 조용히 들으면서 생각을 정리하는 듯 보였다.

성실하고 신중한 아이

유형 해석

① 두려움과 의심이 많지만, 고분고분하고 순종적이며 학교나 가정에서 바르게 생활하며 책임감이 강하다. 부모나 교사의 지시가 행동의 중요한 지표가 된다. 따라서 견실한 멘토가 필요하다. 믿을 수 있는 주변의 지도자가 친구가 되어주면 좋다.

② 신중하고 안전한 계획을 세우려고 노력한다. 어떤 일이 있으면 예방책을 세워야 안심을 한다. 할 일을 먼저 하고 놀아야 안심한다. 이런 행동은 신뢰감을 주지만, 자신의 욕구를 외면하거나 무시할 수 있다. 자기 주장이나 리더십 함양 훈련이 도움이 된다.

③ 때로는 겁없이 반항하며 빈정대고 으스대면서 고집을 부리는 모습을 보일 수도 있는데, 이것은 6번 유형이 공포에 대항하는 전형적인 모

습이다. 이런 모습은 더욱 충실한 사람이 되기 위한 두려움 극복의 일환이라는 점을 이해하고, 아이가 안심하도록 주의를 기울여야 한다.

④ 또래문화에 대한 적응이 남다르다. 어떤 문제를 해결하기 위해 다른 친구와 힘을 합치고 협력을 잘한다. 그래서 반대편에 맞설 수 있는 힘을 기른다. 걱정과 의심이 많기에 준비에도 철저하다. 가족이 따뜻하게 안전막이 되어주면 훨씬 여유롭게 긴장을 풀 수 있다.

⑤ 근심과 걱정이 많다. 자신보다 강한 누군가가 분명한 한계를 정하고 보호해주기를 바란다. 따라서 의지할 수 있는 사람과 함께할 때 편안해지는 신중한 유형의 아이이다. 내가 너의 믿을 사람이 될 테니 안심하라는 메시지가 그 어떤 교육보다 효과가 있다.

행동 경향

아주 신중하고 성실한 스타일이다. 책임감이 강하고 예의 바르며 맡은 일을 잘 해놓는다. 다 끝낸 일도 확인을 해야 편하다. 걱정이 많고 미래에 대해 막연한 불안감을 가지고 있다. 그래서 모험하기보다는 지금 그대로 최선을 다하자고 한다. 해보면 별것도 아닌데 너무 신중하다가 기회를 놓치는 것을 조심해야 한다. 미래의 걱정은 상상 속에 존재할 뿐이라는 것을 알려주어야 한다. 많은 친구들을 사귀지는 않으나, 한번 친해지면 오래 그 관계를 지속한다. 높은 목표를 세우는 것보다 이룰 수 있는 안전한 목표를 세워서 열심히 한다. 안전과 관련된 직업에 호감을 보인다. 학교생활을 잘하고 착실하며 모범생일 경우가 많다.

의사소통 방법

6번 유형의 아이와 대화할 때는 진지하게 하는 것이 좋다. 교사나 부모가 원하는 대로 따르려고 하기에, 본인의 의견을 솔직하게 말할 수 있도록 유도할 필요가 있다. 대화를 통해 얻은 결론으로 책임감 있는 태도를 가지게 하면 많은 결과물을 얻을 수 있다. 스스로 하게 하되, 일을 전부 맡기지 말고 같이하도록 요구하면 끝까지 책임감 있게 잘한다. 신뢰가 형성되어야 솔직한 대화를 할 수 있기 때문에 윽박지르거나 강요하는 것은 금물이다. 표현에 서투르고 말을 잘 안 하려고 할 수 있다. 어떤 말이든 허용되는 분위기에서만 대화를 나눌 수 있다.

교사가 보는 6번 유형의 아이

O양은 다른 친구들보다 유머감각이 뛰어났는데, 웃을 때만큼은 천진난만하기 이를 데 없다. 아무 걱정, 근심, 짓궂지 않는 선량한 웃음 그대로였다. 그 아이와의 관계는 그 웃음이 해결의 실마리가 되었다. 그 웃음에 매료되었다고 솔직히 이야기하면서 관심을 보이자, 그 아이도 조금씩 마음을 열기 시작했다. "샘~"이라는 호칭을 쓰며 편하게 다가왔다. 한번은 교실 바닥이 너무 지저분해서 매직블록으로 청소한 적이 있었다. 그 다음날 아이는 엄마에게 허락을 받았다며 매직블록 여러 개를 가져와 교실에 두었다. 뿐만 아니라 어느 날은 토마토 1개를, 또 어떤 날은 요구르트 하나를 몰래 책상에 놓고 갔다. (물론 나중에 와서 자기가

놓고 갔다고 밝혔다.) 그 아이에게 그렇게 고분고분하고 다정한 면이 있는 줄은 꿈에도 몰랐다. 어려운 일을 시켰을 때, 교사가 원하는 대로 척척 해주지는 못하지만 최선을 다하기 위해 노력했다. 눈치가 빨라 교사가 원하는 것을 미리 짐작하고 일을 처리해주는 경우도 있었다. 나중에 시간이 좀 더 지나고 보니 그 아이는 문제아나 반항아라기보다 장난꾸러기였을 뿐이었다.

   처음 만났을 때 의심하고 경계하며 교사의 성격을 살폈던 것 같다. 하지만 내가 먼저 믿어주고 격려해주자, 마음을 열고 조금씩 다가와 다정하고 호감 가는 태도를 보였다. 겁 없이 반항적이고 빈정대는 모습과 다정하고 순응적인 모습을 동시에 지닌 아이였다. 물론 시간이 더 흐른 뒤에는 반항하는 태도와 고집은 거의 사라졌다.

다재다능하고 낙천적인 아이

유형 해석

① 유쾌 상쾌 통쾌한 성향의 아이이며, 즐겁고 재미있고 놀 줄 안다. 이런 아이에게 한자리에 가만있으라고 하는 것은 고문일 것이다. 그래서 조용히 있는 시간을 최소화하는 전략이 필요하다. 10~30분 정도의 짧은 시간을 집중하도록 정해서 몰입하게 하면 효과적이다. 아이가 어릴 경우에는 더 짧은 시간으로 정하는 것이 좋다.

② 친구들이 참 많다. 다양한 방면에 관심이 있고 다양한 활동에 참여하기 때문에, 그와 관련된 모든 사람들이 바로 자신의 친구가 되는 셈이다. 이런 다양함은 이 유형의 사람들에게 삶의 원천이 된다. 하지만 산만하기 쉬우므로 마음이 안정되는 환경을 만들어줄 필요가 있다.

③ 호기심이 많고 상상력이 풍부하며 에너지가 넘쳐 생각과 계획은 끝

이 없다. 또한 행동이 빠르니 항상 분주하고 바쁘다. 너무 부산하지만 이런 경험을 통해 상당한 지식을 습득할 수 있다. 감정적 호소보다 논리적인 설득이 효과가 있다. 단, 짧게 해야 한다.

④ 긍정적인 생각은 이들의 가장 큰 자산이자 활동의 원천이 된다. 웬만해서는 이 긍정을 무너뜨릴 방법이 없다. 오뚝이처럼 다시 일어나 모두를 깜짝 놀라게 한다. 하지만 부정을 통해 긍정으로 갈 수도 있음을 가르쳐야 한다. 무조건적인 긍정은 문제를 쌓아둘 수 있다.

⑤ 부모나 교사에게 자기 주장을 확실히 하며 원하는 것을 얻어내는 데 열중한다. 이럴 때 억누르거나 강요하면 반발하게 된다. 나쁜 기억은 금방 잊어버리고 기분 전환하는 데 능하다. 보다 자유스럽게 움직일 수 있는 공간을 마련해준다면 훨씬 창의적인 사고를 하는 아이로 성장할 수 있다.

행동 경향

기존의 것보다 새로운 것을 좋아하고 즐기며 재미있게 지내는 것을 원한다. 항상 긍정적이고 에너지가 넘치며 밝고 명랑하다. 깊게 사귀는 친구가 많지는 않다. 재미있게 지내는 것을 좋아하다 보니 힘이 드는 숙제나 과제물은 자주 미룬다. 교사나 부모에게 꾸중을 들어도 금방 명랑함을 되찾는다. 야단을 맞을 때는 잠시 생각을 다른 즐거운 곳으로 돌려서 그 고통에서 벗어나려고 한다. 계획 세우는 것을 좋아하지만, 그 계획을 실행하는 과정에서 어려움이 오면 그만두고 다른 일들을 계획한다. 시작을 잘하는 것에 비해 마무리 짓는 것이 약하다. 많은 친구들을 사귀고 친구들과 재미있게 지내려는 스케줄이 가득하다. 명석하고 아이디어가 많아서 즉각 새로운 제안이나 건의를 잘한다. 진지하고 차분하게 설명하면 바로 이해하고 수긍한다.

의사소통 방법

  기본적으로 어려운 자리나 책임을 추궁 당하는 분위기 속에서 하는 대화는 매우 어렵다. 야단맞는 분위기에서는 말을 듣는 것이 아니라, 그 상황을 빨리 모면하거나 외면하고 싶어한다. 때에 따라서는 재미있는 이야기로 대화 자체를 기피하기도 한다. 유쾌하고 발랄한 이들의 특성을 십분 이해하고 먼저 이야기를 들어주면 그때부터 대화가 진행될 수 있다. 대화를 할 때는 논리적이고 객관적인 자료를 토대로 질서정연하게 접근할 필요가 있다. 평소에는 유쾌한 분위기를 필요로 하지만 진지한 대화가 필요할 때는 열린 마음으로 조용히 대화하는 것이 필요하다.

교사가 보는 개별 유형의 아이

  H군은 공부를 할 때에도 한 가지에 집중하지 못하고, 컴퓨터 검색이나 음악 감상 등 여러 가지를 함께 하려 한다. 진득하게 한 자리에 앉아 있지 못하고 계속해서 부산하게 뭔가를 한다. 여러 생각과 계획이 끊임

없이 이어졌다. 일단 하고 싶은 일이 생기면 집요한 편이다. 소풍 날 함께 할 게임에 대해 의논할 때에도 자기가 원하는 게임을 관철시키기 위해 최선을 다했다. 나중에는 꼭 떼쓰는 어린 아이와 같았다. 마치 사냥감을 절대 놓치지 않는 호랑이와 같기도 했다.

강하고 도전적인 아이

유형 해석

① 과격할 정도로 힘이 세고 꾸밈없이 솔직하며 용감하고 적극적이다. 이런 힘을 바탕으로 약한 친구들을 돌보아주고 대변하면서 의리 있는 골목대장이 되고 싶어 한다. 정의로운 마음을 칭찬해주고 애정 어린 용기를 격려하라.

② 당당하고 어려운 일도 밀어붙이는 용기가 있고 책임감도 강하다. 단호하고 목소리가 굵고 크다. 친구들뿐만 아니라 부모나 교사들에게도 자신의 뜻을 관철시키려 한다. 그러나 속으로는 자신이 꺾이는 것을 염려한다. 그 염려 때문에 공격한다는 것을 이해해주어라.

③ 자기 주장이 강하고 그 주장이 받아들여지기를 원한다. 또 과연 자신의 주장이 통하는지 궁금해한다. 따라서 그들의 주장에 귀를 기울여

경청해주고 이해해준다면 의외의 결과를 얻을 수 있다.

④ 불공평한 대우를 받으면 강하게 반발하며, 때로는 공격해서 감정적으로나 신체적으로 상처를 줄 수 있다. 이런 공격성에 대해 단호하게 대처하고 이성적으로 분노를 다스리는 법을 가르쳐줄 필요가 있다.

⑤ 에너지가 넘치고 힘이 좋다. 도전과 스릴을 즐기고 대범하고 대담하다. 이런 외향적 힘을 건강하게 발산하도록, 운동을 하게 하거나 자연에서 마음껏 뛰어놀아 에너지 발산을 돕는다면 도움이 된다.

행동경향

어떤 상황에서든지 입장이 분명하다. 불분명한 것을 싫어하고 확고한 것을 좋아한다. 집중력이 뛰어나, 한다면 하는 스타일이다.

주로 친구들을 거느리고 다니며, 친구 사이라 해도 다른 친구들에게 형과 같은 역할을 하기도 한다. 자신의 의견과 다른 친구들의 의견을 잘 듣지 않고 무시하지만, 아주 가까운 사람에게는 자신의 약함을 드러낸다. 걱정이나 근심은 약한 사람이나 하는 것으로 여기며, 성적에 대해서도 걱정하지 않는다. 이 때문에 주변 사람들을 불안하게 할 수도 있다.

약한 친구들을 보호하고 지켜준다. 잘못된 것을 보면 자기 힘으로 바로 잡고 정의롭게 만들고자 한다. 일단 자신의 입장이 서면 불도저처럼 밀어붙이기 때문에 영웅이 되기도 한다. 직관력이 있어서 오래 생각하고 하기보다 그때그때 즉각적으로 대응하는 것이 맞을 때가 많다.

의사소통 방법

  이리저리 돌려서 말하면 짜증을 낼 수 있다. 숨겨진 대화나 이면적 대화는 잘 알아듣지 못한다. 따라서 대화 내용이 잘 전달되었는지 확인하는 과정이 필요하다. 고집이 세기 때문에 주장을 그대로 무시하면 부작용을 초래할 수 있다. 어떤 일이든지 시원시원하고 화끈하게 하는 스타일이므로, 대화를 할 때도 직설적으로 말하는 것이 좋다. 진지한 대화를 필요로 할 때는 진지하게 그리고 솔직히 말하라고 하면 거짓 없이 진실 되게 말할 수 있다. 중요한 것은, 약속을 받고 실천할 때마다 칭찬해 주는 것이다.

교사가 보는 8번 유형의 아이

  M군은 반 회장이었는데 회장으로서 역할을 100% 이상 해냈다. 논리 정연하고 야무진 눈초리로 회의를 진행을 해서 반 친구들을 압도하는 면이 있었다. 심지어 이 아이가 나서면 반 아이들이 교사인 내가 가르칠 때보다도 더 조용하고 바른 자세로 앉아 있는 듯했다. 리더십이 있어서 친구들이 잘 따르고 야무지고 책임감이 높았다.

온화하고 평화를 좋아하는 아이

유형 해석

① 여유 있고 별 걱정 없이 주변과 편안하게 지내는 아이다. 온순하고 온화하다. 맞서 싸우거나 다투는 것을 불편하게 여기고 피한다. 마음씨도 곱고 착하며 관대하다. 모든 친구들과 사이좋게 지내는 것이 편하다. 따뜻한 이해심과 깊고 긴 인내심으로 기다려준다면 환상의 꽃을 피울 수 있다.

② 느리고 둔할 수도 있다. 다른 사람에게 맞추려고 하기 때문이다. 그래서 친구가 많은 편이다. 이 유형의 아이들은 자신의 욕구를 잘 표현하지 않기 때문에 자세히 관찰하고 귀를 기울여야 한다.

③ 화를 잘 내지는 않지만 고집이 세다. 나서기 보다는 뒤에서 일하기를 좋아하고, 자신의 의견이나 욕구를 표현하지 않기 때문에 부모나 교

사가 주의를 기울이지 않을 수도 있다. 자신감을 가질 수 있는 기회를 만들어주고 좀더 자유롭게 표현할 수 있도록 도와야 한다.

④ 행동을 바꾸는 데 시간이 많이 걸린다. 오랜 시간 한 방향으로 나가다 보니 큰 결실을 거둘 수 있다. '대기만성'형이다. 그러므로 비록 느리지만 잠재력과 자신감을 주면 큰 그릇이 될 수 있다.

⑤ 무엇이든 잘 드러내지 않는다. 그래서 화가 난 것을 참거나 수동적 공격을 하는 경향이 나타나면, 그것은 스트레스를 많이 받고 있다는 신호가 된다. 이때는 화가 났다는 것을 인지하고 그 기분을 알아주고 이해해주는 것만으로도 도움이 된다.

행동 경향

편안하고 안정감이 있다. 모든 것을 포용하고 모나지 않고 다 괜찮다고 생각한다. 따라서 참을성이 많고 순응적이다.

복잡하거나 갈등 상황을 싫어한다. 할 수 없는데도 계속 도와달라고 하면 단호하게 싫다고 하지 못한다. 그냥 못 도와주는 상태를 유지한다. 일을 그때그때 꼭 해야만 한다는 강박관념이 들면 어려워한다. 미룰 수 있는 데까지 미루었다가 일을 처리한다. 소극적이라서 주변 사람들에게 자신을 내보일 수 없을 때가 많다. 어떤 결정을 자꾸 미루려고 하는 경향이 있다. 다른 사람이 원하는 대로 대부분 잘 맞춰주고 까다로운 사람도 이들과는 친구가 될 수 있다. 다른 사람에게 명령이나 지시하기보다는 잘 들어준다. 그리고 도와달라고 하면 거절하지 않고 도와준다. 어떤 일을 한번 시작하면 웬만한 일이 없으면 중도에 그만두지 않는 끈기가 있다. 중간 중간 계산하지 않기 때문에 대기만성형의 스타일이라 할 수 있다.

의사소통 방법

부모나 교사의 이야기를 잘 듣기 때문에 말썽을 부리는 일이 거의 없다. 부정적인 이야기는 듣기도 싫어하고 하기도 싫어하기 때문에 상처받기 쉬운 직설적 이야기는 가급적 삼가는 것이 좋다. 친구들과의 관계도 원만하고 갈등을 일으키지 않는다. 대부분 친구의 의견을 따르기 때문이다. 갈등을 피하고 좋은 관계를 만들려는 노력을 이해하고 그들의 본심을 물어보고 생각을 말하게 하는 것이 중요하다. 특별하고 귀중한 존재라는 말을 자주 해주고, 비판이 아닌 따뜻한 이야기와 부드러운 표현이 필요하다.

교사가 보는 9번 유형의 아이

K양은 소극적이고 조용한 아이였다. 어떤 문제도 일으키지 않았다. 또 친구들 사이에서도 늘 편한 친구였다. 그러나 주변 정리가 되지 않아 어수선했고 발표할 때 자신감이 부족해 보였다. 그래서 덩치가 컸는데도 맨 앞자리에 앉히고 한동안 관심을 보였다. 그랬더니 공부태도도

많이 좋아졌고 제대로 실력을 발휘했다. 알고 보니 예상 밖의 실력자였다. 그동안 계기가 없어 실력이 드러나지 않았던 게 아닐까 하는 생각이 들었다. 조용하고 정리되지 않은 주변 모습에 참모습이 가려져 있었던 것이다. 관심을 가져주고 이해하면 자기가 좋아하는 일에 전념하는 아이였다.

4장
자녀의 유형별 효과적인 공부법

- 아이의 성격에 맞는 공부법은 따로 있다
- 1번 유형 • 규칙 공부법
- 2번 유형 • 어울림 공부법
- 3번 유형 • 목표지향 공부법
- 4번 유형 • 이미지 공부법
- 5번 유형 • 원리 공부법
- 6번 유형 • 멘토 공부법
- 7번 유형 • 계획 공부법
- 8번 유형 • 파워 공부법
- 9번 유형 • 눈덩이 공부법

아이의 성격에 맞는 공부법은 따로 있다

　우리나라에서 성적 위주의 공부법은 어제 오늘의 일이 아니다. 시중에는 다양한 공부법과 공부 비법이 난무하고 있다. 하지만 그 방법들이 모든 학생들에게 다 맞을 수 있을까? 학생들마다 성격이 다르고 환경이 다른데, 어떤 공부법이 내 아이에게 더 효과적인지를 따져볼 필요가 있다.
　흔히 공부는 엉덩이로 승부한다고 말하지만 꼭 그렇지도 않다. 7번 유형의 아이는 엉덩이 싸움을 하면 질 가능성이 크다. 재미있고 즐거운 놀이를 좋아하는 아이가 장시간 공부할 수 있겠는가? 차라리 짧게 끊어 싫증을 느낄 만하면 다른 내용으로 바꾸는 방법으로 공부하는 것이 훨씬 더 효과적이다. 9번 유형의 아이들은 싫증을 잘 느끼지 않기 때문에 엉덩이로 승부하는 것이 가능하다. 하지만 그렇다고 해서 일률적으로 대입하는 실수를 범하여서는 안 된다.
　이번 장에는 아이의 유형별로 효과적일 수 있는 공부법을 정리해놓았다. 아이의 유형을 잘 알고 여기에 제시된 유형별 공부법을 참고해서 실행한다면 좋은 효과를 볼 수 있을 것이다. 하지만 만능인 방법은 없다. 이 장의 내용을 기반으로 해서, 적절하고 유연하게 효과 있는 방법을 찾아야 할 것이다. 덧붙여 이 책 마지막에 소개하는 자녀를 코칭하는 팁과 질문들을 활용한다면, 당신은 자녀가 효과적으로 공부하도록 돕는 좋은 안내자가 될 것이다.

착하고 최선을 다하는 아이의 규칙 공부법

핵심요약

① 가르치는 교사보다 공부 규칙, 습관 등이 더 중요하다.

　1번 유형의 아이는 세월이 지나면 자신을 가르쳤던 교사들에 대해 기억을 잘 하지 못한다. 왜냐하면 학교를 다니는 동안 학생들이 지켜야 할 규칙이나 생활지침 등에 더 집착하기 때문이다. 모든 면에서 지시나 명령을 완벽하게 지키려고 노력한다. 그래서 공부에 있어서도 규칙이나 방법을 가르쳐주는 일이 더 중요하다. 단, 규칙이 잘못 되었어도 그것을 지키려고 무한히 노력하기 때문에 바른 규칙을 제대로 가르치는 것이 효과적인 공부를 하도록 만드는 비결이다.

　예를 들면, 책상에 앉는 자세, 예습하는 방법, 복습하는 방법 등을 세세히 알려주는 것이다. 또 영어공부를 할 때 단어와 숙어를 외우고 문장을 암기하라는 식의 규칙을 정해놓으면 좀처럼 다른 방법을 찾지 않고 그 방법에 매달리게 된다.

② 다른 방법도 있다는 것을 알도록 지도하라.

　학년이 올라가면서 규칙에 얽매이는 습관을 갖게 되면 1번 유형의 아이들은 모든 과목의 내용과 규칙을 꼭 지켜야 한다는 부담감을 갖기 시작한다. 이런 융통성 없는 태도와 습관은 열심히 노력해도 성적이 오르지 않는 주된 이유가 된다. 따라서 문제를 해결하는 방법은 다양하고 공식은 하나가 아니라 여러 가지가 있음을 가르쳐야 한다. 만약 이런 방법을 모르고 성장하면 자신의 방법을 자신의 자녀나 다른 사람들에게 강요하게 된다. 이것은 생활 전반에 걸쳐 나타나므로 융통성 없고 잔소리를 많이 하는 1번 유형의 부정적인 모습을 나타내게 된다.

③ 야단치는 것은 독이다.

　1번 유형의 아이는 자신이 잘못한 것을 누구보다도 더 잘 안다. 그래서 스스로 자책하고 잘못한 행동을 반성하면서 스스로를 혹독하게 비판한다. 이런 아이에게 부모나 교사가 덧붙여 야단을 치거나 책임을 추궁하면 헤어날 수 없는 벼랑 끝으로 몰리게 된다. 하지만 아이 스스로 정한 문제 풀이 방식을 들어주고, 어떤 규칙이 무리한 것이고 어떤 방법이 자신과 맞지 않는지를 이해하도록 하면, 저절로 좋은 공부 태도를 갖게 된다. 그러면 성적이 올라가는 것은 시간문제이다.

동기 부여

① 자신이 해야 하는 과제에 대한 책임감이 높다. 꼭 반드시 해야 한다는 의무감이 높고 다할 때까지 편히 쉬지 못한다. 따라서 적절한 조절이 필요하다. 과도한 공부 과제는 스트레스를 늘리고 쉬지도 못하면서 공부에도 효과가 적다.

② 철저한 성격 때문에 공부를 할 때에도 꼼꼼히 한다. 공부를 시작하기 전에 여러 준비물(책, 참고서, 삼색 볼펜 등)이 필요하고 환경도 정결하게 정돈되어야 공부할 맛이 난다. 하지만 준비가 덜 된 상태도 받아들이는 것이 필요하고, 공부의 진도를 거슬러가거나 건너뛰기를 해도 된다는 것을 알게 해줘야 한다.

③ 공부에 대한 기대수준이 높다. 오르지 못할 나무를 쳐다보면서 절망할 수도 있다. 현재에만 초점을 맞추지 말고 미래에도 나누어 초점을 맞추자. 부모는 기대치를 낮추어주고 서서히 한 계단씩 올라가는 즐거움을 알게 해줘야 한다.

④ 공부에 임하면 긴장감이 있다. 진지한 성격과 적당한 긴장감은 공부에 많은 도움이 되지만, 자칫 스트레스 상황에 놓일 수 있다. 그렇게 되면 공부 자체를 포기하거나 멀리 할 수 있다. 즐거움과 재미에 눈을 뜨게 하라. 성적이라는 결과보다 과정의 재미를 알게 하고, 과정 자체에 초점을 맞추어 칭찬하면서 격려하는 것이 도움이 된다.

규칙 공부법

공부환경	정리 정돈이 잘 되어 있어야 집중할 수 있다. 참고서나 필기도구를 미리 준비한다.
효과적인 공부법	보고 읽고 쓰는 모든 감각을 동원한 교육
방과 후 공부법	기초부터 철저히 하고 1:1 공부가 효과적이다.
집중시간	저녁 또는 새벽
공부시간 관리	책임감이 강하고 할 일은 해야 함으로 철저한 시간관리를 해야 한다. 1번 유형은 의무감으로 하는 일이 많음으로 인해 시간을 효과적으로 쓸 수 없게 되어 비효율과 스트레스에 노출될 수 있다. 따라서 중요한 일을 먼저하고, 긴급한 일이 발생하지 않도록 사전에 예방하는 노력을 해야 한다.

적성에 맞는 직업

성격 특성을 보여주는 단어	근면, 끈기, 인내심, 공정, 책임감, 청결, 법규 준수, 도덕성, 일의 완수, 정직
적성에 맞는 직업	보안 전문, 관제사, 아나운서, 신문기자, 법조인, 간호사, 재무 담당, 미디어 제작, 엔지니어, 교육계(교사, 교장), 회계, 감사, 성직자, 언어치료사, 공인회계사

다정하고 친구를 잘 돕는 아이의 어울림 공부법

핵심요약

① 혼자보다 함께 또는 그룹이 더 효과적이다.

  2번 유형의 아이들은 친구를 대단히 중요하게 생각하므로, 다른 아이들과 함께 하는 것이 스트레스를 받지 않고 공부에 열중하는 방법이 된다. 잘 맞는 아이들과 팀을 짜고, 그곳에서 아이가 친구들을 도울 수 있는 역할을 정해주면 신나게 공부에 매달릴 수 있다. 어른들도 인간관계가 얼마나 중요한지 알 것이다. 연구에 의하면 성공할 가능성의 85%를 인간관계가 좌우하는데, 이 유형은 특히 많은 영향을 받는다.

② 혼자 공부할 때

  모든 것을 친구들과 함께 할 수는 없기에, 혼자 해결해야 하는 것은 스스로 할 수 있도록 분위기를 만들어준다. 다른 사람과 함께 서로 도우면서 지내려는 성향은 2번 유형에게 평생에 걸쳐서 매우 중요한 것이다. 늘 다른 사람들과 어울리기를 바라기 때문에, 혼자 자신의 문제에 몰두하고 해결하는 습관을 들이는 것이 중요하다. 처음에는 사소한 것부터 시작해, '학교 숙제는 반드시 혼자 한다'거나 '예습은 반드시 집에서 한다' 등의 규칙을 정해주는 것이 필요하다.

③ **칭찬과 따뜻한 미소로 대한다.**

2번 유형에게 가장 힘든 것은 다른 사람의 관심에서 멀어지는 것이다. 그래서 화난 얼굴이나 퉁명스러운 얼굴을 보면 이들은 숨이 막힌다. 다소 넘치는 칭찬이나 최대한의 미소로 대하는 것이, 이 유형 아이들의 공부의욕을 높이는 방법이다.

한 가지 조심할 것은, 아이가 다른 사람에 대한 관심으로 공부를 소홀히 하는 것을 발견했을 때이다. 앞에서도 말했지만 이들에게는 다른 사람들과의 관계가 중요하기 때문에 꾸중을 하거나 화를 내면 효과가 없음을 명심해야 한다. 적절하게 조절하도록 타협하면서 공부 능률을 올리도록 하는 것이 바람직하다.

동기 부여

① 혼자 하는 것보다 함께하는 것이 공부효과를 증진시킨다. 친구들을 좋아하는 스타일이기 때문에 팀으로 하는 공부에서 많은 효과가 일어날

수 있다. 다만 과도한 접촉은 역효과도 일어날 수 있기에 선별적으로 관계를 구축하는 것이 필요하다.

② 친구들이나 교사들과의 만남과 커뮤니케이션에서 동기부여가 된다. 관계가 좋으면 학교나 학원에 가는 것을 즐거워하고 관계가 나빠지면 가기 싫어할 수 있다. 부모는 각별히 인간관계를 관찰하고 아이의 동기부여에 필요한 사람과는 긴밀히 협력하는 것이 좋다.

③ 주변의 평가가 중요하기 때문에 잘못하면 공부의 주도성을 잃어버릴 가능성이 있다. 공부를 잘할 때는 물론 칭찬이 당연히 필요하겠지만 잘 못할 때는 따끔한 훈육도 필요하다. 그러나 이때에는 칭찬할 부분을 찾아 함께 하라. 꼭 사랑과 애정이 필요함을 기억해야 한다.

④ 부모나 교사 그리고 친구들에게 좋은 모습을 보이려고 애쓴다. 이런 성향은 공부에 좋은 영향을 미치기도 하지만 장애가 되기도 한다. 따라서 다른 사람에게 좋은 모습을 보이려고 노력하지 않아도 충분히 사랑받을 수 있음을 알려주어야 한다.

 ## 어울림 공부법

공부환경	부모의 인정과 칭찬, 배려가 중요하다. 주변 환경을 편안하게 조성한다.
효과적인 공부법	질의응답, 파트너와 상호 작용이 있는 방법
방과 후 공부법	그룹 공부가 효과적. 서로 배우고 가르치면서 실력을 향상시킨다.
집중시간	저녁이나 밤 시간
공부시간 관리	다른 친구들을 도와주는 것을 즐거워하기 때문에 자신이 시간의 주인이 되지 못하고 시간을 낭비할 수 있다. 자신을 위한 시간을 먼저 배려하고 다른 사람들의 필요를 채워주는 방식을 습관화해야 한다.

 ## 적성에 맞는 직업

성격 특성을 보여주는 단어	적응력, 사교적, 활동적, 적극적, 인간관계 지향, 따뜻함, 공감력, 표현력, 관대함
적성에 맞는 직업	HR 분야 컨설턴트, 사회복지, 인적자원관리, 국선변호인, 요리사, 예술 에이전트, 커플매니저, 심리치료사, 채용전문가, 교육개발 전문가, 돌봄이, 홍보작가

목표를 향해 매진하는 아이의 목표지향 공부법

핵심요약

① 목표를 세우고 그것을 이루기 위한 계획을 세우게 한다.

이 유형에게 있어 중요한 것은 목표이다. 늘 공부 계획을 세우고 글로 쓰게 하라. 워낙 성취지향성이 강하기 때문에 이런 방법은 큰 효과를 일으킨다. 또한 아주 세세한 부분까지 계획을 세우고, 눈에 잘 띄는 표를 만들어 단계별로 공부하도록 유도하면, 효과가 배가된다. 3번 유형의 아이들은 목표 수립을 따로 하지 않아도 스스로 공부하는 경향이 있는데, 눈앞에 분명한 목표가 있으면 큰 동기부여가 된다.

② 당근과 채찍이 필요하다.

무엇이든 잘해야 한다는 강박이 있다. 때론 성적이 떨어지거나 경쟁에서 지면 다시 하자고 울면서 떼를 쓰기도 한다. 그만큼 경쟁심이 강하고 꼭 우승하거나 상을 타기를 바란다. 따라서 일정한 성과를 이루면 보상을 하는 것이 효과적이다.

하지만 결과에만 집착하는 것은 피해야 하므로, 미리 정해놓은 공부계획을 제대로 하지 않을 때에는 따끔하게 야단치는 것이 좋다. 물론 성적이 대상이 되어서는 안 된다. 이 유형은 자신이 실패한 것을 용납하지 못하기 때문에 성적이 나쁠 경우 이런저런 핑계를 대거나 변명을 하는데, 이것도 바로잡아야 한다. 이 경우에도 성적은 건드리지 않고, 인격이나 인간의 덕목들을 가르치는 기회로 삼는 것이 중요하다. 거짓말을 하거나 지나치게 경쟁하는 것도 천천히 그리고 꾸준히 바로잡을 필요가 있다.

③ 결과보다는 과정을 중요하다는 것을 가르쳐라.

3번 유형의 아이들은 결과 지상주의자로 과정은 별로 중요하게 여기지 않는다. 결과가 나쁘면 자신을 용서하지 않거나 주변의 다른 어떤 것으로 핑계를 대기도 한다. 정답을 맞추고 성적에만 집착하면서 하는 공부는 진정한 공부가 아니다. 그렇게 해서 쌓는 실력은 많은 부작용을 불러온다. 공부의 과정이 충실히 관리된다면 성적은 자연스럽게 오른다. 힘들지 않고 빨리 많은 것을 이루려는 마음이 진정한 성공을 가로막는다는 사실은, 공부법에서도 동일하게 적용된다.

동기 부여

① 공부에 대해서 도전적이고 진취적이며 성취욕구가 강하다. 따라서 자발적이며 좋은 성적을 내기 위해서 필요한 조치를 스스로 강구한다. 부모는 좋은 안내자가 되어주고 밀착하는 맨투맨 접촉보다는 주변에서 대인 방어적 보호가 필요하다.

② 1등을 목표로 하며 이기기 위해 노력한다. 목표를 달성하기 위해 집념을 가지고 노력한다. 이런 결과 지상주의가 과도한 스트레스를 유발하기에 부모는 자녀의 긴 인생을 위한 완급조절이 필요하다.

③ 친구들에게 지지 않기 위해서 노력하고, 협력보다는 경쟁한다. 결과를 위해 필연적으로 경쟁하고, 그 경쟁은 승자 없는 패자를 양산한다. 다른 친구들과 함께 이룬 성과가 진정한 승자로 만든다는 것을 알게 도와줘야 한다.

④ 어떻게 공부하는 것이 잘하는 것임을 직감적으로 알고 공부에 임하기에 효율적이다. '공부해라'보다는 '쉬면서 하거라'가 정답에 가깝다. 목표를 세우는 것을 도와주기보다는 스스로 세운 것을 칭찬하는 것으로 족하다.

목표지향 공부법

공부환경	과목별 참고서와 문제집, 동영상 등을 활용해서 효율을 높인다.
효과적인 공부법	핵심요약이나 새로운 문제 유형 위주의 공부가 효과적이다.
방과 후 공부법	그룹과외나 학원 등에서 여러 명이 같이 목표를 세우고 경쟁하면서 하는 것이 동기유발에 도움이 된다.
집중시간	저녁 또는 밤
공부시간 관리	한정된 시간을 효율적으로 사용하기 위해 공부나 인간관계에서 시간을 나누는 것이 필요하다. 꼭 해야 하는 일이 많아지면 시간도 많이 필요하므로 효율적이면서도 비효율적인 함정에 빠진다. 이런 모순을 극복하는 것이 필요하다. 관심 분야를 좁히고 몰입하는 것이 필요하다.

적성에 맞는 직업

성격 특성을 보여주는 단어	적극성, 목표지향, 그룹 다이나믹스, 스피치 능력, 스피드, 긍정성, 실용적 가치, 동기부여 능력, 원기왕성, 이미지
적성에 맞는 직업	CEO, 사업개발, 홍보전문가, 모델, 연예인, 영업 담당임원, 방송앵커, 광고마케팅, 대중강연가, 음악가(지휘)

창의적이고 독특한 아이의 이미지 공부법

핵심요약

① 이해하고 인정하는 것이 중요하다.

　4번 유형의 가장 큰 특징은 특별함이다. 자신이 특별하다고 생각하고 그것을 고집한다. 특별히 특별할 것도 없는데도 도도하거나 우아해 보이도록 노력하기도 한다. 그렇기에 그것을 인정받지 못하면 마음에 상처를 입을 수 있다. 음악과 미술 등의 예술 과목을 좋아하지만, 그 외에 남들이 별로 좋아하지 않는 과목이나 남들이 싫어하는 선생님이 가르치는 과목을 좋아하기도 한다. 이때 이해할 수 없다는 표정을 지으면 곤란한 일이 일어난다. 아이는 자신이 애써서 만들어놓은 성을 누군가가 부순다고 생각한다. 따라서 공부현장에서 일어나는 이런 특별함에 대해서 인정하는 태도를 갖는 것이 첫 번째로 중요한 일이다. 일단 인정해주고 시간을 가지고 기다리면서 다양한 정보를 접하게 해주면 스스로 비현실적인 것들을 정리할 것이다.

② 정결한 환경이 필요하다.

　이들은 예민하기에, 비록 표현하지는 않더라도 조금이라도 신경 쓰이는 부분이 생기면 공부에 나쁜 영향을 미칠 수 있다. 주변의 분위기가 공부효과를 좌우할 수 있음을 기억해야 한다. 부모가 싸우는 소리가 들리게 한다든지, 많은 손님이 와서 공부를 방해한다든지, 텔레비전 소리를 크게 틀어놓는다든지 하는 것들은 금물이다. 조용한 클래식 음악이나 자연의 소리를 들려주는 것이 효과적이다. 방도 아이의 의견을 반영하고 원하는 독특함에 맞추어서 꾸며준다면 더 좋은 효과를 볼 수 있다.

③ 규칙을 정하고 지키게 한다.

　천편일률적인 학교 공부가 이들에게는 편할 수 없다. 그러나 이들이 건강하게 성장하고 이 세상에 적응해나가기 위해서는 규칙을 지키는 것이 관건이다. 지루한 학교생활과 되풀이되는 일상이 이들에게는 힘든 일이지만, 이것이 자신의 독특함을 강화하는 길임을 알게 해야 한다. 다만 무조건적인 규칙을 강요한다면 어디로 튈지 모른다. '평범한 것은 위대하다'라는 말의 뜻을 이해시키고 현실의 중요성을 알게 하는 데 노력을 기울여야 한다. 또한 공부의 분위기는 원하는 대로 해주되, 공부방법은 교과서와 교사의 가르침을 따르도록 한다.

동기 부여

① 이들은 정답이 있는 문제보다 정답이 없는 이미지나 상징에 더 끌린다. 따라서 공부는 무조건 '외워라'는 식보다는 이미지나 상징을 사용하는 방법이 더 효과적이다. 암기식으로 가르치는 방법보다는 스스로 공부한 것을 물어보고 칭찬하는 것으로 충분하다.

② 남들이 하는 방식에는 항상 의문을 갖는다. 자신만의 방법으로 공부를 하고자 시도하는데, 이것이 4번 유형 아이들이 보이는 창의적 경향이다. 그 방법이 꼭 효과적이라 말할 수 없을 때도 있지만, 그런 시도는 창의적이라고 칭찬하고 수용하면 좋은 결과가 있다.

③ 평범한 것보다 새로운 것, 독특한 것에 관심이 많고 마음이 끌린다. 따라서 예술이나 문학 등의 창조적 능력이 필요한 과목에서 두각을 나타낼 가능성이 많다. 이런 소질을 무시하면 역효과가 나기에 가능성을 키워주고 칭찬을 즐겨하라.

④ 감정적으로 매우 민감하여, 외롭거나 쓸쓸한 감정을 가질 수 있다. 시험 기간에 이런 감정에 휩쓸리면 당황스러운 상황이 된다. 예민한 특성을 오히려 효과적으로 살리는 방법을 찾아야 한다. 권위적으로 누르기보다 이해하고 사랑받고 있다고 느끼면 그 즉시 시험에 집중할 수 있다.

 ## 이미지 공부법

공부환경	환경이 중요한데, 인테리어는 다소 튀는 것이 도움이 된다.
효과적인 공부법	이미지나 실물 등을 활용하는 것이 좋다.
방과 후 공부법	평범한 방법보다는 전문학원 등의 특별한 공부법이 효과적이다.
집중시간	저녁 또는 밤
공부시간 관리	마음이 여리고 감정이 예민하기에 시간이 버려지는 경우가 많다. 소음에도 영향을 받고, 혼자만의 상상의 나래를 펴다가 나중에는 시간이 부족해서 다급해지기도 한다. 중요한 것을 중심으로 계획하고, 원칙을 정해놓으면 시간을 관리하는데 도움이 된다. 하지만 강압적인 규칙은 도움이 되지 않는다.

 ## 적성에 맞는 직업

성격 특성을 보여주는 단어	낭만과 사색, 직감력, 뜨거운 열정, 최고의 몰입성, 독특한 창조력, 풍부한 감정, 특별한 표현, 세련된 감각, 최고의 품격
적성에 맞는 직업	브랜드 개발, 예술가(시인, 소설, 음악, 미술 등), 연예계, 프로그램 개발, NGO활동가, 디자이너, 테라피스트

이성적이고 탐구적인 아이의 원리 공부법

핵심요약

① 시간을 주고 여유 있게 기다린다.

　5번 유형의 아이들에게 가장 큰 특징은 주변의 시선을 부담스러워한다는 것이다. 깊이 생각하면서 관찰하기 때문에 무슨 일을 하든 많은 시간이 걸린다. 이런 아이들에게 '빨리 빨리' 하면서 재촉하는 것은 금물이다. 아이의 내면에 있는 왕성한 열기를 뿜어낼 수 있도록 차분하고 조용한 분위기를 만들어주고 기다리는 것이 중요하다. 공부에 있어서도 시작하기 전에 많은 시간을 필요로 하는데, 때론 생각하느라고 시작하지도 못하는 경우도 있다. 그러나 시작하면 꾸준히 할 수 있기 때문에 걱정할 필요는 없다. 단, 공부를 계획할 때 많은 시간을 두고 미리미리 준비하여 혼란을 방지하여야 한다.

② 무조건적인 방법보다 원리를 설명한다.

무조건 시키면 시키는 대로 하라는 명령은 이들에게 독이 된다. 신중하고 꼼꼼하게 관찰하려 하기에, 시간이 많이 걸리고 조용한 환경이 필요하고 그 때문에 사람들과 어울리기 싫어하는 것뿐이다. 그런데 '왜?'라는 질문을 원천적으로 봉쇄하는 '무조건'이라는 조건은 공부 의욕을 떨어뜨리는 결과를 초래한다. 차근차근 논리적으로 설득하면 동기부여가 되고, 공부법을 제안할 때에도 원리를 설명하고 이해시키면 받아들이고 효과적으로 실천한다. 간혹 이해가 되지 않으면 따지고 덤빌 수 있다는 것을 기억하자. 이때도 서두르면 안 되고 끝까지 아이가 납득할 수 있는 방법을 찾는 것이 효과적이다. 부모가 비논리적 사고를 가지고 있으면 아이에게 신뢰를 받을 수 없다.

③ 신체활동을 통한 감성을 개발한다.

혼자 있는 시간을 좋아하고 앞장서서 하는 일에 부담을 느낀다. 특히 많은 사람들 앞에 나서는 일에는 관심을 두지 않는다. 그래서 회장이나 반장은 관심 밖의 일이다. 활발하게 행동하고 힘을 중요시하는 사람들에게는 마음을 주기 어렵다.

이런 특징들은 사람들을 피하고 신체활동에 소극적이게 만들며 감성보다는 이성을 더 발달시키게 된다. 그러나 어느 한쪽만 발달시키는 것은 바람직하지 않다. 부족한 감성지수(EQ)를 발달시키려면, 1주일에 한 번 정도는 친구들과 어울려서 공부하거나 체육활동을 시키는 것이 좋다. 더 나아가서 신체활동과 더불어 공부를 할 수 있는 방법을 찾아 실천하는 것도 많은 도움이 된다.

동기 부여

① 한 가지를 오랫동안 관찰하며 분석하는 능력이 뛰어나다. 따라서 주변 환경이 중요한데, 조용한 환경에서 깊이 있게 생각하고 공부하도록 공부방을 마련해주고, 세세한 공부계획을 세워서 진도를 나가도록 하는 것이 좋다.

② 현재보다는 미래가 포인트가 된다. 중학생이 되었을 때나 고등학생이나 대학생이 되었을 때의 모습을 그리면서 공부동기를 설정하는 것이 도움이 된다. 그때 자신은 어떤 모습이며 어떤 위치에 설 것인지를 생각하게 하고 격려해주는 것이 좋다.

③ 논리적이고 객관적이며 깊이 파고드는 경향이 있다. 집요할 정도로 알고 싶어 하는 분야가 있다면 그것을 인정하라. 그리고 필요로 하는 것을 도와주라. 때가 되면 스스로 포기하거나, 더 깊게 나아가 전문가가 될 것이다.

④ 어떤 때는 공부 진도를 따라가지 못할 때도 있다. 이럴 때는 스스로 '왜?'라는 질문을 하고 있는 경우이다. 이것이 해결될 때까지 앞으로 나아가지 못하는 것이다. 아이가 일반적인 답에 만족하지 못하는 문제일 경우, 성장하면서 저절로 알게 되는 영역이 있음을 충분히 설명하는 것이 좋다.

원리 공부법

공부환경	조용하고 참견받지 않는 독립된 공간, 깔끔한 분위기가 좋다.
효과적인 공부법	혼자서 깊이 파고드는 스타일이므로 원리를 찾는 방법이 효과적이다.
방과 후 공부법	참고서나 동영상 등을 활용해서 혼자 하는 방법이 좋다.
집중시간	아침 또는 새벽
공부시간 관리	생각을 하면서 보내는 시간이 많다. 관심분야가 생기면 몰입하는 경향 때문에 시간을 물 쓰듯 한다. 전체적인 균형을 맞추어서 생각을 조절할 필요가 있다. 보다 가치 있는 일에 시간을 쓰도록 도와주되, 마감시간을 정해 두고, 몰두하는 힘의 완급을 조절을 해야 한다.

적성에 맞는 직업

성격 특성을 보여주는 단어	이론적, 두뇌로 문제처리, 깊은 사색, 논리적, 명석함, 집중력, 학구적, 이성적, 객관성
적성에 맞는 직업	학자(물리학자, 심리학자, 화학자, 수학자 등), 검색엔진 전문가, 데이터베이스 관리, 통역가나 번역가, 정보 시스템 매니저, 상담가, 변호사(세금, 유언, 신탁 관련)

성실하고 신중한 아이의 멘토 공부법

핵심요약

① **미리 준비하는 공부태도를 갖게 한다.**

　두려움에 순응하거나 또는 대항하는 유형이다. 따라서 두려움이 생기기 전에 미리 대비하는 것이 안정감을 갖게 하는 지름길이다. 공부방법에 있어서 복습을 먼저 하고 예습을 하는 것이 효과적이다. 이미 배운 것을 계속함으로 일관성을 가질 수 있고, 자신이 아는 것을 확인하고 공고히 하기에 마음의 안정감을 가질 수 있다. 하교 후 복습할 수 있도록 도와주는 것도 필요하다. 숙제가 있다면 숙제를 먼저 할 수 있도록 하고, 학원에 가야 한다면 학원에 먼저 다녀와서 다른 일을 하도록 도와주는 것이 좋다. 해야 할 일을 못했다는 마음의 부담을 갖게 해서는 안 된다.

② 자신에 대한 확신을 갖게 한다.

어떤 선택이 자신에게 가장 좋은지를 고민하느라 늘 머리가 복잡하다. 식당에서 메뉴를 선택하는 것에도 쉽지 않고, 참고서를 사는 일도 힘이 든다. 그래서 스스로 선택하는 것이 아니라 주변의 교사나 부모와 같은 권위자나 주변의 믿을 만한 친구에게 의존하기도 한다. 그러나 아이 자신이 충분히 잘 할 수 있다는 믿음을 갖도록 해야 한다. 교사나 부모는 6번 유형의 아이에게는 자신감을 심어주는 음악을 듣게 하거나 책을 읽게 하는 등 활동을 하게 해야 한다. '내가 너의 모든 불안감을 책임질 테니 너는 자긍감을 갖고 너의 인생을 살아라'는 식으로 안심을 시켜준다면 더욱 효과적일 것이다. 특히 새로운 일에 도전할 때는 자신감을 불어넣어주는 기회로 활용하고 적극적으로 칭찬하는 것이 좋다.

③ 신뢰받을 수 있는 멘토가 되어주라.

안심하고 신뢰할 수 있는 대상이 있다는 것은 특히 6번 유형의 아이에게는 축복이다. 이 역할을 하는 사람으로는 부모가 적격이다. 부모를 신뢰하게 되면, 주변의 다른 사람들도 의심 없이 믿고 좋은 관계를 가질 수 있다. 또 실력 있는 공부 모델이 있다면 공부에 큰 도움이 된다. 이런 멘토는 친구나 친척, 선배 등 누구라도 될 수 있는데, 지속적으로 만날 수 있는 사람이면 된다. 3개월에 한번 정도의 주기적인 만남만으로도 신뢰를 주고받을 수 있다. 중요한 것은 멘토가 공부 효과뿐만 아니라 내면에 불안과 두려움을 가진 아이를 이해하고 믿음을 가지고 이끌어주는 것이다.

동기 부여

① 모범생으로, 학교에서는 규칙을 잘 따르고 교사에게는 가르침을 잘 받고 순종적이며 친구들과는 우정이 돈독하다. 모든 것을 다 따르려다 보면 피곤해질 수 있기에, 적절한 휴식이 필요하다.

② 어떤 일에서든 안전을 우선으로 여기기 때문에 불안한 상황을 만들지 않으려 한다. 숙제도 잘하고 준비물도 미리 챙길 수 있어야 안정감을 느낀다. 때론 걱정과 불안으로 인한 긴장감 때문에 괴로워 할 수 있으므로, 곁에서 도와주는 친절한 손길이 필요하다.

③ 위험한 일이 생기거나 예측되면 급속도로 위축된다. 불안한 상황이 연출되면 매우 경계하므로, 부모나 교사가 안심을 시켜주면 공부에 집중할 수 있다.

④ 새로운 상황이 벌어지면 매우 신중해진다. 그 상황을 파악하는 데 시간이 많이 걸리고, 어떤 결정도 어려워한다. 평소 잘하던 과목도 막히는 부분이 생기면, 불안해 하며 걱정을 많이 한다. 이럴 때는 천천히 하나씩 하나씩 파악하도록 도와주고, 이것이 다음 과정으로 가기 위해 누구라도 겪을 수 있는 어려움일 뿐이라는 사실을 설명해서 안심시켜줘야 한다.

멘토 공부법

공부환경	변화보다는 오래되고 익숙한 환경이 좋다.
효과적인 공부법	세세한 항목까지 놓치지 않고 공부한다.
방과 후 공부법	복습을 먼저하고 예습을 한다. 배우기에 앞서 아는 것을 확인하는 것이 필요하고, 부모나 교사의 인정을 바란다.
집중시간	아침과 오전 그리고 주말 등의 안전한 시간
공부시간 관리	규칙을 잘 지키고, 해야 할 일을 우선적으로 처리한다. 그렇지만 창조적인 일이나 인간관계를 위한 시간이 부족할 수 있다. 안전적인 영역과 도전적인 영역에 대한 시간 계획이 필요하며, 일정 시간을 도전적인 영역에 배분하도록 유도한다. 시간관리에는 워낙 모범적이라서 계획만 잘 세우면 실천력이 우수해 좋은 결과를 얻을 수 있다.

적성에 맞는 직업

성격 특성을 보여주는 단어	충성, 순응, 성실, 조직생활, 협동, 단결, 차분, 신중, 실리적, 유비무환, 믿음직
적성에 맞는 직업	공무원, 간호사, 군인, 검사, 경찰, 법조인(판·검사), 보안 전문가, 통계학자, 운송조사 관, 노조 활동, 컴퓨터 지원 엔지니어, 특수교사, 대체교사, 인권변호사

다재다능하고 낙천적인 아이의 계획 공부법

핵심요약

① **공부 태도나 방법을 제한하지 말라**

　7번 유형의 특징은 호기심이 많고 사물에 대한 다양한 관심을 보인다는 것이다. 한 가지만으로는 만족하지 않고 또 다른 것을 생각한다. 그러므로 긴 시간 집중하기 어렵고, 촘촘하게 짜인 규칙을 따르게 하거나 행동을 제한하면 매우 힘들어 한다. 원래 총명하고 상상력이 풍부하기 때문에 이런 제한이 이들의 활발한 생각을 막게 된다. 그러나 막는다고 안 하는 것이 아니라 어느 틈에 또 하기 때문에 집중하기가 쉽지 않다. 따라서 긴 시간을 고통스럽게 규칙 안에 가두지 말고, 차라리 짧은 시간을 주어 자신이 하고픈 것을 하도록 돕는 것이 효과적이다. 또한 공부하는 자세나 태도에 대해서 보다 관대해질 필요가 있다. 피아노 의자 위에 배를

깔고 엎드려 의자 밑에 책을 놓고 보더라도 야단치지 말자. 이들은 이런 기상천외한 자세로 공부하는 것이 바른 자세로 공부하는 것보다 오히려 공부효과가 높다. 이런 공부법에 대해 참견하거나 잔소리를 하지 말고 수용하면 점차적으로 효과를 낼 것이다.

② 흥미 있는 공부방법을 찾는다.

긴 시간 지루한 설명을 늘어놓는 수업은 고통스러워 한다. 지루하게 느끼기 시작하면 자세가 바뀌지 않았다 하더라도 머릿속은 이미 상상으로 빠져든다. 따라서 재미를 더하는 도구를 이용하거나 신체를 움직이는 공부법, 만화를 이용한 공부방법이 효과가 있다. 또 함께 어울려 공부할 수 있는 친구들이 있다면 함께 할 수 있도록 적극적으로 지원하는 것이 좋다. 친구들과 의견을 나누거나 토론식으로 공부하는 것이 혼자 책과 씨름하는 것보다 더 잘할 수 있다. 부모나 교사는 7번 유형의 아이들에게 정해진 규칙만을 강요하기보다 융통성 있고 자유로운 방법을 최대한 보장하는 지혜가 필요하다. 1번 유형이나 5번 유형의 부모나 교사는 7번 유형의 아이의 자유로운 성향에 관대할 수 없다. 하지만 인내하고 아이 중심의 사고로 공부를 돕는 것이 바람직하다.

③ 차근차근 납득시키고 계획하게 한다.

자유롭고 재미있는 것만 좋아한다 해도 7번 유형은 머리형(5번, 6번, 7번 유형)에 속한다. 힘의 중심이 머리에 있는 것이다. 머리형은 사고 중심 스타일로 결국은 머리의 지배를 받는다. 하지만 7유형의 경우 보통 때는 가슴형인 것처럼도 보이고 장형처럼도 보인다. 하지만 머리형이다.

천방지축이어서 공부효과가 보이지 않는다면 차근차근 납득시키는 것이 중요하다. 설득력 있게 설명한다면 빨리 이해한다. 그런 후 공부계획을 스스로 세워보라고 하면, 놀라울 정도로 잘 할 것이다. 그 계획에 따라서 실천할 수 있도록 도우면 좋은 효과를 볼 수 있다. 만약 강요하고 윽박지른다면 거짓말을 하거나 우스갯소리로 위기를 벗어나려고 할 것이다.

동기 부여

① 다재다능하고 아이디어도 많다. 매사에 낙천적이라서 노력을 잘 하지 않는다. 편안한 분위기를 만들어주고 싫증나지 않도록 배려해준다.

② 계획을 잘 세우고 결심도 잘 하지만, 실천이 잘 되지 않은 경향이 있다. 마감 시한을 정하고 결과를 달성했을 때는 적절한 보상을 하고, 특히 꾸준히 실천할 때는 큰 상을 주는 것이 효과가 있다.

③ 친구들과의 관계가 원만하고 많은 친구들과 편견 없이 사귄다. 친구가 많아 교우관계에 많은 시간을 쓴다. 친구들을 못 만나게 하는 것보다 친구들과 함께 공부 능력을 향상시키는 방법을 찾는 것이 좋다.

④ 자유를 속박받는 것은 고통스럽다. 일관성도 중요하지만 융통성이 더 중요하기 때문에 무리하게 일관성을 요구하거나 강제하면 반항할 수 있다. 자유롭게 스스로 절제할 수 있는 능력을 키워주는 것이 좋다.

계획 공부법

공부환경	보고 듣고 읽고 다양한 방법으로 상황을 즐기면서 공부한다. 중간에 흐름이 끊겨도 지장을 받지 않는다.
효과적인 공부법	과목별로 3번 정도 반복하면 도움이 되고, 공부 시간을 길게 끌지 않아도 된다.
방과 후 공부법	팀을 이루어 자유로운 토론식의 공부를 하는 게 도움이 된다.
집중시간	저녁 또는 중간중간 자투리 시간 이용
공부시간 관리	계획을 세우고 생각하는 힘이 뛰어나다. 시간도 짧게 쓰기 때문에 낭비요소가 없다. 다만 재미있고 흥미로운 일에는 시간을 과도하게 사용한다. 이런 습관은 계획을 무용지물로 만들기 때문에 계획의 실천여부를 늘 체크해야 한다. 미래를 생각하면서 즐거움을 찾기 때문에 계획 세우기와 비전을 설정해놓으면 실행력이 배가된다.

적성에 맞는 직업

성격 특성을 보여주는 단어	낙천적, 말보다 행동, 현실적 감각, 정열적, 최고의 긍정성, 에너지가 넘침, 창의력, 호기심, 사교적, 새로운 활동을 시도
적성에 맞는 직업	창업 경영 컨설턴트, 마케팅 매니저, 교육 및 개발업무, 조직 심리 컨설턴트, 토크쇼 진행, 자기계발 세미나 리더, 비행사, 개그맨, 영업, 작가, 부동산중개인, 여행 전문가

강하고 도전적인 아이의 파워 공부법

핵심요약

① **좋은 공부 습관을 갖게 한다.**

강한 것을 좋아하고 약한 면을 드러내 보이기를 싫어하는 8번 유형은 마음 내키는 대로의 공부습관을 갖기 쉽다. 친구들은 물론이고 부모나 교사도 별로 어려워하지 않는다. 통이 크고 시원시원하며, 자질구레한 일은 자기 일이 아니라고 생각한다. 때문에 어려서부터 공부습관을 잘 길러 주어야 한다. 먼저 자신이 해야 하는 공부량을 분명히 인지하게 하고 확인하는 절차를 밟는 것이 필요하다. 이런 확인은 일관성 있는 공부 습관을 가질 때까지 꾸준히 해야 한다. 공부습관을 잘 들이면 나중에는 태산 같은 성과를 내기 시작한다. 또 조금은 고통스러운 과정을 밟았지만 지도해준 교사나 부모에게 평생 은인을 대하듯한다.

② 기대사항을 명료하게 한다.

교사나 부모가 무엇을 원하는지 아이에게 선명하고 명료하게 설명해야 한다. 정확한 핵심에서 벗어난 애매모호한 지시는 이들에게는 스쳐 지나가는 바람이다. 예컨대, 이번 학기에 평균 88점을 목표로 하고 특히 과학 점수는 최소 80점 이상, 수학은 95점 이상을 받아야 한다고 설명하는 것이다. 그리고 그 이유도 명확하게 설명한다. 가장 약한 과목이 과학이고 가장 잘하는 과목이 수학이니까, 과학 점수는 올리고 잘하는 수학 점수는 유지해야 하기 때문이라고 말하는 것이다. 그러면 아이는 이 정도의 기대를 충족시켜야 강한 사람이 된다는 무언의 메시지를 받게 되고, 그 메시지는 강한 사람이 되기를 꿈꾸는 자신의 이상에 맞는다는 생각을 하게 된다.

③ 성과가 기대에 미치지 못해 좌절할 때 어루만져준다.

강함을 추구한다고 해도 이들은 연약한 아이들이다. 간혹 자신이 해놓은 성과가 초라해서 슬픔에 빠지거나 울 수도 있다. 이럴 때 그들에게 가까이 다가갈 수 있는 절호의 기회가 된다. 좀처럼 이런 모습을 보이지 않는데, 이런 모습을 들키는 것 자체가 이들에게는 굉장한 괴로움이 된다. 따라서 그 어느 때보다 위로가 필요하다. 다정하게 다가가서 다친 마음을 어루만져주고 위로한다면, 그들은 새로운 힘을 얻게 될 것이다. 그 후에 새로운 공부방법이나 정보를 전해주면 고맙게 받아들일 수 있고 새롭게 일어나서 뛸 수 있는 전기를 마련하게 된다.

동기 부여

① 도전을 좋아하고 독립적이다. 의존적이거나 시키는 대로 따라 하기보다 스스로 하기를 원한다. 그렇지만 친구들과 협의하고 의논하면서 좋은 결과를 얻을 수 있으면 그것이 진정한 강자의 모습임을 이해하게 해야 한다.

② 때에 따라서 분노를 폭발시킬 수도 있다. 누구에게나 자신에게도 유순함과 부드러움이 있음을 알려주어라. 그럼으로써 주변과 어울리고 나아가 도와주는 다정다감한 친구가 될 수 있다.

③ 힘에 대한 에너지가 강하다. 싸움을 거는 듯한 행동으로 친구들을 사귀기도 한다. 그러므로 힘을 사용할 수 있는 분출구가 있는 것이 좋다. 취미도 좋고 특히 스포츠는 좋은 대안이 될 수 있다.

④ 공부의 속도가 빠르고, 공부의 양이 많아도 잘 따라간다. 뜻을 세우면 이루려는 열정도 대단하다. 자신의 유능함을 일깨워주고, 의미 있는 일에 그 유능함을 쓸 수 있도록 동기를 부여하는 것이 지혜로운 일이다.

파워 공부법

공부환경	넓고 확 트인 곳이 좋다. 방해받는 것을 치우고 신체적 움직임이 가능하면 더욱 좋다.
효과적인 공부법	끝장을 보는 올인 형으로 과목별 격파를 목표로 실천한다.
방과 후 공부법	혼자서도 할 수 있고 같이도 할 수 있지만, 주도성 확보 여부가 중요하다.
집중시간	낮 또는 저녁
공부시간 관리	용감하고 대범한 시간계획을 세운다. 하지만 원하는 것을 하려는 데 시간 소비가 많은 편이다. 큰 덩어리로 시간계획을 세우며 방해요소가 나타나면 물러서지 않으려 한다. 성취하려는 욕구가 강하고 성취했을 때 만족감을 느끼기 때문에 큰 목표 위주의 시간 사용이 필요하다. 중요한 것을 먼저 하고 남는 시간을 다른 것에 사용하는 지혜가 있다.

적성에 맞는 직업

성격 특성을 보여주는 단어	강한 의지, 타인의 간섭불가, 신념이나 행동력, 독자적 판단, 강한 자기주장, 자신감, 영향력 있는 리더, 타인 보호
적성에 맞는 직업	기업경영, 농장경영, 탐험가, 선장, 헤드헌터, 금융 투자자, 정치가, 직업군인, 의사(응급, 외과), 운동관련, 종교지도자, 노사관련, 금융 투자자, 항공교통관제

온화하고 평화를 좋아하는 아이의 눈덩이 공부법

핵심 요약

① 한번 정한 방법을 계속해서 하게 한다.

　9번 유형은 아홉 유형 가운데 변화를 가장 싫어한다. 눈에 익은 방식, 늘 하던 방식이 편하고 자유스럽고 효과도 좋다. 다른 좋은 공부방법이나 획기적인 공부법을 알려주어도 이 아이들은 고집스럽게 자신만의 방법대로 공부를 할 것이다. 새로운 공부법이 싫어도 싫다는 표현을 잘 하지 않기에 겉으로 드러나는 갈등은 없지만, 수동적으로 반항을 하기 때문에 관계는 나빠진다. 꼭 고쳐야 할 필요가 있는 것은 진지한 대화와 자세한 설명을 한 후 조심스럽게 접근해야 한다.

　이들은 한번 시작하면 별다른 고민 없이 계속하는 특징을 가지고 있다. 싫증도 잘 내지 않는다. 그래서 반짝하는 재기나 총명함이 없는 것처럼 보일 수도 있다. 하지만 계속해서 하기 때문에 시간이 지날수록 큰 힘을 발휘한다.

② 환경에 대한 투자보다 질적 공부에 투자한다.

  9번 유형의 아이들은 환경에 대해 그다지 영향을 받지 않는다. 다른 사람의 분위기에 잘 휩쓸리지 않고 어디서나 공부할 준비가 되어 있다. 주변에 사람이 많아서 시끄럽거나 부모가 텔러비전을 보고 있어도, 심지어 자신이 텔레비전 앞에 있어도 별로 구애를 받지 않는 편이다. 그러기 때문에 환경에 대한 투자보다는 교육의 질적인 면에 투자하는 것이 더 효과적이다. 다소 어수선하고 어질러져 있어도 책망보다는 따뜻한 마음으로 다가서는 자세가 필요하다. 불편한 상황을 잘 참고 계속할 수 있는 지구력을 가진 아이로 대기만성형이다.

③ 효율적으로 공부할 수 있는 방법을 찾는다.

  이 유형의 아이들은 좀처럼 싫증을 내지 않는다. 이것은 분명히 큰 장점이지만 단점도 가지고 있다. 바로 효율성이다. 싫증 내지 않고 계속하지만 얼마나 효율적인가는 다른 문제이다. 이 유형의 아이가 효율성까지 갖춘다면 그것은 호랑이가 날개를 단 형국이다. 따라서 부모나 교사는 어떤 공부를 시작하기 전에 효율적인 공부방법에 대해서 토론하고 의견을 나누어 가장 효율적인 방법에 대한 합의를 이루어야 한다. 일단 합의가 이루어지면 이들을 지도하는 일은 어떤 아이들보다도 쉽다. 천성이 온순하고 편안하게 살려는 성품이기에 지도자의 말에 잘 순응하고, 탄력을 받으면 큰 발전을 한다.

동기 부여

① 느긋하고 서두르지 않고 침착하다. 자신이 해야 할 일은 포기하지 않고 꾸준하게 매진한다. 가정에서 활력 있고 밝은 분위기를 연출해주면, 끈기에 속도까지 배가되어 효과가 더 크다.

② 무엇인가를 정하지 않고 눈에 보이는 대로 편안한 환경을 선호한다. 생활 면에서든 공부 면에서든 목표를 세우게 하고 동기부여를 잘 해주면 큰 에너지를 발산할 수 있다.

③ 갈등을 싫어하고 편안한 관계를 만들 줄 안다. 다른 친구들 사이의 불편한 관계도 잘 중재한다. 갈등을 유발하는 언어나 행동을 삼가고 우호적인 분위기를 만들어주면 이것 자체가 큰 동기부여가 된다.

④ 한번 시작한 일을 중간에 그만두지 않는다. 꾸준함이 대명사인 이들은 시간이 걸려도 끝까지 가는 경향을 보인다. 인정하고 믿고 기대감을 표현해주는 것만으로도 향기 나는 모습으로 자랄 것이다.

눈덩이 공부법

공부환경	환경에 영향을 받지 않는 편이다. 시간관리가 필요하다.
효과적인 공부법	통째로 외우는 방법보다, 요약·정리하는 것이 필요하다.
방과 후 공부법	여러 명이 함께 하는 것보다는 혼자 하는 것이 진도를 잘 나갈 수 있다.
집중시간	저녁 식사 후
공부시간 관리	짧은 시간이지만 계속하는 힘이 강하다. 화끈하지는 않지만 꾸준하기 때문에 시간이 지나면 성과가 나타난다. 하지만 비효율적으로 시간이 지나간다면 결과가 좋을 수는 없다. 따라서 목표가 중요하고 시간을 사용했으면 어떻게 사용했는지에 대한 피드백이 필요하다. 세밀하지는 않고 느슨하지도 않지만, 계획은 필요하다.

적성에 맞는 직업

성격 특성을 보여주는 단어	공정한 중재, 이해, 편안함, 끈기와 인내, 잘 다룸, 평화, 감정이입, 어울림, 원만함, 편안함
적성에 맞는 직업	인적자원 관리, 외교관, 공무원, 교사, 협상가, 농장 경영인, 낙농가, 원예가, 관계 매니저, 편집자(원고, 서적, 신문), 소프트웨어 지원 엔지니어, 컴퓨터 업무지원센터

5장
유형별 차이에서 오는 갈등 사례

- 갈등, 차이를 알아야 해결된다

갈등 사례 1 • 완벽한 아버지와 즉흥적인 아들

갈등 사례 2 • 성적이 오르지 않는 학생과 의아해하는 교사

갈등 사례 3 • 겁없는 아들과 걱정을 놓지 못하는 어머니

갈등 사례 4 • 자신감 넘치는 아버지와 조용하고 내성적인 아들

갈등 사례 5 • 공평하려는 교사와 뭐든 잘하려는 학생

갈등 사례 6 • 최선을 다하는 엄마와 감수성이 남다른 딸

갈등 사례 7 • 효율적인 엄마와 느긋하기만 한 딸

갈등 사례 8 • 맞벌이 부모와 친구에게만 신경 쓰는 아들

갈등 사례 9 • 자유로운 아버지와 걱정 많은 아들

 갈등, 차이를 알아야 해결된다

인간은 모두 다르다. 부모와 자녀라고 해서, 부부로 20년을 살았다고 해서 같을 수는 없다. 부모들이 가장 흔히 하는 착각이 자녀는 부모의 뜻을 알고 순종할 것이라고 믿는 것이다. 하지만 그것은 불가능하다. 성격적 차이는 동쪽과 서쪽이 다른 것처럼 만날 수 없는 지점이 있다. 더 나아가 요즘 세대의 자녀와 과거 세대의 부모들이 같기를 바랄 수는 없다. 그러나 우리는 우리의 부모가 그렇듯이 같은 착각을 하면서 자녀를 양육하고 있다. 그러니 갈등은 끝이 없이 펼쳐진 광야와 같다고 하겠다.

갈등의 요소는 수없이 많으며 양상 역시 다양하게 나타난다. 그래서 이번 장은 부모와 자녀, 교사와 아이 사이에서 일어날 수 있는 갈등 사례와 해결 방법을 아이디어 차원에서 제공하고자 한다. 시작하기 전에 아무리 효과적인 방법이 있더라도 기본적인 차이를 알아야 하고 적용할 수 있다는 사실을 기억하자.

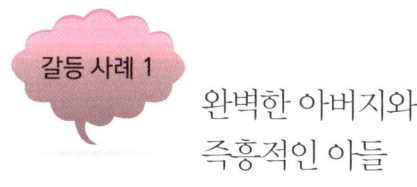

갈등 사례 1

완벽한 아버지와
즉흥적인 아들

K씨는 오늘도 화가 잔뜩 나 있다. 중학교 2학년인 자녀가 학원을 가기로 한 시간에 PC방에 간 사실을 알게 되었기 때문이다. 항상 약속을 하고 다짐을 받지만 좀처럼 아이의 공부태도는 나아지지 않는다. 우리나라에서 대학입시가 얼마나 중요한지 사회생활을 할수록 절절히 느끼는 K씨로서는 이런 자녀가 한심하기만 하다. 또다시 자녀와 함께 마주한 K씨는 한국 사회에서 학연이 얼마나 중요한지, 사회생활이 얼마나 힘이 드는지를 역설한다. 아이는 묵묵히 듣다가 아버지의 마음을 다 아는 듯이 잘하겠다고 약속한다.

약속을 받은 K씨는 은근히 기대하면서도 불안감은 여전하다. 어려서는 총명하고 IQ도 높은 아들이 지금은 왜 그러는지 이해가 되지 않는다. 좋은 대학에 가기 위해서는 지금부터가 중요한 시점이라고 생각하고 가정 형편에 버거울 정도로 학원비를 지출하는데, 아들은 요령만 피우는 것 같다. 학원을 빠지기도 하고 노트 필기나 시험지 관리 요령도 엉망이다. 도무지 진득하게 앉아 공부하는 모습을 볼 수 없다. 조용한 환경을 만들어주고 책상에 앉아서 계속 공부해주기를 바라는데, 아들은 이런 부모의 기대와는 달리 성적이 점점 떨어지고 있다.

중학교에 입학할 때만 해도 전교 6등이었는데, 지금은 반에서 10등도 위태로운 상태이다. 더구나 거짓말을 간혹 하는데 미칠 지경이다. 왜 거짓말을 하는지 알 수 없다. 사실대로 말하면 얼마나 좋겠는가? 아이는 부모의 말을 이해도 잘하고 대답도 시원시원하게 한다. 하지만 그뿐이다. 바뀌는 것은 없고, 결과는 늘 그 모양이다. 도대체 무엇이 어떻게 잘못된 것일까?

아버지 K씨는 완벽함을 추구하는 1번 유형의 부모이다. 험한 세상을 살아갈 아들에게 분명한 지침을 내리고 확실한 요구를 하고 있다. 그러나 아들은 철저함보다는 즉흥적으로 즐거움을 추구하는 7번 유형이었다. 무엇이든지 분명하고 확실하게 요구하는 아버지의 요구는 자유스럽고 융통성 있는 아들에게는 견디기 힘든 고통이다. 결국 감당하기 어렵게 되자 그때그때 고통을 회피하는 수단으로 거짓말을 하게 되는 것이다.

이런 상황이 계속된다면 갈등은 끝나지 않을 것이며, 아들은 우울한 학창시절을 보내게 될 것이다. 자신 있는 그대로 표현하도록 허락하고 부모의 기대 수준을 낮추어서, 아이의 빈틈이나 부족함을 허용해주어야 한다.

성적이 오르지 않는 학생과 의아해하는 교사

　최근 P교사는 C군에게 관심을 기울이고 있다. 정직하고 성실하며 공부를 열심히 하는데도 성적이 전혀 오르지 않기 때문이었다. 왜 그럴까? 장난을 치거나 불량한 친구와 어울리지도 않는다. P교사는 불가사의한 일이라고 생각했다. 부모도 마찬가지였다. C군은 집에서도 부모에게 걱정을 끼치지 않는 모범적인 자녀라고 한다. 부모님의 심부름도 잘하고 얌전해서 신망을 받고 있다. C군의 어머니도 '공부를 조금만 더 잘하면 아무 걱정이 없을 텐데……' 하며 아쉬워 한다.

　C군은 어떤 일이든지 스스로 알아서 하는 스타일은 아니다. 그렇지만 교사가 지시한 내용만은 철저히 공부하려고 노력을 한다. 그런데 그 노력에 비해 결과가 잘 나오지 않는 것이다. 아이는 힘들게 공부를 했는데 결과가 나오지 않자 자신을 책망한다. 더 노력하지 않아서 이런 결과가 일어났다고 생각한다.

얼마 전부터 아이는 부족한 과목의 학원 수강을 결정했다. C군은 학교를 잘 다니는 것처럼 결석은 물론 지각조차 하지 않고 학원도 잘 다녔다. 그러나 학원 수업을 잘 따라가지 못했다. 이해가 되지 않은 것이 있으면 다음 진도를 나가지 못했다. 그러고 보니 평소에도 시작은 늘 잘하는데 몇 장을 못 넘기고 고비를 맞았다. 처음부터 완벽하게 알아야 하는 성격 때문에 시간이 많이 걸리고 노력한 만큼 성적이 안 나오니, 스스로 자신은 안 된다는 좌절감을 갖는 듯했다. 결국 P교사는 C군의 부모와 상담을 하기로 했다.

참고할 조언

P군은 매사에 철저함을 기하는 1번 유형의 학생이다. 열심히 하지만 항상 완벽하게 하려고 하기 때문에 처음 문제를 이해하지 못하면 그 다음 단계로 넘어가지 못한다. 하지만 수업 중에는 교사가 가르치는 내용은 확실하게 몰라도 아는 척하고 흘려버린다. 잘 아는 것도 중요하지만 배우는 자세를 인정받는 것도 중요하기 때문이다. 선생님에게 인정받는 것을 더 완벽한 것이라고 받아들이기도 한다.

이런 까닭에 1번 유형의 경우 충분한 여유를 가지고 기초부터 다시 시작하는 것이 올바른 방법이다. 그리고 수업 중에는 질문을 많이 하도록 유도하고 설명한 후에는 이해했는지 확인을 해야 한다. 고비를 넘기고 탄력을 받으면 열심히 하기 때문에 지속적인 성장을 거둘 수 있다. 질책하는 것은 피해야 한다. 스스로 자신에 대해서 혹독하게 채찍질을 하기 때문이다.

 갈등 사례 3

겁없는 아들과
걱정을 놓지 못하는 어머니

L씨는 답답해서 미칠 것 같은 심정이다. 남편 없이 아들 하나 잘되기만을 바라며 살았는데, 그 아들이 도무지 공부를 하려고 들지 않기 때문이다. 학교에서는 씩씩하고 리더십이 강한 아이라고 칭찬을 하는데, 그 말이 칭찬으로 들리지 않는다. 가끔 싸움도 하는 것 같고 친구들과 어울리면서 오토바이를 타고 다니는 것 같다. 가끔 공부에 대해 이야기를 하면 웃으면서 걱정하지 말라는 말만 되풀이한다.

수학에 남다른 재능이 있어서 대학생에게 과외를 부탁했는데, 한 달도 안 되어서 과외 선생이 포기를 하고 만다. 공부를 하다가 벌떡 드러눕고 만화책을 보거나 엉뚱한 질문을 하고 예습과 복습은 아예 할 생각조차 안 하기 때문이란다. 화를 내면서 야단을 치면 능글맞게 웃으면서 걱정하지 말라고 오히려 엄마를 타이른다. 집에 오면 하나씩 하나씩 착실하게 공부하기를 바라지만, 게임을 하거나 만화책을 먼저 본다. 그런데 시험 때면 생각보다는 좋은 성적을 받는다. 그 정도의 성적을 받는 것이 신기하게 생각되지만, 조금만 더 하면 전교 1등도 할 것 같아 아쉽다. 하나밖에 없는 아들이 이 힘든 세상을 어떻게 살아갈 것인지를 생각하면 걱정이 앞선다. 아들에게 어떤 처방을 해야 책상에 제대로 앉아서 공부하는 것을 볼 수 있을까?

참고할 조언

L씨의 아들은 겁이 없고 힘을 사용하는 8번 유형의 성격을 가지고 있다. 그에 반해 L씨는 안전함을 확보하고 충성스럽게 일하는 6번 유형의 부모이다. 어머니 L씨는 홀로 키운 아들이 불안한 이 세상을 살아가는 데 보험과도 같은 공부만큼은 잘 시키고 싶다. 그래서 계속해서 아들을 자꾸 닦달하게 된다. 그러나 아들은 엄마의 요구에 건성으로 대답한다. 아들은 자립심이 강하고 누구의 이야기도 잘 듣지 않는다. 주도적인 위치를 확보하고 강한 인생을 살기를 꿈꾼다.

따라서 부모는 자녀가 가려는 방향을 알고 그것을 인정하는 것이 중요하다. 든든한 가장과도 같은 아들이 스스로 자신의 길을 찾아갈 수 있도록 인정하고, 조바심을 버려야 한다. 무엇보다 자녀를 믿어주는 자세를 견지하는 것이 필요하다.

갈등 사례 4

자신감 넘치는 아버지와 조용하고 내성적인 아들

G군은 내성적이고 어디에서든 눈에 띄지 않을 만큼 조용한 아이다. 학교에서 선생님이 반 아이들 가운데 가장 늦게 G군의 이름을 외울 정도이다. G군은 나서기를 좋아하지 않고 부끄러움을 많이 탄다. 그러나 고집이 세고 무엇인가를 골똘히 생각하는 경우가 많다. 이런 아들이 아버지 D씨는 못마땅하다. 친구들과 사귀지 않는 것도 고민이다. 밖에 나가 놀라고 해도 거의 나가지 않고 책과 씨름을 하면서 지낸다. 성적은 나쁘지 않지만 학교공부보다는 책을 읽는 데 더 많은 시간을 쓴다.

D씨는 이런 아들의 성격을 바꾸기 위해 주말에는 조기 축구회에 데려가거나 등산을 함께 하곤 한다. 하지만 축구를 해도 열심히 뛰지 않고, 등산을 가도 함께 걷지 않고 혼자 서둘러서 올라간다. 외식을 하거나 가족 동반 모임도 별로 내켜 하지 않는다.

게다가 아들은 아버지 앞에만 오면 말도 잘하지 못하고 어려워한다.

어떤 때에는 자신을 무서워하는 것 같다는 생각이 든다. 매사에 강하고 화끈해야 한다고 생각하는 아버지는 이런 아들을 어떻게 해야 할지 알 수 없다. 리더십도 없고 추진력도 없는 아들이 이 험한 세상에서 궁상맞게 살지 않을까 걱정된다. 아버지는 퇴근한 후 방에 박혀 있는 아들을 보면서 거실로 나오라고 큰소리를 쳐본다. 자식은 겉을 낳는 것이지 속을 낳은 게 아니라는 말을 실감하고 있다.

참고할 조언

모든 것을 자기 뜻대로 하고 싶어 하는 8번 유형의 아버지와 자신의 내적 상태를 다른 사람에게 보이고 싶어 하지 않는 5번 유형의 아들이다. 이런 경우 아버지의 계속적인 강요는 많은 부작용을 야기한다. 그러나 내면으로만 향하는 아들에게는 함께하는 환경이 필요한 것은 맞다. 사람들을 밀어내는 것이 5번 유형의 특징임을 이해하고 일정 부분 혼자 있는 것을 방해하지 말아야 한다. 하지만 다른 사람과의 교류가 필요한 아들을 그대로 두어도 된다는 뜻은 아니다. 우선 아들의 성향을 받아들이는 것이 중요하다. 그리고 적절한 교류 역시 필요하다는 것을 솔직하게 말해서 아들의 동의를 얻고, 관계를 지속적으로 갖는 것이 필요하다.

갈등 사례 5

공평하려는 교사와
뭐든 잘하려는 학생

S양은 공부를 잘하는 모범생이다. 학기 초에는 수업에 흥미가 없어 보여 몇 번 야단을 맞았는데, 그 후로 S양은 P교사의 시선에서 벗어나게 되었다. 그러던 중 S양의 부모가 학교에 찾아와서 대화를 하게 되었는데, S양은 선행공부로 이미 교과내용을 많이 알고 있었다. 다 아는 것을 배우니 자연히 흥미가 없을 수밖에 없었다. P교사는 이런 상황을 모르고 야단을 치고 문제아로 낙인 찍은 자신의 실수를 알게 되었다.

P교사는 수업에 흥미를 잃은 S양에게 새로운 임무를 맡기기로 했다. 성적이 좋지 않은 친구들을 가르치는 보조 교사의 역할을 맡기는 것이었는데, 이 방법은 즉시 효과를 거두었다. S양은 물을 만난 물고기처럼 학교생활에 활력을 띠기 시작했다. 자신을 인정해주는 선생님과 친구들 틈에서 눈부신 활약을 거듭하였다. 모든 면에서 앞서갔고 선생님을 찾아와서 자기 집 이야기며 친구들 이야기를 자연스럽게 나누게 되었다.

시간이 지나면서 자주 찾아오는 S양에게 P교사는 점점 부담을 느끼기 시작했다. S양만 편애한다는 이야기가 나오기 시작하였다. P교사는 이러면 안 되겠다고 생각했다. P교사는 평소 모든 아이들에게 공평해야 한다는 생각을 가지고 있다. 아이들은 모두 사랑과 관심을 받아야 하는 존재이기 때문이다. 결국 P교사는 S양과 거리를 두기로 마음먹었다. 그런데 이번에는 S양과 서먹한 사이가 되고 말았다. 지금 P교사는 S양을 어떻게 지도해야 하는지 곰곰이 생각하고 있다.

참고할 조언

모든 것을 공평하게 해서 갈등을 없게 하려는 9번 유형의 교사와 활력 있고 모든 것을 효율적으로 잘하려는 3번 유형의 아이의 갈등이다. 3번 유형의 아이는 아는 것을 또 하는 것은 시간낭비라고 생각하고, 그 시간에 다른 것을 해야 직성이 풀린다. 또 한편 교사와의 친밀한 관계 역시 성공의 일부로 생각한다. 그래서 교사의 사랑을 받기 위해 노력하는 것이다.

그러나 교사는 다른 아이들과의 관계를 생각하느라 S양과의 관계에서 부담을 느끼고, S양을 밀치는 방법을 사용하였다. 교사에게서 버림받은 감정을 느낀 S양은 곧 실망을 하게 되었고 교사와의 관계가 사실상 멀어졌다. 함께 이야기하고 들어주는 것은 3번 유형에게는 보약과도 같다. 다른 학생들과의 관계를 유지하면서, S양과 적절한 거리를 갖는 방법을 찾는 것이 좋다.

갈등 사례 6

최선을 다하는 엄마와
감수성이 남다른 딸

A씨는 초등학교 1학년인 딸이 받아온 성적표 때문에 큰 고민에 빠졌다. 문제는 성적이 아니었다. 아이에 대한 담임선생님의 평가가 도저히 납득할 수 없었다. A씨의 생각과 선생님의 생각에는 큰 차이가 있었다. 딸은 어렸을 때부터 영특하기로 소문이 난 아이였다. 그런데 선생님은 친구들과 어울리지 못하며 별난 행동을 한다고 평가했다. A씨는 딸이 이런 평가를 받을 만큼 배려심이 부족하다고는 생각지 않았다. 그런데 이런 평가를 받으니 당황스럽다. 물론 남다른 센스가 있고 감수성이 풍부하다는 평가도 있었지만, 그 부분은 눈에 들어오지 않았다.

A씨는 어릴 때 다른 아이들에 비해 말을 빨리 배웠고 감수성이 남다른 딸에게 많은 것을 가르치려고 노력했다. 다양한 체험을 하게 하고 어느 것 하나 부족함이 없도록 세심한 주의를 기울이며 키웠다. 그렇게 정성을 들여 키운 아이가 친구들과 어울리지 못한다는 말이 도저히 납득이

되지 않았다. 게다가 별난 행동을 한다고 하니 믿어지지가 않는다. 그래서 담임선생님과 상담을 요청해야 하는지를 놓고 고민하고 있다.

참고할 조언

매사에 자신이 나서서 도와주기를 갈망하는 2번 유형의 엄마와 독특함을 추구하는 예술가 형인 4번 유형의 딸이다. 2번 유형의 엄마는 사소한 것까지도 도와주는 것을 사랑이라고 굳게 믿기에 자녀를 위해서 못할 일이 없다. 반면 4번 유형의 딸은 새로운 것과 특별한 것을 추구하기 때문에 학교에서 충분히 별난 짓을 할 수 있다. 친구들이 잘 느끼지 못하는 것도 느끼기에 친구들과의 관계가 원만하지 않을 가능성도 있다. 그래도 본인은 별로 신경 쓰지 않는다. 이 사례에서 교사는 이 아이의 예민한 정서를 이해하지 못하는 것으로 보이고, 부모는 자녀에게 너무 밀착되어 객관적인 시각을 잃어버린 듯하다.

4번 유형의 아이에게 원리원칙을 따지는 것은 무의미하다. 다만 많은 사람들이 지키는 보편적인 규칙에 대해서는 자세히 가르치는 것이 중요하다. 이 규칙을 잘 지킬 수만 있다면 타고난 감성과 고유함으로 자신의 인생을 훌륭하게 살아갈 수 있다. 즉, 인간의 보편성과 개별성에 대한 이해와 조화가 필요한 것이다. A씨는 보다 냉정하게 자녀를 양육해야 한다.

갈등 사례 7

효율적인 엄마와 느긋하기만 한 딸

 마음도 착하고 엄마의 뜻을 잘 따르는 C양은 효녀이다. 부모의 뜻에 따라 과외도 잘 받고 학원에도 성실하게 출석하고 있다. 친구들과도 잘 어울리고 관계도 원만하다. 교사가 보는 눈도 다르지 않아, 착하고 부지런해서 기특하게 생각한다고 한다.

 그런데 어머니 J씨는 불만이 많다. 일단, 꾸물거리는 것이 가장 큰 불만이다. 또 먼저 할 일이 무엇인지 구분하지 못하고 쩔쩔매는 것을 보고 있으면 한숨이 나온다. 체계적이지 못하고 행동이 느려 밤늦게까지 숙제를 하거나 정리를 했다. 그리고 종종 잘 잊어버려서 엄마의 마음을 애타게 하기도 한다.

 게다가 모든 것이 경쟁인 세상을 살면서 딸은 경쟁을 피하려고만 한다. 경쟁에서 이기고 승자가 되는 즐거움을 알게 해주고 싶은데, 아이는 이기기 위한 노력을 하지 않는 것 같다. 엄마의 마음은 급하기만 하다.

시간표를 짜주고 목표도 세워주고 공부하고 난 후의 일정까지도 계획해 주지만, 그것을 실천하는 데는 너무 많은 시간이 소요된다.

딸은 내색은 하지 않지만 이렇게 챙겨주는 엄마를 버거워 하는 것 같다. 얼마 전에는 소화불량이 계속되어 병원에 가서 진찰을 받았는데, 의사는 스트레스 때문이라고 했다. 평소 건강하고 잔병치레가 거의 없었던 터라 어머니 J씨는 걱정이 깊어졌다. 의사는 며칠 집에서 쉬게 하라고 했지만, J씨는 마냥 쉬게 둘 수가 없다. 큰 병이 난 것도 아닌데, 결석을 하게 하는 것이 영 내키지 않는다. 결석하면 그만큼 진도가 늦어질 테고 그러면 따라가기 더 힘들어질 것이 뻔하기 때문이다. 생각 끝에 J씨는 아이의 친구들에게 노트를 빌려 틈틈이 공부하게 했다.

참고할 조언

모든 일을 성공적으로 하기를 원하는 적극적인 3번 유형의 엄마와 갈등을 피하면서 편안하고 자연스럽게 공부하려는 9번 유형의 딸이다. 이 모녀의 갈등은 딸에게는 엄청난 스트레스였지만, 딸은 신체적인 증상이 나타날 때까지 불만을 표현하지 않았다. 사랑하는 딸과 엄마이지만, 서로의 성격적인 갈등 구조를 이해하지 못한 탓에 사랑하면서도 서로에게 괴로움을 주고 있다. 에니어그램의 이론으로 볼 때 C양은 엄마가 가진 효율성과 건강한 성공 마인드를 익힌다면, 두 사람의 관계는 물론이고 C양의 건강한 성장에도 도움이 된다. 그러나 어머니 J씨는 C양이 아직 청소년 시절을 보내고 있는 9번 유형의 아이라는 사실을 이해하지 못하고 있다.

C양은 마음이 편한 쪽을 선택하고 있다. 그러나 속마음까지 편한 것은 아니다. 만성 소화불량을 일으킬 정도로 스트레스를 받고 있는 것이다. 실제로 9번 유형은 참고 참다가 신체적인 증상으로 스트레스가 드러나는 경우가 많다. 말을 하기는 해야겠는데 할 수 없으니 몸으로 대신 말하는 것이다.

이럴 때 엄마는 딸이 아직 미숙하고 부족하더라도 참고 기다려주어야 한다. 지금은 딸이 따라갈 수 없을 만큼 엄마가 너무 앞서가고 있다. 너무 빠른 엄마와 너무 느린 딸, 이것이 이들 모녀의 사슬인 것이다. 따라서 엄마는 계획적으로 공부를 하게 하면서, 행동이 느린 딸을 기다려주어야 한다. 특히 밀어붙이기 식의 방법은 도움보다 방해가 된다. 엄마의 요구가 지나치다고 해서 C양은 거절을 못한다. 그저 수동적으로 움직이되 자신의 주장을 꺾지 않는다. 또 엄마 스스로가 모범이 되어 잘할 수 있는 것을 보여준다면, C양은 건강하게 엄마의 장점을 배울 수 있다. 일단 탄력이 붙으면 절대로 중간에서 포기하지 않는 C양이다. 효율성은 C양이 배워야 할 평생의 과제이다. 엄마는 아이의 이런 점을 파악하고 시동은 천천히 걸리지만 평생 꺼지지 않은 불꽃이 되도록 부드럽게 불을 붙여 주어야 한다.

갈등 사례 8

맞벌이 부모와
친구에게만 신경 쓰는 아들

부부는 아들을 보면서 상념에 젖는다. 무엇이 잘못 되었을까? 아들이 어렸을 때를 돌이켜보면, 아들은 다른 또래의 아이들과는 좀 달랐다. 맞벌이 부부였기에 주말이면 한꺼번에 장을 봐서 반찬거리와 간식거리를 냉장고에 넣어놓으면, 유치원에 다니던 아들은 친구들을 집으로 데리고 와 한 줄로 세워 간식을 나누어주고는 했다. 또 컴퓨터에 일찍부터 재능을 보였는데, 초등학교에 진학해서는 컴퓨터와 관련된 친구들의 질문을 받느라고 밤늦게까지 전화를 붙들고 있었다.

중학생이 되면서 문제가 심각해졌다. 아이는 친구들 때문에 자기 일을 하지 못했다. 친구들이 도와달라는 일은 거절하지 않고 무조건 들어주었다. 심지어 시험기간에 교과서와 노트를 빌려주어 시험공부를 하지 못하는 일도 종종 있었다. 머리는 좋아 공부는 어느 정도는 하지만, 자기 일에 집중하지 못하고 친구들에게만 집중하니 어떻게 성적이 오를 수 있겠는가? 오늘도 컴퓨터를 한다고 해서 왜 그러느냐고 했더니, 영어단어를 검색할 것이라고 한다. 전자사전은 어떻게 했느냐고 물으니 친구에게 빌려주었다고 한다. 학교 성적이 점점 떨어지는 이유가 이런 성격 때문인 것 같아, 부부의 마음은 착잡하기만 하다.

참고할 조언

이 아이는 다른 사람들을 도움으로써 자신의 정체성을 찾는 2번 유형이다. 다른 사람을 도와주는 것이 무슨 문제가 되겠는가? 오히려 인간의 인격과 존엄성을 드높이는 것이어서 장려해야 할 덕목이다. 그런데 문제는 자신을 살피지 않는다는 것이다. 한창 공부에 전념해 공부의 기초를 닦아야 할 때이니 부모는 걱정이 많다.

아이들은 때때로 어른들이 이해할 수 없는 행동을 할 때가 많다. 그럴 때 가장 많이 사용하는 말이 '넌 왜 그러니?'라는 질타 섞인 질문이다. 그러나 이런 말이나 태도는 자녀를 이해하는 데 전혀 도움이 되지 않는다. 이 아이처럼 2번 유형의 아이들은 특히 이해와 인정을 필요로 한다. 이들이 다른 사람을 돕는 것은 사랑과 관심 받기를 원하는 마음의 표현이기 때문이다. 사랑을 받기 원하는데 윽박지르거나 캐묻는 것은 부작용을 불러오는 게 당연하다.

따라서 부모는 아들이 사랑을 베푸는 행위에 대해 과민반응하지 말고 감정적인 대응을 일절 하지 말아야 한다. 그리고 공부가 아닌, 생활에서 그의 장점을 읽어주고 칭찬해주면 자연스럽게 사랑과 관심을 받기 위해 다른 일을 하지 않아도 된다는 사실을 깨닫는다. 시간이 지나면 주변이 정리되고, 부모에게 사랑을 받을 수 있는 일이 공부라는 것을 알게 된다. 덧붙여, 아이를 바라볼 때마다 웃어주는 것이 좋다. 2번 유형의 아이들은 부모가 웃어주는 것만으로도 엄청난 변화를 보일 것이다.

갈등 사례 9

자유로운 아버지와
걱정 많은 아들

    M씨는 어느 날 아들과 큰 싸움을 벌였다. 아들인 D군은 어릴 때는 착하기만 했는데 언제부턴가 아주 반항적인 아이가 되었다. 스스로 숙제도 잘하고 결석은 물론 지각도 하지 않던 아이가, 갑자기 모든 것을 포기한 사람처럼 결석을 하기도 하고 불량한 아이와 어울리기도 하는 것 같았다. 공부도 안 하고 성적도 떨어지는 중이다. 평소 모든 것을 괜찮다고 생각하는 낙천적인 M씨도 더는 그대로 둘 수 없다고 생각하고 몇 마디를 했을 뿐인데, 아들은 오히려 아빠에게 왜 이렇게 유난스럽게 구냐며 덤비는 것이었다. 어릴 때는 씨름도 같이 하고 자주 함께 놀러가기도 했는데, 관계가 이렇게 나빠지면서 고민이 이만저만이 아니다.

    공부하는 방법을 두고도 한판 전쟁이 벌어졌다. 정답만을 찾아서 달달달 외우기만 하는 아들이 영 못 미더워서 이런저런 충고를 해주었더니, 아들은 그렇게 하면 빵점을 맞을 것이라면서 신경질을 냈다. 학교 과제물을 미리 준비하고도 두 번, 세 번 확인하던 아들에게 이런 면이 있었다는 게 놀랍고 당황스럽다. 자녀 교육에서 자립심을 키워주는 것이 제일이라고 믿어 가능하면 충고나 잔소리를 자제해왔는데, 그것이 후회된다.

참고할 조언

자유로움을 추구하는 7번 유형의 아빠와 안전을 추구하는 6번 유형의 아들 사이의 갈등이다. 아들은 모든 것이 분명해야 어떤 일이든 할 수 있는 성격이다. 그런데 아빠는 아들의 자유를 한껏 보장해주기를 원하기 때문에 될 수 있는 대로 참견하지 않으려고 한다. 그리고 가끔 이야기를 할 때는 활기차고 자유롭게 도전해보라고 충고한다. 그러나 6번 유형의 아들에게 이런 요구는 불확실함을 확대하라는 소리로 들릴 수 있다. 평소에는 차분하고 조용하며 순종적이다가도, 자신의 자리가 안전하지 않다고 생각하면 스프링처럼 폭발할 수 있는 성격이 6번 유형이다. 따라서 7번 유형의 아빠가 아들을 위해서 별 생각없이 던지는 이런저런 충고가, 6번 유형의 아들에게는 감당할 수 없는 커다란 짐이 될 수 있다. 이럴 때 강하게 반발할 수 있는 것이다.

사례의 내용으로 보아, 아이는 집과 학교 모두에서 자신이 할 수 없는 어떤 일에 시달리고 있는 것으로 보인다. 질서를 잘 지키고 부모나 교사의 권위를 따르는 이유는 자신의 안전을 지키기 위해서이다. 그러나 그 권위가 믿을 수 없게 되거나 자신이 권위를 따라갈 수 없다고 느끼면, 반항하고 떠날 수 있다.

여기에서는 먼저 그 원인을 찾아보아야 한다. 아들 D군이 느끼는 부담이 무엇인지 찾아서 그것을 덜어주어야 한다. 또 그 어려운 일을 아빠와 함께 하면 해결된다는 믿음을 갖게 한다면 아이가 다시 안정을 되찾는 데 성공하게 될 것이다. 무엇보다 아이가 믿을 수 있는 상태가 되도록 하는 것이 중요하다.

6장

스스로 해결책을 찾게 하는 코칭

- 코칭이란?

유형별 부모 코칭 • 코칭팁과 코칭질문
유형별 자녀 코칭 • 코칭팁과 코칭질문

코칭이란?

　코칭이란 문제를 해결하는 데 스스로 자신만의 방법을 찾아갈 수 있도록 도움을 주고 또한 실행력을 높여주는, 코치^{coach}와 코치이^{coachee} 간의 대화 프로세스이다. 코치는 여러 커뮤니케이션 스킬(경청과, 공감, 질문)을 통해 해결책을 제시하는 것이 아닌 코치이 스스로 해결책을 얻을 수 있도록 돕는 것이다. 코치는 무엇보다 먼저 코치이를 믿어야 한다. 자녀를 코칭한다면, 자녀의 가능성과 잠재력을 믿어야 자녀 스스로 발견하고 찾아가도록 도울 수 있다. 지시하고 지시받고 명령하고 명령받는 데 익숙해 있다면, 그것을 버리는 것에서 코칭은 시작된다. 당장의 결과를 기대하기보다는 지금부터 서서히 발전하고 성숙해져서 스스로의 힘으로 일어서도록 힘을 북돋워주어야 한다.

　지금까지의 교육은 대부분 지시와 명령으로 이루어졌다. 수많은 지적에도 불구하고 아직도 교육현장에서 이 방법으로 교육이 이루어지고 있다. 효과적이지 않기에 고쳐야 한다는 문제제기가 끊이지 않지만, 그동안의 관습과 시스템 등 해결해야 할 문제들이 너무나 광범위하다. 이런 어려움을 뚫고 올바른 자녀교육을 하고 싶다면 코칭이 가장 효과적인 방법이 될 수 있다.

 더욱이 이 책에서는 성격을 기본으로 하는 코칭을 권장한다. 아무리 좋은 코칭이라 하더라도 자신의 성격과 맞지 않는다면 효과적이라고 할 수 없다. 코칭을 받는 코치이인 자녀 역시 마찬가지이다. 자신의 성격과 맞지 않는 코칭을 진행한다면 받아들이기 쉽지 않다. 부모가 힘으로 또는 부모라는 지위를 활용해서 성격을 무시한 코칭을 진행한다면 부작용은 생각보다 크게 나타난다.

 코칭이 잠재력을 이끌어내는 효과적인 방법이지만 성격을 고려하지 않는 코칭은 내용이 없는 결과를 가져올 수 있다. 코칭이 진행되고 질문에 대답이 쉽게 나왔으며 그래서 멋진 결과를 얻었다고 하자. 실행이 되겠는가? 물론 실제로는 코칭 자체가 힘이 들 수밖에 없고 효과를 보기는 더욱 어렵다. 자녀와 약속을 했다고 잘된 코칭이라고 말하기 어렵다. 진정한 코칭은 성격을 기반으로 자녀에게 맞는 것이어야 한다. 그래야 코칭이 끝나고 나서 실행하는 데 문제가 없다. 부모들이 흔히 하는 실수는 부모와 자녀가 합의해서 무엇인가를 결정하면 다 잘 될 것이라고 기대하는 것이다. 그러나 아무리 약속을 하고 같이 의논하고 합의를 했다 하더라도 실행이 안 되는 것을 경험한다. 몇 번 이런 경험을 하면 부모는 자녀에 대해서 서서히 지쳐가게 된다.

 이 장에서 소개하는 자녀 코칭은 각 유형의 성격을 기반으로 하는 효과적인 질문들로 이루어져 있다. 똑같은 문제라고 하더라도 자녀의 성격 유형에 따라 접근하는 방법이 다르다. 자녀가 힘들어하는 문제에 대해 감성적으로 다가서야 할지, 아니면 이성적이고 논리적으로 접근해야 할지, 본능적인 접근으로 가야 할지 등을 판단하고 거기에 맞는 질문을 해야 한다. 부모는 가슴으로 다가가는데 자녀는 냉정한 머리로 받아들이면 어떤 결과를 초래할지는 불을 보듯 뻔하다. 자녀에게 맞는 성격으로 다가서자. 이럴 때 이 장에서 소개하는 코칭 팁과 질문은 빛을 발할 수 있다.

코칭을 실행할 때는 기본적인 대화법을 아는 것이 필요하다. 잘 듣고(경청) 설득하라는 스티븐 코비의 '성공하는 사람의 7가지 습관' 중에서 제4 습관을 익히면 더 좋다. 설득을 코칭에 적용해, 코칭을 받는 자녀가 자신이 직면한 문제의 답을 스스로 찾을 수 있도록 하는 것이다. 코칭은 자녀에게 정답이나 해결책을 제시하지 않는다. 어떻게 하면 원하는 것을 이루게 될지를 묻고, 스스로 원하는 대답을 찾을 수 있도록 인내하면서 대화를 이어간다. 그러면 어느 순간 자녀 스스로가 자신의 문제를 해결할 단서를 발견하게 된다. 그렇게 찾은 해답은 스스로 발견한 것이기 때문에 실행에 대한 강한 의지를 만들고, 그만큼 성과도 크다. 지금까지 부모의 유형과 특징 그리고 자녀의 성격과 공부방법에 대한 이해를 하였으니, 이제 코칭을 통해 자녀를 아름답게 양육하여 보자.

코칭 팁이란?

부모를 위한 코칭 팁은 자녀를 위해 최선을 다한 부모들을 위로하는 것이다. 부부간에 또는 같은 부모들끼리 서로 적용할 수 있는 팁이다. 자녀 양육을 위해 최선을 다하지 않는 부모가 있겠는가? 최선을 다했음에도 잘되지 않아 가슴 아픈 부모의 마음을 이해하고 격려하자.

자녀를 위한 코칭 팁은 부모가 자녀를 코칭하는 데 유용한 팁이다. 각 유형의 성격을 충분히 숙지하고 그것을 기반으로 한 코칭을 진행해야 한다. 기본적인 커뮤니케이션의 내용도 적용해야 한다. 상담자가 갖추어야 할 기본 사항들은 코칭에 많은 도움이 된다. 특별히 코칭 팁을 마음에 깊이 새기고 코칭을 진행하면 효과가 클 것이다.

코칭 질문은?

코칭 질문은 각 유형별 공통된 부분만 엄선해 만든 질문이다. 부모 코칭 질문은 특별히 코칭을 하는 것이 아닐지라도 각 유형에 맞는 질문만으로도 효과를 볼 수 있다. 비단 자녀양육뿐만 아니라 인생 전반에 걸친 문제들도 코칭할 수 있다. 전문적인 코칭 교육을 받지 않았더라도 크게 상관은 없다. 성격적 유형의 가장 중요한 부분을 질문으로 요약한 내용임을 염두에 두고 코칭을 시작하라. 단, 성급하게 결론을 내리는 것은 코칭에 있어서는 독약이 된다는 사실만 기억하자.

1번 유형 부모 코칭 맞는 말만 하지만 따라 하기 힘든 부모

코칭 팁

1. 자녀를 위해 누구보다도 헌신하고 책임감 있게 최선을 다했음을 인정하고 위로한다.

2. 주변에 도와주는 사람이 적거나 없는데도, 혼자 자녀양육을 하느라 힘든 점을 인정한다.

3. 긴장감이 있고 여유가 없을 수 있으므로 편안한 감정을 느낄 수 있도록 도와준다.

코칭 질문

1. 부모가 자녀에게 즐겁고 명랑한 모습과 자연스러운 분위기로 다가선다면 자녀는 부모를 어떻게 대할까요?

2. 자녀에게 규칙과 원칙을 강조했다가 힘들었던 경험이 있었나요? 그렇다면 규칙이나 원칙을 강조하는 대신 어떤 방법이 더 좋을 수 있다고 생각하십니까?

3. 자녀에게 기대하던 것을 내려놓는다면 어떤 긍정적인 변화가 예상되는지요?

4. 자녀에게 기쁘고 아름다운 추억을 만들어준다면 어떤 것이 좋을까요?

5. 자신의 일과 자녀의 일에서 균형을 맞춘다는 것의 의미는 무엇일까요? 또 그렇게 하기 위해서는 어떤 변화가 필요할까요?

2번 유형 부모 코칭

좋으면서도 떨어져 있고 싶은 부모

코칭 팁

1. 자녀를 위해 헌신한 것에 대해서 따뜻하게 격려하고 위로하며 칭찬의 말을 던진다.

2. 자녀를 돌보는 것도 중요하지만 자신을 보살피는 것도 중요하다는 것을 꼭 알려준다.

3. 자녀와의 관계도 중요하지만 자녀의 능률, 교육 효과 등도 중요하다. 수치나 통계 자료 등을 활용하여 부드럽게 안내한다.

코칭 질문

1. 자녀를 위해 쓰는 시간은 줄이고, 본인을 위해 시간을 쓴다면 무엇을 하고 싶으신가요?

2. 자녀가 원할 때마다 그 필요를 채워준다면 자녀의 장래는 어떻게 될까요?

3. 부모가 도와주지 않으면 자녀가 잘할 수 있을까 하는 걱정이 되나요? 또는 도와주지 않았다가 잘못될 경우 자책감이나 죄의식이 드나요?

4. 자녀가 부모의 도움을 매몰차게 거절해서 상처를 받은 사례가 있나요?

5. 평소 자녀에게 도움을 주는 것 중에서 자녀가 스스로 할 수 있다고 생각하는 것은 어떤 것들이 있나요?

3번 유형 부모 코칭

1등을 바라는 부담스러운 부모

코칭 팁

1. 자녀를 위한 노력과 성과에 대해 긍정적이고 적극적인 평가를 한다.

2. 겉으로 보이는 성과나 결과도 중요하지만, 과정도 평가의 대상이 된다는 사실을 말한다.

3. 긍정적이고 적극적이며 진취적인 태도의 부모이기에 가능성을 말해 준다. 또한 과거보다는 미래에 초점을 맞추고 완곡하지만 정확하게 표현한다.

코칭 질문

1. 자녀교육을 하면서 혹시 잘못했다고 생각하는 점이 있다면, 어떤 것인가요? 또 그것을 통해 얻은 교훈은 무엇인가요?

2. 자녀가 성장하면서 부모의 기대치를 충족시켰을 때 자녀에게 어떤 격려와 위로를 전하셨나요? 또는 기대치를 충족시키지 못했을 때 어떤 반응을 보이셨나요? 거기에 대한 자녀의 반응은 어떠하였습니까?

3. 자녀교육을 잘했다는 것은 구체적으로 어떤 것을 말한다고 생각하나요?

4. 자녀에게 믿음과 신뢰를 주는 부모가 되기 위해서는 어떤 점들을 보완하고 더 노력해야 한다고 느끼나요?

5. 자녀교육에 있어서 지금까지 확신을 가지고 진행한 것 중에서 시간이 지난 다음 꼭 필요하지는 않았다고 생각하신 것이 있나요? 있다면 어떤 것인가요?

4번 유형 부모 코칭 매력 있고 고상하지만 이해하기 어려운 부모

코칭 팁

1. 감정적인 상태에 있을 때는 부드럽고 침착하게 잠시 기다려 준다. 감정의 폭풍이 지나가면 서서히 다가간다.

2. 활기를 잃거나 소극적인 태도를 보인다면 직접적인 언급을 하지 않는다. 코치가 염려하고 있다는 것을 간접적으로 자연스럽게 알린다.

3. 독특한 모습을 보이거나 대화가 진행이 안 되어도 먼저 인정하라. 그리고 실제적이고 구체적인 이야기로 접근하라.

코칭 질문

1. 일반적인 자녀교육이 아닌 특별한 방법으로 자녀교육을 하신 경험이 있나요? 그 결과는 어떠하였나요?

2. 자녀문제에 관심을 가지지 않는다는 평가를 받거나 스스로 그렇게 느끼신 적이 있나요? 그럴 때는 어떤 감정을 느끼게 되나요?

3. 내 자녀가 다른 자녀에 비해 부족하다고 느낀 적이 있다요? 그때는 어떤 마음이 들었나요? 그리고 그 마음을 컨트롤하기 위해 어떤 방법을 사용하나요?

4. 다른 집 자녀에게서 정말 부러운 점을 발견한 적이 있나요? 그때 자녀에게 어떻게 하였나요?

5. 자녀에게 고맙다고 느끼는 부분이 있다면, 어떤 것인가요? 자녀에게 고마운 마음을 표현한다면 어떻게 하시겠습니까?

5번 유형 부모 코칭

간섭을 잘하지 않고 지켜보는 부모

코칭 팁

1. 프라이버시를 최대한 존중하고 혼자서 처리하도록 시간을 허용한다.

2. 코칭에 있어서 필요한 정보의 양에 대해 구체적이고 자세히 안내한다.

3. 감정적인 전달이 어려울 수 있음을 이해하라. 최대한 객관적이고 이성적으로 전달한다.

4. 어떤 문제에 대해 깊이 파고들어도 편안한 마음상태를 유지하고 충실히 안내한다

코칭 질문

1. 자녀들과 친밀하게 지내시나요? 더욱 친밀하게 지내기 위해서는 어떤 방법이 가장 효율적일까요?

2. 자녀의 말을 경청하는 편인가요? 그렇다면 말을 듣는 것만큼 말을 많이 해보면 어떤 변화가 일어날 것이라고 생각하나요?

3. 자녀와 지내는 시간이 충분하다고 생각하시나요? 자녀와의 시간을 두 배로 늘린다면 어떤 변화가 일어날까요? 그 가운데 긍정적인 것은 어떤 것일까요?

4. 자녀와의 관계에 대해 먼저 계획하고 대화한다면 자녀의 반응은 어떨까요? 자녀가 무엇인가 요구해올 때 응하지 않으신 일이 있다면 그 이유는 무엇인가요? 그때 자녀는 어떤 마음이었을 것이라고 느끼시나요?

6번 유형 부모 코칭 통금시간을 강제하고 안 되는 것이 많은 부모

코칭 팁

1. 대화 중 걱정하거나 염려하는 부분에 대해 귀를 기울이고 들어준다.

2. 믿고 맡길 수 있다는 신뢰감을 갖도록 최대한 돕는다.

3. 의무와 책임을 다하고 있으며 코칭이 진행되는 동안 어떤 책임도 지지 않아도 된다는 사인을 자주 보낸다.

4. 새로운 방향으로 진행할 때는 충분히 설명하고 생각할 시간을 준다.

코칭 질문

1. 자녀의 양육이나 교육에 있어서 간섭이 지나쳤다고 느낀 적이 있었나요? 있다면 어떤 것이었나요?

2. 자녀가 뭔가를 잘하지 못한다면, 그것은 부모의 간섭이 적었기 때문이라고 느끼시나요? 간섭을 줄이고 편안함을 가진다면 자녀교육은 어떻게 될 것 이라고 생각하시나요?

3. 자녀와의 관계를 평화롭고 따뜻하게 하기 위해 노력해야 할 것이 있다면 어떤 것이 있을까요? 자녀에게 간섭을 줄이신다면 자녀는 어떻게 될 것이라고 생각하시나요?

4. 자녀가 잘못되면 어떻게 하나와 같은 걱정을 자주 하시나요? 이런 걱정을 떨어버리기 위해 어떤 노력이 필요하다고 생각하시나요?

7번 유형 부모 코칭

활발하고 재미있지만 불규칙한 부모

코칭 팁

1. 목표를 확실하게 주지시키는 것이 가장 중요하다. 그리고 적절한 자유를 보장한다.

2. 코칭을 진행하는 가운데 개인적이고 사사로운 상황으로 빠지지 않도록 항상 경계한다. 공사구분도 확실히 필요하다.

3. 모든 것을 객관적이고 타당하며 이성적인 방법으로 접근하라. 단, 너무 길면 안 된다. 짧고 강력한 것이 좋다.

4. 새로운 방법을 제시하면 귀를 기울이고 받아들일 수 있는 부분은 수용한다.

코칭 질문

1. 자녀가 진지한 대화를 나누기를 원한다면 어떤 태도와 자세로 임해야 할까요?

2. 자녀와 약속을 하고 그 약속을 지키다가 중간에 지키지 못한 적이 있나요? 그때 자녀는 어떤 마음이었을까요?

3. 자녀와의 신뢰관계를 지켜나가기 위해서 최우선적으로 해야 할 사항은 어떤 것일까요? 만약 그 신뢰관계를 지키지 못했을 때에는 어떻게 해결하시겠습니까?

4. 진지하고 조용한 마음의 상태를 유지한다면 자신 또는 자녀와의 관계에서 어떤 변화를 이룰 수 있을까요?

5. 자녀와의 관계에서 고통스러운 일이 발생한다면 어떻게 하시겠습니까?

8번 유형 부모 코칭

자신감이 넘치지만 무서운 부모

코칭 팁

1. 충분히 믿고 맡길 만한 코치임을 설명하고 솔직 담백한 자세로 다가간다.

2. 기대 사항을 명료히 전달하고 책임과 권한에 대한 경계를 확실히 한다.

3. 내면에 자녀를 도와주고 싶은 강렬한 욕구가 있음을 알게 해준다. 그러나 상처 또한 받고 있음을 객관적인 내용으로 설명한다.

4. 상대가 믿고 신뢰할 만한 분이라는 사실을 믿음으로 표현한다. 부드러움 또한 큰 장점이고, 이 장점을 다른 사람들에게 알릴 수 있음을 깨닫게 한다.

코칭 질문

1. 자녀와 생활하면서 '다시 한 번 생각해보고 했으면 좋았을 텐데'라고 후회한 적은 있나요? 있다면 어떤 것이 어떤 점에서 후회되었나요?

2. 자녀에게 말 때문에 상처를 입힌 적이 있나요? 그땐 어떤 상황이었나요? 자녀의 입장에서 생각한다면 어떤 표현을 사용하면 효과적일까요?

3. 가정을 행복하고 평화롭게 만들기 위해 해야 할 일은 무엇이라고 생각하나요?

4. 자녀에게 가장 부드럽게 대했다고 생각하는 때는 언제인가요? 그때 어던 감정을 느꼈나요?

5. 자녀가 무엇인가를 잘못하면 어떻게 하시나요? 야단쳤을 때와 도와주었을 때의 경험을 떠올려보세요? 양쪽의 경험이 어떻게 비슷하고 어떻게 다른가요?

9번 유형 부모 코칭

너그럽고 온화하지만 통제가 없는 부모

코칭 팁

1. 우선순위와 마감시간을 확실하게 알려주고 중간중간에 진행여부를 체크해본다.

2. 자신의 입장을 신속하게 밝히거나 확실하게 말하도록 유도한다. 또한 이 때문에 어떤 문제나 갈등도 생기지 않는다는 것도 알게 해준다.

3. 본인 스스로 의사결정을 할 때까지 충분한 시간을 주고, 인내를 가지고 기다린다.

4. 경청하고 기다리고 끝까지 기회를 준 다음에 일을 진행하고 완곡한 격려나 지시를 하다.

코칭 질문

1. 자녀가 무엇인가를 부탁했을 때 결정을 미루었던 경험이 있나요? 그것은 어떤 경험이었나요? 자녀 입장에서 부모가 해결해주지 않는다면 어떤 마음이 들까요?

2. 자녀와 갈등이 생겼을 때 해결을 미룬 적이 있나요? 그 결과는 어떠하였나요?

3. 자녀와의 행복한 관계와 미래를 위해 지금 힘이 들어도 선택해야 하는 문제는 무엇입니까? 선택을 실행한다면 자녀는 어떤 반응을 보일까요?

4. 자녀와 자신의 행복과 성공은 어떤 의미를 가지고 있다고 생각하나요? 그리고 그 일을 위해 지금 당장 할 일은 어떤 것일까요?

착하고 최선을 다하는 아이

코칭 팁

1. 스스로를 채찍질하면서 올바른 삶을 살기를 노력하고 있다. 스스로 기준이 높기 때문에 무엇을 해도 부족한 것이 자꾸 보인다. 너그러운 마음으로 받아주고 다독여주는 것이 필요하다. – 편안함

2. 한 가지 방법에만 몰두하고 다양성은 좀처럼 허용하려 하지 않는다. 다양한 방법으로 다른 길에도 답이 있다는 사실을 일깨워준다. – 다양성

3. 책임감이 있고 매사에 노력하는 스타일이다. 자신뿐 아니라 타인에게도 엄격하다. 어떤 때는 자신도 모르지만 나중에 알고 나서 절망하기도 한다. – 받아들임

4. 공평과 공정한 모습을 좋아한다. '대충'이나 '대강' 같은 개념은 좋아하지 않는다. 하지만 이 세상에 완전한 공정과 완벽이란 존재하지 않는다. 완벽함에서 벗어나야 행복해질 수 있다. – 멀리 보는 안목

코칭 질문

1. 처음에는 틀렸다고 생각했지만 나중에 보니 틀린 게 아니라는 것을 알게 된 일이 있는가? 그때 어떤 기분이 들었나? 틀렸다고 느끼면서도 다른 사람들의 의견을 따라 간다면 장기적으로 어떤 결과가 있을까?

2. 옳다고 생각하는 것과 틀리다고 생각하는 것이 있을 때 어떤 기분이 드는가? 내가 틀린 결과를 얻었는데 용서받았다면 어떤 느낌일까?

3. 시작할 일이 있는데 시작을 못 하고 있다면 무엇 때문일까? 잘못할 것 같아 시작하지 못한다면 결국에는 어떤 결과가 일어날까?

4. 유일한 방법이라고 생각했는데 아니었거나, 다른 방법으로 해도 되었다고 후회한 적이 있는가? 유일한 방법이라고 생각한 것은 어떤 것이었나? 다른 방법도 있다면 다음에는 그 다른 방법을 어떻게 찾을 수 있을까?

5. 긍정적인 마음을 갖기 위해 어떤 점을 노력할 수 있을까?

6. 재치 있는 유머를 사용하는 방법은 어떤 것일까? 그 방법을 사용하면 다른 사람들은 자신을 어떤 사람이라고 생각할까?

# 다정하고 친구를 잘 돕는 아이

코칭 팁

1. 주변 사람들이 행복해지기를 바란다. 상냥하고 친절하게 대하는 편이기 때문에 어려운 사람들을 잘 돌보아준다. 우선 내 것을 챙기는 것이 아니라 다른 사람의 것을 챙기고 나서 내 것을 챙긴다. - 자기 필요

2. 사랑 나누기를 좋아하고 호감이 간다면 정서적 교류와 함께 더 많은 것도 나누기를 원한다. 작은 것을 주고 점점 더 큰 것을 주려고 한다. 이것을 통해 가까워지고 인정받으려는 욕구가 있다. - 홀로서기

3. 부모, 교사, 친구들과 넓게 교류하기를 원한다. 많은 사람들과 폭넓게 사귀고 사랑의 감성으로 공유하기를 원한다. 그렇기 때문에 이런 인간관계에서 거절 당하는 느낌을 받으면 마음이 굉장히 힘들어진다. - 객관적 시각

4. 다른 사람들에게 맞추기 때문에 자신이 필요로 하는 것을 하지 못한다. 다른 유형의 자녀보다 더 많은 정서적 지원이 필요한 이유이다. 더 나아가서 스스로 해결할 수 있는 방법을 찾아보는 것이 중요하다. 스스로 충분히 능력이 있고 혼자서도 할 수 있다. - 주도성

코칭 질문

1. 다른 사람들과 어울리다가 자신의 일을 하지 못한 적이 있나? 그때는 언제인가? 친구들에게 무엇인가를 빌려주고 그것이 어려웠던 적이 있나? 그때 느낌은 어땠나?

2. 혼자서 무엇인가를 해본 경험이 있었나? 그 경험은 어떤 것이었나? 그때 기분은 어떠했나? 그것이 성공적이었다면 그때의 감정 상태를 말해 주겠니?

3. 다른 사람들이 말할 때 자신의 의견을 확실하게 말할 수 있나? 그럴 수 없다면 무엇 때문에 못 한다고 생각하는가? 또 자신의 의견을 확실하게 말할 수 있으려면 어떻게 해야 할까?

4. 다른 사람의 부탁을 거절한 적이 있는가? 있다면 어떤 경우였는가? 아니면 무슨 이유 때문에 거절하지 못했나? 누가 보아도 거절해도 된다는 객관적 기준을 만든다면 어떤 변화가 일어날까?

5. 다른 사람을 도와주었다가 나중에 오히려 힘이 들었던 적은 없는가? 거기에서 어떤 교훈을 얻었다고 생각하는가? 도와줄 것과 도움을 주지 않아야 할 것의 차이를 어떻게 정할 수 있을까?

 ## 목표를 향해 매진하는 아이

코칭 팁

1. 활기차고 바쁘고 멋있다. 친구나 부모 교사의 인정과 칭찬을 받기를 원한다. 따라서 열심히 공부하고 인기관리를 잘한다. 동기가 자신이 아니라 주변 사람들에게서 비롯된다. 그러므로 스스로를 위해 행동하게 하는 것이 좋다. – 충성

2. 다른 사람들이 자기를 좋아할 것이라고 생각한다. 그래서 자신이 이해받지 못하면 쩔쩔매면서 혼란을 경험한다. 앞서나가는 경향 때문에 다른 사람들은 자신을 싫어할 수 있음도 알아야 한다. 또한 꾸미거나 인기를 끌기 위한 작전이었음을 들킬 수 있다. 그래서 조심해야 하는 것이 아니라, 스스로에게 정직해야 한다. – 성찰

3. 보통은 친구들의 리더가 되기를 원한다. 또래 친구들을 거느리고 활기찬 분위기를 이끈다. 프로젝트를 성공시키기 위해 지름길을 선택할 수 있다. 이들의 효율성을 격려하는 것도 중요하지만 빠른 길보다 진실된 행동을 하도록 격려한다. – 정직

4. 이기기 위해서 집착하고 노력한다. 이기는 것도 중요하지만 아름답게 이기는 것이 더 중요하다. 또한 진 사람들에게 아량도 베푸는 것이 진정한 승자임을 기억시켜야 한다. – 윈/윈

코칭 질문

1. 사귀고 있는 친구들 가운데 진실한 친구를 꼽으라면 몇 명이나 있는가? 진실한 친구를 얻으려면 자신은 어떠해야 한다고 생각하는가? 진실된 우정을 쌓으려면 적절한 친구의 수는 몇 명쯤이면 좋을까?

2. 시험을 치를 때 몇 등을 목표로 해서 공부해야 가장 열심히 할 수 있을까? 시험결과가 생각만큼 나오지 않았을 때에는 어떤 마음이 드는가? 생각지도 않았던 친구가 1등을 했을 때 어떤 생각이 드는가?

3. 원하던 일이 마음대로 되지 않아서 속상했던 적이 있었다면 어느 때인가? 그때 마음은 어땠나? 다음에는 어떻게 해야겠다고 결심했나? 다른 친구들과 같이 성공할 수 있는 길은 어떤 것일까?

4. 빨리 가려다가 오히려 더 늦게 간 경험이 있는가? 그때의 마음은 어떠했나? 빨리 가고자 했던 길에 어떤 문제가 있어서 늦게 된 것인가? 진실로 가장 빠른 길은 어떤 길이라고 생각하는가?

창의적이고 독특한 아이

코칭 팁

1. 감수성이 예민하고 마음이 여리다. 상상력 또한 풍부해서 가상의 놀이 상대를 만들어서 놀기도 한다. 때로는 영문도 모르게 슬퍼하기도 하고 외로움에 젖어들기도 한다. 독특한 이 아이를 이해하고 사려 깊게 바라보며 따뜻하게 안아주는 느낌으로 대한다. – 현실성

2. 자신만의 세계가 있으므로 그것이 침범당하면 슬퍼할 수 있다. 다른 사람을 질투할 때도 있는데, 그것은 자신만의 우아한 세계가 다른 사람에게서 발견될 경우이다. 그 사람도 우아하고 나도 다른 면에서 우아할 수 있음을 알려주고 감사하도록 지도한다. – 가치공유

3. 예술적인 감각이 뛰어남으로 비교적 진로지도 하기가 수월하다. 예민하고 민감한 문제를 잘 다루기 때문에 역할모델을 알려주고 많은 경험을 하게 해준다면 큰 도움이 된다. – 평범

4. 감정은 때에 따라서 움직이기도 하고 어제와 오늘이 다를 수도 있다. 변화를 질책하거나 다르다는 것 때문에 지적하는 것은 의기소침하게 만들고 용기를 꺾어버린다. 다만 받아주고 긍정해주는 것이 올바른 방향으로 나가도록 돕는 길이다. – 감정분리

코칭 질문

1. 자신에게 특별한 점이 있다면 그것은 무엇인가? 그 독특함 때문에 힘들었던 점과 행복했던 점이 있었다면 각각 무엇인가? 앞으로 이 독특함을 어떤 방법으로 아름답게 만들 계획인가?

2. 평소 생활에서 감사한 점을 찾아본다면 어떤 것들이 있을까? 이 감사한 점과 자신이 가진 독특한 점을 비교하면 어떤 차이가 있나? 늘 독특한 점만 강조하고 산다면 어떤 결과를 불러올까?

3. 자신에게도 단점이 있다고 생각한다면 그것은 무엇인가? 그것을 단점이라고 생각하는 이유와 고치기 위해서는 어떤 노력이 필요하다고 생각하는가? 단점이 극복되고 난 후에 부모님은 어떤 표정으로 어떤 말씀을 하실 것이라고 생각하는가? 그 이유는 무엇인가?

4. 기분이 안 좋아서 하던 일을 중단한 경험이 있는가? 그때 기분은 어땠나? 감정을 통제하기 위해 노력해야 할 부분은 어떤 것이 있을까? 감정을 잘 정리하게 되면, 어떤 유익한 점이 있을까?

 ## 이성적이고 탐구적인 아이

코칭 팁

1. 혼자 책을 읽는 시간이 많고 조용하며 말이 많지 않다. '받지도 말고 주지도 말자'는 생각을 가진 것처럼 타인이 자신의 공부 노트나 기록을 교류하기를 바라면 몹시 힘들어할 수 있다. 어느 정도 나누어주고 필요한 정보를 나누는 것은 인간관계의 폭을 훨씬 넓게 해준다. – 나눔

2. 주변 사람들에게 간섭받는 것을 싫어하고 자신의 공간을 갖는 것을 좋아한다. 누군가의 시선이 느껴지면 불편하고 불안감을 느껴, 하던 일에 지장을 받는다. 이런 특성이 사람들과의 교류를 방해하고 자신의 성장을 막을 수 있다. 왜냐하면 모든 능력은 사람에게서 나오기 때문이다. – 교류

3. 연구하고 관찰하기 위해 적절한 거리를 두는 것을 좋아한다. 하지만 먼저 다가서게 되면 그 멋은 몇 배나 높아진다. 스스로 방에서 나와 바깥 세상에 모습을 많이 보일수록 그 가치는 올라간다는 것을 알게 해주자. – 다가섬

4. 주로 머리로 분석하고 따지고 계산하고 이치를 아는 것에 초점이 있다. 때문에 자신의 마음이나 감정을 표현하는 것은 잘하지 못한다. 느낌, 감정, 아름다움 등 감정적인 자각이 들 수 있도록 안내하면 지정의를 갖춘 인재로 성장할 수 있다. – 감정표출

코칭 질문

1. 자신이 가진 정보나 공부법 등을 주변 친구들에게 알려주면 어떤 평가를 받게 될까? 그때 어떤 느낌일까?

2. 혼자 조용히 생각하고 관찰하는 데 몰두하면 집중이 잘 되나? 그렇게 혼자만 있으면 주변 인간관계는 어떻게 될 것이라고 생각하는가? 다른 사람과 어울리고 대화를 잘하려면 어떤 방법이 있을까? 또한 더 많이 만나서 친해지고 싶은 사람은 어떤 사람들인가?

3. 반장이나 리더의 자리에 서게 되면 자신에게는 어떤 유익한 점이 있을까? 그 모습을 상상하면서 기분이 어떨지 상상해보자. 어떤 기분인가?

4. 마음과 감정을 전달하는 방법은 어떤 것이 있을까? 그리고 그 중에서 가장 효과적인 방법은 어떤 것일까? 또한 다른 사람의 따뜻한 마음을 전달 받았을 때 나는 어떤 감정이 들까?

성실하고 신중한 아이

코칭 팁

1. 순종적이고 착하다는 인상을 받는다. 하지만 다정다감하고 호감이 가며 믿을 수 있는 순응적 모습과 겁나면 대항하는 반항적 모습을 함께 가지고 있다. 조급함을 버리고 느긋하고 여유로운 마음을 가질 수 있도록 환경정리를 잘 해준다. - 평화

2. 한 번 사귄 사람들과는 끝까지 믿음을 주는 충실한 사람이 되기를 원한다. 문제를 해결하거나 단합을 시도하기 위해 편을 만들기도 한다. 이렇게 하면 친구들에게 자신은 무척 중요한 존재가 되기 때문이다. - 충성

3. 근심과 걱정이 많아 주변을 경계하고 위기에 빠지는 것에 대해 민감하다. 의심이 드는 것에 대해서는 안전한 답을 원하기 때문에 분명한 한계와 보호선을 알려주는 것이 좋다. - 용기

4. 예측 가능한 질서를 원한다. 여러 가능성을 따져보고 자신의 마음을 정한다. 그러고도 만일을 대비한 경우의 수를 생각할 수 있다. 이런 두려움에는 실체가 없다는 것을 알게 해줘야 한다. 아무것도 아닌데 염려의 나무가 자라나면 두고두고 걱정거리가 될 수 있기 때문이다. - 믿음

코칭 질문

1. 힘들고 어렵게 느껴지는 일이 있는가? 그 일이 어려운 이유는 무엇일까? 정신을 통일시키고 집중하는 데 필요한 일들은 어떤 것이 있을까? 또한 태도는 어떻게 하는 것이 좋을까?

2. 하다가 중지한 일이 있는가? 만일 그 일을 계속했다면 지금은 어떻게 되었을까? (긍정적인 일이든 부정적인 일이든) 중지하지 않고 계속하려면 필요한 마음의 조건은 어떤 것들이 있을까?

3. 꼭 해보고 싶은 일들이 있는데 못 해본 것은 있는가? 못 한 이유는 무엇이었나? 앞으로 꼭 해보고 싶은 일을 하려면 어떤 마음 상태가 되어야 한다고 생각하나?

4. 마음이 편안해지기 위해서 해야 할 일은 무엇인가? 나로 인하여 주변이 평화로웠던 경험이 있다면 어떤 것인가? 주변 사람들과 평화롭게 지내기 위한 내 마음 상태는 어떠하여야 할까?

7번 유형 자녀 코칭 — 다재다능하고 낙천적인 아이

코칭 팁

1. 행복하고 재미있고 즐거운 인생을 꿈꾸는 성격이다. 노는 것을 좋아하고 친구들을 많이 만나고 더 많은 행복의 요인들을 찾는 것을 마다하지 않는다. 구속받는 것을 싫어하고 자유를 향유한다. – 절제

2. 낙천적으로 생각한다. 한 가지가 좋으면 나머지 안 좋은 아홉 가지를 잊어버릴 수도 있다. 긍정적인 것은 좋으나 정도가 과하면 삶의 균형을 잃어버리고 공상적인 삶을 살아갈 수도 있다. – 현실 인식

3. 여러 가지 상상을 한다. 경우의 수는 다 즐겁고 재미있는 모험으로 가득 차 있다. 판타지의 세계와 탐험의 세계로 무장한다. 융통성과 다양한 시도는 중요하다. 그것을 통해 균형을 잡아 중요한 것을 발견할 수 있다. – 직면

4. 자신이 인정받지 못한다고 해서 의기소침해지지 않는다. 언젠가는 알아줄 것이라는 긍정적인 생각이 필요하다. 비판받는 것은 견디기 힘들어서 도망갈 수 있다. 창의성, 모험심, 도전정신 등을 칭찬하고 논리적으로 자신감을 심어주어야 한다. – 논리적

코칭 질문

1. 어떤 일(공부)을 하다가 중간에 그만두고 새로운 일(공부)을 했던 경험이 있는가? 그것은 어떤 일이었나? 그때 그런 이유는 무엇인가? 지금 판단한다면 어떻게 평가할 수 있는가? 다시 그때로 돌아간다면 어떻게 하고 싶은가?

2. 여러 사정으로 집중하지 못했던 적이 있다면 어떤 것이 있는가? 집중력을 높이기 위해서는 어떤 방법이 필요한가? 혼자 조용한 성찰의 시간을 보낸다면 어떤 점이 유익할까?

3. 인간관계에서 다른 사람들의 말을 잘 경청한다면 어떤 점이 유익할까? 내가 말을 줄일 수 있는 방법이 있다면 어떤 것일까?

4. 나만이 할 수 있는 전문적인 분야가 있다면 어떤 것이 있을까? 그 전문 분야를 더욱 더 넓혀갈 수 있는 방법은 어떤 것이 있을까?

# 강하고 도전적인 아이

코칭 팁

1. 의리 있고 통이 크며 약자를 괴롭히는 사람들을 응징하려 한다. 힘도 세고 당당하며 에너지가 넘친다. - 의리

2. 자기주장이 강하기 때문에 잘 물러서려고 하지 않는다. 상대가 부모나 교사라도 제재하기 힘이 든다. 상대가 틀렸고 정의롭지 못하면 고쳐야 한다고 생각한다. - 정의

3. 주변이 자신에게 복종하기를 꿈꾼다. 다른 세력에게 자신이 통제 당하기 전에 먼저 상대를 통제하여 해를 당하지 않으려 한다. 하지만 내면은 부드럽고 따뜻하다. 연약함을 인정하면 편하고 안정감을 갖게 된다. - 부드러움

4. 자신의 힘을 가치 있게 쓰도록 한다. 상대를 높이고 작은 조연에 열심히 충성한다면 틀림없이 주인공의 자리로 다른 사람들이 초대하게 될 것이다. 그때까지 기다리며 준비하는 '기다림의 미학'이 필요하다. - 양보

코칭 질문

1. 부드럽게 말하고 행동한다면 내게 어떤 변화가 있을까? 그리고 부드럽게 말하고 행동하려면 어떤 방법을 사용하면 좋을까?

2. 자신이 직접 하는 것과 도와주는 것 중에서 어떤 것을 좋아하는가? 리더의 역할보다 참모의 역할을 하면 유익한 점은 무엇이 있을까? 리더를 돕고 공동체를 유익하게 하기 위해 어떤 일을 해야 한다고 생각하는가?

3. 주변 사람들에게 도움을 준다면 어떤 것을 할 수 있을까? 그 결과 도움을 받은 사람이 고맙다고 했을 때 속마음이 어떨지 상상해 보고, 그 감정 상태를 말해보자.

4. 지금까지 화를 내거나 직설적으로 행동해서 다른 사람들에게 불편함을 준 적이 있었나? 그때 속마음은 어땠나? 불편했던 그들에게 미안함을 전한다면 어떻게 전할 것인가?

온화하고 평화를 좋아하는 아이

코칭 팁

1. 자기주장을 하지 않으려 한다. 필요없는 논쟁이나 불편함을 겪는 것이 싫어서이다. 주변과 별 걱정 없이 편하게 어울리고 싶어 한다. - 결단력

2. 자신을 싫어하는 태도를 보여도 특별히 반발하지 않는다. 속마음은 그렇지 않아도 어지간하면 티를 안 낸다. 그렇지만 오랜 시간 쌓이면 폭발하는 경우도 있는데 그 강도가 약하지 않다. 주로 상대를 안 하거나 단절을 하는 형태로 나타난다. - 감정 표현하기

3. 친구관계에서도 학교생활에서도 모가 나지 않는다. 굳이 무엇을 하기보다 지금 상태를 유지하려고 한다. 그래서 목표를 세울 필요를 못 느낀다. 하지만 목표와 비전을 갖는 것은 매우 중요하다. 경쟁을 피하기보다는 경험하고 선용해야 하기 때문이다. - 효율성 추구

4. 높아지려고 하거나 앞장서려고 하지 않는다. 자신에게 주어진 일들을 한눈 팔지 않고 꾸준하게 진행한다. 대기만성형의 성격이다. 그렇기에 조기에 자신의 일을 정하면 시간이 흐른 후 많은 성과를 낼 수 있다. 많이 사랑해주고 칭찬해주는 것이 필요하다. 중요한 사람이라는 인정을 요란스럽지 않게 해주면 효과적이다. - 자존감

코칭 질문

1. 이렇게 할까, 저렇게 할까 망설였던 경험이 있는가? 그 결과 자신에게는 어떤 피해가 있었는가? 그때 느낌과 감정을 말해보자. 결단력을 얻기 위해 좋은 선택을 한다면 어떤 방법이 있을까?

2. 점점 더 좋아지기 위해서는 선택이 필요한데 어떤 선택을 하고 싶은가? 그 선택은 자신에게 필요한 것인가? 그렇다면 그것을 위해 어떤 일들이 필요하다고 생각하는가?

3. 힘들고 어려웠는데 다른 사람들은 내가 힘들어 하는 것을 모르고 있을 때가 있었는가? 왜 사람들은 내가 힘든 것을 모르고 있었다고 생각하는가? 힘들다고 정직하게 말하려면 어떻게 해야 할까?

4. 장래 희망과 관련해서 존경하는 사람이 있다면 누구인가? 그 모델에게서 배울 수 있는 훌륭한 점은 무엇인가? 그 모델과 비교하여 내가 지금 고쳐야 할 부분이 있다면 어떤 것인가?